SCHLÖSSER UND ADELSSITZE IN IRLAND

SCHLÖSSER UND ADELSSITZE IN IRLAND

HUGH MONTGOMERY-MASSINGBERD
CHRISTOPHER SIMON SYKES

KÖNEMANN

Zur Erinnerung an
unsere irischen Onkel, Ran Antrim und Peter Montgomery,
Freunde und Kollegen im National Trust,
die unsere Begeisterung für Irland weckten.

Hinweis zu den Öffnungszeiten

Nicht alle der hier vorgestellten Häuser sind der Öffentlichkeit zugänglich. Es empfiehlt sich in jedem Falle, die jährlich erscheinenden Standardführer zu konsultieren (z.B. das von den Reed Information Services herausgegebene *Historic Houses, Castles & Gardens – Great Britain & Ireland*). Dort finden sich u.a. genaue Hinweise zu Öffnungszeiten, Eintrittspreis, Einrichtungen und Telefonnummern.

VORSATZBLÄTTER Neugotische Stukkatur in Castle Ward, County Down.

SCHMUTZTITEL Detail eines Spiegelrahmens in Lyons, County Kildare.

HAUPTTITEL Crom Castle, County Fermanagh.

Originalausgabe 1999 Laurence King Publishing
ein Label von Calmann & King Ltd
71 Great Russell Street
GB-London, WC1B3BN

Originaltitel: Great Houses of Ireland

Übersetzung aus dem Englischen: Andrea Hamann, Brigitte Wünnenberg-Brown
Redaktion: Angela Ritter (für Birgit Beyer)
Satz: Birgit Beyer

Projektkoordination: Dorit Esser
Herstellung: Ursula Schümer

Druck und Bindung: Jean Lamour Imprimerie
Printed in France

ISBN 3-8290-2147-X
10 9 8 7 6 5 4 3 2 1

INHALT

EINFÜHRUNG

DIE Großmutter des Verfassers pflegte zu sagen: Zwei Männer schauten durch das vergitterte Fenster ihrer Gefängniszelle, der eine sah Morast, der andere Sterne. Bei seiner Beschäftigung mit irischen Landsitzen im 20. und 21. Jahrhundert hat auch der Verfasser – sogar inmitten einer Landschaft von unübertroffener Schönheit – allzu leicht nur den Morast oder den Sumpf gesehen, umgeben von einem romantischen unwirklich anmutenden Dunstschleier.

Wenn die Geschichten von Somerville und Ross oder Molly Keane gelegentlich Heiterkeit durchschimmern ließen, so war die vorherrschende Stimmung in den literarischen Porträts der »großen Häuser« von Autoren wie Elizabeth Bowen, William Trevor und Jennifer Johnston grundsätzlich von tiefer Schwermut geprägt.

Eine der betörendsten Schilderungen der feuchten, von Torfgeruch erfüllten, vornehmen, aber dennoch intimen Atmosphäre des irischen Landhauses findet sich in Siegfried Sassoons 1936 veröffentlichtem Roman *Sherston's Progress*. In seiner ganz bewußt romantisch gestalteten Beschreibung eines abgelegenen Hauses in der Grafschaft Limerick, dessen Besitzer ein gastlicher und freundlicher Fuchsjäger »von höchst unterhaltsamer irischer Beredsamkeit« ist, stellt der Erzähler die Frage:

> Was hätte es Herrlicheres geben können, als in einem altehrwürdigen Speisesaal zu sitzen und einem Mann wie diesem zuzuhören, während der Regen gegen die Fenster schlug und in dem gewaltigen Kamin ein Holzfeuer glühte und loderte, das sich in dem blankpolierten feinen Silber auf dem Mahagonitisch spiegelte?

Er fährt fort und sieht vor seinem geistigen Auge eine Reihe von

> selten genutzten Zimmern, denen der Geruch vergangener Zeiten anhaftet, und einen knarrenden, unebenen Korridor, an dessen Ende ein Fenstersitz lockt mit einem Blick auf den wildromantischen Park, spiralförmig aufragende Eiben und die vom zartvioletten Schimmer des Regenwetters beleuchteten Abendwolken.

Während seines geistigen Rundgangs durch das prächtige Haus sieht er sich auch in »einer von Plünderungen verschont gebliebenen Bibliothek des 18. und frühen 19. Jahrhunderts, in der neben alten Predigten und Reisebeschreibungen in mürbe gewordenen Ledereinbänden auch unbeschnittene Exemplare der Erstausgaben von Swift und Goldsmith stehen könnten…«

Derlei berauschende Bilder trugen dazu bei, die vagen Eindrücke zu schärfen, die der Verfasser dieses Bandes während seiner Kindheit in den 1940er Jahren von irischen Landsitzen gewonnen hatte. Jene Zeit prägte auch die Jugenderinnerungen des Schriftstellers Thomas Pakenham und des kunstverständigen Ritters von Glin, die in den Kapiteln über Tullynally und Glin Castle vorgestellt werden. In den 50er Jahren erzählte ein anderer Roman mit dem herrlichen Titel *All a Nonsense* (Alles Unsinn) von dem Versuch eines jungen Mannes, seinen geliebten irischen Familiensitz vor dem Verfall zu retten. Wie sich herausstellte, war der Autor, Mark Bence-Jones, ein entfernter Verwandter des Verfassers dieser Zeilen: Beide sind mit einer Familie verwandt, die dafür bekannt ist, daß der Sarg eines Angehörigen auf dem Weg zur Beisetzung von einigen durstigen Bediensteten »verloren wurde«.

In den 60er Jahren begeisterte sich der Verfasser für die von Desmond Guinness stilvoll und mit großem Enthusiasmus geleitete Kampagne der Irish Georgian Society (Irisch-Georgianischen Gesellschaft) zur Erhaltung des irischen architektonischen Erbes. Der Verfasser wurde redaktioneller Mitarbeiter der Veröffentlichungen der Burke-Reihe und beschloß, deren irische Wurzeln neu zu beleben. In den 70er Jahren hatte er das Glück, an mehreren Projekten mit Mark Bence-Jones zusammenzuarbeiten, darunter *Burke's Irish Family Records*, *Burke's Introduction to Irish Ancestry* und die ursprüngliche Ausgabe von Bence-Jones' Meisterwerk mit dem Titel *Burke's Guide to Country Houses, Volume I: Ireland.* Mark Bence-Jones gab dieses Werk später in einer überarbeiteten Fassung unter dem Titel *A Guide to Irish Country Houses* neu heraus.

Vorhergehende Seiten Die Gartenfassade von Curraghmore in der Grafschaft Waterford.

Unten Die Eingangshalle von Russborough in der Grafschaft Wicklow.

Ein Blick über den See auf Ballinlough Castle in der Grafschaft Westmeath.

Der Ritter von Glin, ein überaus sachkundiger und engagierter Denkmalschützer.

Bence-Jones' wegweisender Überblick über rund 2000 irische Familiensitze, größere wie kleinere, noch erhaltene wie zerstörte, wurde von einer Rezensentin, Lady Violet Powell (Thomas Pakenhams Tante) mit den denkwürdigen Worten »unendlich melancholisch« kommentiert. In jenem trostlosen Jahrzehnt, in dem der Band erschien, führte die schon an Konfiszierung grenzende Besteuerung des Grundbesitzes vielerorts zu Verkäufen und Auflösung (auch Malahide und Adare traf dieses Schicksal). Daher finden sich in der Auflistung Bence-Jones' leider allzu viele Häuser, denen eine unsichere Zukunft bescheinigt wurde.

Die Stimmung war so bedrückend, daß man schon prophezeite, es werde bald keinen irischen Landsitz in privater Hand mehr geben. Eine der Anekdoten, mit denen Bence-Jones seine architektonischen Beschreibungen auflockerte, schien die Hoffnungslosigkeit auf den Punkt zu bringen: Der Besitzer eines Landhauses, das auf zwei nur durch einen behelfsmäßigen Korridor verbundene Flügel verkleinert worden war, erklärte, falls der Korridor einstürzen sollte, werde er seinen Familiensitz in »Ballyshambles« umbenennen (was soviel wie »Siedlungs-Trümmer« heißt).

Die Wurzel des Problems lag darin, daß die maßgeblichen Regierungsstellen in der modernen Republik Irland den beachtlichen Bestand an herrschaftlichen Häusern weiterhin als »Monumente des Großgrundbesitzertums und der Unterdrückung« betrachteten, als »verhaßte Symbole der Vorherrschaft und der andersartigen Kultur der britischen Eindringlinge«. Die Lobby zur Erhaltung des irischen Kulturerbes (*Irish Heritage*) tat ihr Bestes, um sich Gehör zu verschaffen und diese Vorurteile abzubauen. »Die naive Unterstellung, diese Häuser seien lediglich Denkmäler des überholten Kolonialismus, ist entschieden zurückzuweisen«, argumentierte der Ritter von Glin, »denn in Wahrheit sind sie Schatzkammern irischer Handwerkskunst.«

1988 dokumentierten eine Fotoausstellung mit dem Titel »Vanishing Country Houses of Ireland« (Der Untergang irischer Landhäuser) und ein von dem Ritter von Glin, David J. Griffin und Nicholas Robinson verfaßtes Buch gleichen Titels den Verlust von rund 500 irischen Landhäusern im Laufe des letzten Jahrhunderts. Diese schockierende Dokumentation verdeutlichte eindringlich die Notwendigkeit einer längst überfälligen gesetzlichen Regelung zum Schutz architektonisch bedeutender Bauten, die aufgegeben oder vom Verfall bedroht waren.

In den 90er Jahren schien die Heritage-Lobby endlich mit ihrem Anliegen vorzudringen. Es war gewiß ermutigend, von dem damaligen irischen Premierminister, Albert Reynolds, das Eingeständnis zu hören, daß die »eklatante Feindseligkeit« gegenüber Landhäusern in der neuen Republik »töricht« gewesen war und daß man »wegen ihrer Ursprünge keine Komplexe zu haben« brauchte. In seiner Eröffnungsrede zur Konferenz über »Die Zukunft des Landhauses«, die 1993 von der Irish Georgian Society organisiert wurde, bemerkte er außerdem: »Ich akzeptiere voll und ganz, daß die wirksamste Methode zum Schutz und zur Erhaltung dieser Häuser darin besteht, die Besitzer bei ihrer Instandhaltung so weit wie möglich zu unterstützen.«

Waren die eingangs erwähnten Sterne tatsächlich doch noch erschienen? Der Ritter von Glin, der als Präsident der Irish Georgian Society die Nachfolge von Desmond Guinness antrat, bemerkte hierzu: »Die Haltung des Staates hat sich vom Haß auf die koloniale Vergangenheit in eine wirklich herzliche Akzeptanz gewandelt.« Irlands wirtschaftlicher Aufschwung und die Fördermittel der Europäischen Union haben dabei eine nicht unwesentliche Rolle gespielt.

In den 90er Jahren wurde der Heritage Council (Ausschuß für Denkmalpflege) als öffentliche Körperschaft eingerichtet und mit einem recht weit gefaßten, umweltbezogenen Auftrag und Befugnissen zur Gewährung von Zuschüssen ausgerüstet. Fortschritte sind ebenfalls bei der Aufnahme von Gebäuden, Interieurs und Gartenanlagen in die Liste der geschützten Objekte zu verzeichnen. Auch eine Gesetzesvorlage (die sogenannte »Planning Bill«), ist als ein wichtiger Schritt zum Schutz von Baudenkmälern begrüßt worden, wenngleich die Heritage-Lobbyisten die darin vorgesehenen Fördermaßnahmen als kaum mehr als eine Geste erachten.

Denn ungeachtet des politischen Goodwills, der privaten Eigentümern historischer Häuser steuerliche Erleichterungen brachte, treibt die fehlende Unterstützung bei konkreten Problemen die Hausbesitzer und ihre Berater zur Verzweiflung. Viele Eigentümer, die nicht über das nötige Vermögen oder ein entsprechendes Einkommen zur Finanzierung der Instandhaltungskosten verfügen, befinden sich in akuten wirtschaftlichen Schwierigkeiten, so daß es um die Zukunft ihrer Häuser weiterhin sehr schlecht bestellt ist. Die Irish Georgian Society und die Interessenvertretung der Hauseigentümer, die sich »Great Irish Castles, Houses and Gardens« nennt, versuchen unermüdlich, die notwendigen Gelder zu beschaffen. Doch es muß noch sehr viel mehr getan werden, bevor man behaupten kann, daß die Sterne zu sehen sind.

Links Umfangreiche Restaurierungsarbeiten in der Halle von Castletown, Grafschaft Kilkenny.

Unten Stackallen in der Grafschaft Meath: Ein Blick durch den Raum mit den herrlichen Wandmalereien Michael Dillons in den dahinterliegenden Speisesaal.

Woran es der Republik noch immer mangelt, ist – das darf man in dieser Zeit der grenzüberschreitenden Zusammenarbeit wohl sagen – ein dem National Trust in Nordirland entsprechendes »Sicherheitsnetz«, das sich der in Auflösung begriffenen Häuser, Gärten und Sammlungen annehmen könnte. Vor allem besteht die dringende Notwendigkeit einer staatlich finanzierten Institution, die sich auf das architektonische Erbe konzentriert und genug Einfluß hat, um Besitztümer von nationaler Bedeutung zu retten, angemessene Fördergelder zu verwalten und den Denkmalschutz in Irland insgesamt besser durchzuorganisieren.

Gleichwohl ist zumindest über die wenigen erhalten gebliebenen großen Häuser – und um sie, die Glanzstücke dieses Buches, geht es hier – Erfreuliches zu berichten. Das prächtigste von allen ist zweifellos Castletown (in der Grafschaft Kildare), das in den 1960er Jahren von Desmond Guinness bravourös vor dem Verfall gerettet wurde und heute dem Staat gehört. Während der Vorbereitung dieses Buches wurden dort so umfangreiche Restaurierungsarbeiten durchgeführt, daß wir das Haus leider nicht betreten konnten. Russborough, das die meisten für den schönsten Landsitz Irlands halten, wird von der Alfred Beit Foundation liebevoll instandgehalten. Ballinlough und Bantry haben von dem EG-Programm zur Wiederherstellung bedeutender Parkanlagen in Irland (Great Gardens of Ireland) profitiert. Und Newbridge, das jetzt gemeinsam vom Fingal County Council und den Kuratoren der Cobbe Familiy Collections verwaltet wird, ist ein innovatives Beispiel für die partnerschaftliche Zusammenarbeit einer Gemeindeverwaltung mit einer auf einem Landsitz lebenden Familie.

Im Grunde genommen ist dieses Buch eine Würdigung solcher Familien und ihrer Verdienste um die Förderung der Künste. Die meisten der hier vorgestellten Landsitze sind glücklicherweise in Familienhand geblieben. Ihre heutigen Repräsentanten sehen die Zukunft ihres Hauses im allgemeinen optimistischer als so mancher ihrer Vorfahren. So sind die de la Poer Beresfords noch immer auf Curraghmore ansässig, die FitzGeralds auf Glin, die Nugents (eigentlich O'Reillys) auf Ballinlough, die Cavendishs auf Lismore, die Crichtons auf Crom, die Parsons auf Birr, die Waddingtons auf Beaulieu, die Brabazons auf Killruddery, die Ieverses auf Mount Ievers, die Pakenhams auf Tullynally, die Blackwoods auf Clandeboye, die Whites auf Bantry, die Gore-Booths auf Lissadell, die Alexanders auf Caledon, die Hamiltons auf Baronscourt und die Mulhollands noch immer auf Ballywalter. Und obgleich das großartige Quartett im Norden – Florence Court, Castle Ward, Castle Coole und Mount Stewart – mittlerweile vom National Trust (hervorragend) verwaltet wird, sind die Coles, Wards, Lowry-Corrys und Stewarts mit ihrem Familiensitz weiterhin eng verbunden.

OBEN Ein Ofen im Salon von Castle Coole in der Grafschaft Fermanagh.

UNTEN Dienstbotenklingel auf Castle Ward in der Grafschaft Down.

Auf vielen dieser Landsitze sind gegenwärtig restauratorische Aktivitäten zu beobachten, und es fällt auf, daß einige der bemerkenswertesten Instandsetzungsprojekte gerade in Häusern durchgeführt werden, die in den letzten Jahren den Besitzer wechselten. Dies ist das interessanteste Phänomen, auf das wir bei unserer Reisen gestoßen sind: Seit der Gründung der Republik Irland wird erstmalig wieder Geld investiert – und zwar sehr gut investiert – um alte Häuser zu verschönern und mit irischer Kunst auszustatten. Zu jenen rühmenswerten privaten Denkmalpflegern gehören Mr. und Mrs. Ken Rohan von Charleville (Mr. Rohans Firma war Co-Sponsor der Ausstellung »Der Untergang irischer Landhäuser«), Dr. Tony Ryan von Lyons, Mr. und Mrs. Martin Naughton von Stackallen sowie Mr. und Mrs. George Magan von Castletown (Kilkenny). Wir hätten gern noch weitere Beispiele für diesen erfreulichen Trend vorgestellt, doch bei der Vorbereitung dieses Buches war die Restaurierung von Häusern wie Abbey Leix oder Ballynatray noch nicht weit genug gediehen, um auch dort interessante Aufnahmen machen zu können.

Selbstverständlich gibt es noch andere großartige Häuser, die eigentlich in diesen Band gehört hätten, doch im großen und ganzen haben wir uns auf Häuser konzentriert, die entweder noch bewohnt sind oder zumindest von ihrer Atmosphäre her den Eindruck erwecken, als seien sie es. Aus diesem Grund ist hier auch keines der berühmten Landhaushotels vertreten. Für die endgültige Auswahl waren allerdings die fotografische Eignung und die Kooperationsbereitschaft der Eigentümer wie auch andere Faktoren ausschlaggebend. Zu den Häusern, die wir nicht berücksichtigen konnten gehören daher Castletown (Kildare), auch Bellamont Forest, Carton, Castle Forbes, Charleville Forest, Dunsany, Emo, Humewood, Malahide, Portumna, Seaforde, Slane, Strokestown und Westport.

Das Buch ist auch keinesfalls als Führer konzipiert. Wir hoffen vielmehr, mit unserer zwanglosen, impressionistischen Vorgehensweise dem Leser und Betrachter ein wenig von der Atmosphäre der Häuser und ihrer Umgebung vermitteln zu können. Die hier vorgestellten 26 Adelssitze sind in grob chronologischer Reihenfolge geordnet, und zwar eher unter sozialgeschichtlichem Aspekt als nach Baustilen. Gleichwohl repräsentieren sie ein breites Spektrum irischer Architektur – angefangen bei dem mittelalterlichen Turm von Curraghmore bis hin zu Sir Charles Lanyons *palazzo* auf Ballywalter, der Mitte des 19. Jahrhunderts entstand.

Da hier herrschaftliche Häuser im Mittelpunkt stehen und keine Burgen, haben wir uns über archäologische Aspekte meist ungeniert hinweggesetzt und unser Augenmerk auf die dem Festungsbau folgende Ära gerichtet. Baulieu und Stackallen sind die Repräsentanten jenes vornehmen Stils, der niederländische und klassische Einflüsse harmonisch vereinte und im späten 17. und frühen 18. Jahrhundert seine Blütezeit hatte. Mount Ievers ist ein unvergeßliches Beispiel des irischen *tall house*, und die ganze Pracht des irischen Palladianismus, mitsamt verschwenderischer Rokoko-Stukkatur, wird in Russborough, Florence Court und Castletown (Kilkenny) vorgeführt.

In der Folgezeit hielten »jene wohlmanikürten klassizistischen Finger die ganze Insel in ihrem eisigen Griff«, stellte der Ritter von Glin über die Architektur Davis Duckarts fest. Duckart entwarf Castletown (Kilkenny) und wahrscheinlich auch die Seitenflügel von Florence Court. James Wyatt wiederum war nicht nur in Curraghmore tätig und schuf mit Castle Coole Irlands prunkvollstes klassizistisches Herrenhaus.

Nach Verabschiedung der Unionsakte im Jahre 1801 mangelte es den vielseitigen und überaus produktiven Morrisons – Vater und Sohn (Sir Richard und William Vitruvius) – wahrlich nicht an Auftraggebern: Die Abercorns von Baronscourt (im klassizistischen Stil) zählten ebenso dazu wie die Meaths von Killruddery (Tudor-Revival) und die Longfords von Pakenham, dem heutigen Tullynally (»das Camelot der Neugotik«).

Der neugotische Stil, der sich erstmals in den 1760er Jahren an der Gartenfassade Castle Wards niederschlug, ist ebenfalls, wenn auch in unterschiedlicher Ausprägung, in Glin, Birr, Lismore und Edward Blores Crom Castle in der Grafschaft Fermanagh vertreten. Andernorts im Norden verlieh John Nash in einer früheren Phase des 19. Jahrhunderts dem klassizistischen Caledon Verzierungen im Regency-Stil – auch dies ein vergleichsweise »unbekanntes« Haus.

In diesem Buch geht es ebensosehr um die Persönlichkeiten, die diese Tempel der Künste einst schufen, wie um die Ausstattung und Architektur, wobei auch der gegenwärtigen Situation der Häuser besondere Aufmerksamkeit geschenkt wird. Das Ziel war dabei nicht nur, den individuellen Charme dieser Gebäude zu vermitteln, sondern ebenfalls zu zeigen, wie die derzeitigen Eigentümer neue Wege suchen, um diese Häuser auch im neuen Jahrtausend zu erhalten, und dies nicht nur als großartige Baudenkmäler, sondern auch als Familiendomizile. Ihre Aufgeschlossenheit und ihr Engagement bestärken uns darin, nicht den Morast, sondern die Sterne zu sehen.

1

CURRAGHMORE

COUNTY WATERFORD

CURRAGHMORE ist nur in Irland denkbar. Der Name bedeutet »das große Moor«, was der wildromantischen Schönheit des Ortes jedoch kaum gerecht wird. Das geheimnisvoll anmutende Anwesen ist so weitläufig, daß es wie eine Welt für sich erscheint. Es hat nie durch Verkauf den Besitzer gewechselt und wird von seinem gegenwärtigen Eigentümer, dem achten Marquis von Waterford (der den Titel bereits als Kind erbte und zur Volljährigkeit im Jahre 1955 den Besitz von seiner Mutter übernahm), liebevoll instand gehalten. Es ist zweifellos das größte und prächtigste Anwesen in Irland: Der Fluß Clodagh schlängelt sich rund sechseinhalb Kilometer durch ein tiefes, verschwiegenes Tal, und die Mauer, die den Besitz umgibt, erstreckt sich über 16 Kilometer. Das großartige Gebäude mit seinen vornehmen Nischenfenstern wirkt ausgesprochen imposant inmitten dieses gewaltigen Amphitheaters aus Wald, Hügeln und Bergen.

Der besondere Reiz eines Besuchs auf Curraghmore liegt darin, daß man sich in die Vergangenheit zurückversetzt fühlt – der Ort hat etwas Urzeitliches. Und tatsächlich sind die meilenweiten stillen Wälder nach den Worten des großen Architekturhistorikers Mark Girouard, dessen Vorfahren mütterlicherseits hier ihren Familiensitz hatten, »im Grunde ein Überbleibsel der riesigen Waldgebiete, die einst große Teile Irlands überzogen«.

Es fällt nicht schwer, sich ins 12. Jahrhundert zurückzuversetzen, jene Zeit, als sich der normannische Soldat Robert Le Poer, den König Heinrich II. nach Irland beordert und zum Gouverneur von Waterford ernannt hatte, hier ein eigenes Miniaturkönigreich schuf. Es lag westlich der Stadt, begrenzt vom Flußlauf des Suir, den Comeragh Mountains (die den Ausblicken von Curraghmore einen grandiosen Horizont verleihen) und dem Meer. Wie viele andere anglonormannische Dynastien, die sich in jenen Tagen in Irland niederließen, wurden die Le Poers (oder auch de la Poers oder Powers) im Laufe der Zeit »irischer als die Iren«. Im späten Mittelalter unternahmen sie gemeinsam mit dem Clan der O'Driscoll aus der Grafschaft Cork des öfteren Raubzüge nach Waterford, was die aufgebrachten Bürger dazu veranlaßte, den Allmächtigen in den Kirchen um Erlösung von diesem Übel anzuflehen.

Unter der Herrschaft Heinrichs VIII. jedoch, des ersten englischen Königs, der sich auch »König von Irland« nannte, wurde das Oberhaupt der Curraghmore-

VORHERGEHENDE SEITEN Der vornehme Eingang des Adelssitzes mit einer Teilansicht des prächtigen Vorhofes. Im Zentrum des Herrenhauses befindet sich noch der ursprüngliche mittelalterliche Turm der Le Poers.

LINKS Ein Blick über die Dächer hinweg in das »Amphitheater« der umgebenden Natur. Auf dem Hügel zur Linken befindet sich die Familienkapelle von Clonegam.

Linie der Powers, Richard, für hinlänglich gesetzestreu erachtet, um 1535 in den Adelsstand erhoben zu werden. Vierzig Jahre später vermerkte der damalige Lord Deputy (Königliche Statthalter) von Irland, Sir Henry Sidney, er habe »die Nacht auf Curraghmore verbracht, in jenem Haus, dem Lord Power als Baron vorsteht«, und sei dort »reichlich und gut bewirtet worden«.

Mitte des 17. Jahrhunderts wurde Curraghmore im *Civil Survey*, dem staatlichen Landvermessungsgutachten, wie folgt beschrieben:

> Auf dem Anwesen steht ein schönes Schloß und ein ansehnliches Steinhaus; es gibt dort auch einen Obstgarten und eine Wiese sowie daran angrenzend einen herrlichen Wald; südwärts, in Schußweite einer Muskete, fließt der Clodeth, über den ganz in der Nähe des besagten Schlosses eine Brücke führt.

Ein Vergleich dieser ältesten überlieferten Beschreibung des Landsitzes mit der heutigen Topographie ist recht aufschlußreich. Bis zum heutigen Tag ragt in der Mitte des Hauses der Schloßturm empor, gekrönt von dem Wappentier der Le Poers, dem Hubertushirsch mit einem Kruzifix im Geweih. Der »Clodeth«, oder Clodagh, fließt noch immer romantisch unter den zahlreichen Bögen der mittelalterlichen Brücke hindurch, die traditionell »King John's Bridge« genannt wird. Der fünfte Marquis von Waterford – der das Haus in den 1870er Jahren von dem wenig bekannten Architekten S.U. Roberts äußerlich umgestalten ließ und ihm damit seinen heutigen hochviktorianischen Charakter verlieh – taufte seine jüngste Tochter zu Ehren des Flusses auf den Namen Clodagh.

Einige Jahre nach der Erstellung des *Civil Survey* wurden die Powers in den Stand der Grafen von Tyrone erhoben, doch mit dem Tod des dritten Grafen im Jahre 1704 erlosch der Titel bereits in Ermangelung eines männlichen Nachkommen. Offenbar hatte der dritte Graf kurz vor seinem Tod an dem im *Survey* erwähnten »ansehnlichen Steinhaus« bauliche Veränderungen vornehmen lassen: Charles Smith erwähnt in seiner Beschreibung von Curraghmore in dem 1746 erschienenen Werk *Ancient and Present State of the County and City of Waterford* »auf dem Sockel des Türrahmens« sei das Datum »1700« zu lesen. Smiths uneingeschränktes Lob für die Gartenanlagen und vieles andere gebührte zu Recht Catherine (»Cathie«), der bemerkenswerten Tochter des dritten Grafen, die in der Geschichte des Landsitzes eine zentrale Rolle spielt.

Das Wappentier der Le Poers, der Hubertushirsch mit dem Kruzifix im Geweih, prangt auf dem mittelalterlichen Turm. Die Krone darunter ist die Adelskrone eines Marquis – der Titel, der dem zweiten Graf von Tyrone 1789 verliehen wurde (er erbte außerdem von seiner Mutter die Baronie der Le Poers).

»Das größte und prächtigste Anwesen Irlands«: Ein Blick über Curraghmore auf die Comeragh Mountains.

Ein Ausschnitt des Wappentiers der Familie Beresford auf dem Dach: Der Hals des Drachen ist von einer Lanze durchbohrt, deren abgebrochene Spitze das Tier im Maul trägt. Unterhalb der Figur sind die Gartenanlagen mit Teich und Balustrade zu sehen.

Cathies Vermählung mit Sir Marcus Beresford, dem vierten Baronet (dessen Familie eine herausragende Rolle bei der Besiedlung Ulsters im frühen 17. Jahrhundert spielte), war in einer der bekanntesten irischen Geistergeschichten vorausgesagt worden. Einer Überlieferung zufolge hatte der zweite Graf von Tyrone (Cathies Onkel) als Kind mit seiner Freundin Nichola Hamilton (der späteren Gattin von Sir Tristram Beresford, dem dritten Baronet) einen Pakt geschlossen, wonach derjenige von ihnen, der als erster starb, dem anderen »erscheinen« sollte. Als den zweiten Graf 1693 im Alter von 29 Jahren der Tod ereilte, überraschte er Nichola noch in derselben Nacht und sagte ihr unter anderem voraus, wie viele Kinder sie haben würde, und daß eines von ihnen seine Nichte ehelichen und sie selbst an ihrem 47. Geburtstag sterben würde. Zum Beweis, daß ihr alter Freund wirklich zu ihr gesprochen hatte, bat Nichola ihn, ihr Handgelenk zu berühren, wenngleich Lord Tyrone sie vor bleibenden Narben warnte. Und tatsächlich schrumpften dort, wo er sie berührt hatte, die Haut und die Sehnen.

Es heißt, »jene Lady trug fortan ein Zierband um ihr Handgelenk«. Und alles, was ihr der Graf in Gestalt des Geistes prophezeit hatte, sollte sich später bewahrheiten – sie starb an ihrem 47. Geburtstag (auch wenn sie ihn irrtümlich für ihren 48. hielt), und ihr Sohn Marcus heiratete 1717 Lady Catherine, die Erbin von Curraghmore.

Zwischen ihrer Heirat und ihrem Tod im Jahre 1769 brachte Cathie nicht nur 13 Kinder zur Welt, sie fand auch noch die Zeit, ihr Anwesen von Grund auf umzugestalten. Die Innenräume des Hauses wurden von dem holländischen Maler Johann van der Hagen mit (leider nicht erhaltenen) Fresken verziert, und in den Gärten wurden kunstvoll Kanäle, Wasserfälle und Terrassen angelegt und Statuen aufgestellt, die aber schon bald – im Zuge der Abkehr von der streng architektonischen Form im späten 18. Jahrhundert – wieder verschwanden. Als sich im 19. Jahrhundert der Geschmack abermals änderte, wurde die Anlage erfreulicherweise wieder formaler gestaltet – und in dieser Art hat sie bis heute überdauert, ebenso wie zwei bemerkenswerte Elemente aus Cathies Zeit, die »Wilderness« und das »Shell House«.

Charles Smith beschrieb 1746 »eine natürliche Wildnis mit hohen, altehrwürdigen Eichen« und beobachtete außerdem »den Bau eines Muschelhauses, das nach seiner Fertigstellung sehr interessant auszusehen verspricht«. In der Tat ist das Shell House von Curraghmore das bedeutendste in Irland erhaltene Beispiel für jene Grotten, die dort durch Mary Delany (die Freundin des irischen Schriftstellers Jonathan Swift) um die Mitte des 18. Jahrhunderts in Mode kamen. Die Inschrift an dem von John van Nost geschaffenen Marmorstandbild seiner Schöpferin lautet: »Diese Muscheln wurden von der Sehr Ehrenwerten Catherine, Gräfin von Tyrone, in zweihunderteinundsechzig Tagen eigenhändig angebracht.« Den neuen Titel trug Cathie, seit ihr Gatte, Sir Marcus Beresford, 1746 mit dem eigens für ihn geschaffenen Titel eines »Grafen von Tyrone« geehrt worden war.

Im Innern des Hauses ist Cathies bedeutendste Hinterlassenschaft die Ausstattung des großen Raums (das heutige Billardzimmer) im ersten Stock des alten Schloßturms, dessen herrliche, gewölbte Decke wahrscheinlich den beiden Meistern italienischer Stukkatur, den Brüdern Paul und Philip Francini, zu verdanken ist. Eine Fülle von Blattwerk und Blüten, Büsten und Bändern ziert ihre rechteckigen oder gerundeten Fächer.

Die größte Attraktion des Anwesens ist der prächtige Vorhof, der den Vergleich mit Sir John Vanbrughs spektakulären Anlagen von Blenheim Palace und Seaton Delaval in England nicht zu scheuen braucht. Laut Mark Bence-Jones »scheint er eher nach Frankreich oder irgendwohin sonst auf das europäische Festland zu gehören, als auf die Britischen Inseln«. Bedauerlicherweise ist weder das Datum seiner Entstehung noch der Architekt überliefert. Mark Girouards vielversprechendste Theorie besagt, daß John Roberts aus Waterford die Anlage um 1750–60 geschaffen hat. Man nimmt jedoch ebenfalls an, daß zumindest einige Teile späteren Ursprungs sein könnten.

Die Anlage ist in jedem Fall sehr beeindruckend: Nach der langen, gewundenen Anfahrt durch das bewaldete Tal erscheint ganz unerwartet ihr großartiger Anblick, und während man sich voller Ehrfurcht allmählich dem Herrenhaus nähert, liegen beiderseits schier endlose Stallungen, die von aufragenden Bogengängen mit Ziergiebeln beherrscht werden. (Der Pferdeverstand und die Reitkunst der Familie

RECHTS Der Gräfin von Tyrone, Catherine (»Cathie«), wird auf Curraghmore in ihrer ungewöhnlichsten Schöpfung gedacht: im Shell House, einer ganz und gar mit Muscheln besetzten Grotte. Ihr Abbild trägt in der einen Hand eine Muschel, in der anderen eine Schriftrolle mit der Inschrift: »Diese Muscheln wurden von der Sehr Ehrenwerten Catherine, Gräfin von Tyrone, in zweihunderteinundsechzig Tagen eigenhändig angebracht, 1754.«

LINKS Cathie, Gräfin von Tyrone (deren Porträt über dem Kamin hängt), blickt herab auf ihr zweites bedeutendes Vermächtnis: den großen Raum im ersten Stock des alten Turms, der im 19. Jahrhundert in einen Billardraum verwandelt wurde. Seine herrliche Stukkatur entstand um die Mitte des 18. Jahrhunderts und wird den Brüdern Paul und Philip Francini zugeschrieben.

LINKS Das Treppenhaus gehört zu den Interieurs, die James Wyatt in den 1780er Jahren für den ersten Marquis von Waterford entwarf. Es handelt sich dabei vermutlich um ein ganz neues Gebäudeteil, das im Innenhof an das alte Haus angefügt wurde.

sind legendär.) Auffallend sind die vielen Details im Mauerwerk der Stallungen – mit Bossenwerk verzierte Bögen und Fensterumrandungen, statuenbesetzte Nischen mit Giebeln, Torwege mit klassizistischem Gebälk. Man spürt förmlich die Aura eines einflußreichen Großgrundbesitzers.

Spätestens 1789 waren die Beresfords die mächtigste Familie Irlands. Damals wurde dem ältesten Sohn von Marcus und Cathie, George (wenig schmeichelhaft »der schielende Tyrone« genannt), der Titel eines »Marquis von Waterford« verliehen. Zu den Brüdern des ersten Marquis zählte neben zwei Erzbischöfen auch der ehrgeizige Politiker John Beresford, der in der letzten Dekade vor der Union mit Großbritannien (1801) dem Triumvirat der irischen Regierung angehörte.

Der erste Marquis war verantwortlich für die Erweiterung und Renovierung des Hauses in den 1780er Jahren, als im Innenhof das heutige Treppenhaus mit seiner in schwungvollem Bogen aufsteigenden Balustrade entstand. Der englische Architekt James Wyatt (der auch Castle Coole in der Grafschaft Fermanagh entwarf, *siehe dort*) erhielt den Auftrag, die Innenausstattung umzugestalten, und schuf hierbei einige der schönsten Räume des ausgehenden 18. Jahrhunderts, die es in Irland gibt. Besonders hervorzuheben sind der Speisesaal und der Blaue Salon. Der Speisesaal zeigt an Decke und Wänden fein ausgearbeitetes Stuckwerk, mit Medaillons, die Antonio Zucchi oder Angelica Kauffmann zugeschrieben werden, und Grisaille-Paneelen von Peter de Gree. Der Blaue Salon besitzt eine Decke mit Medaillons von de Gree und halbkreisförmigen Fächern, die Zucchi zugeschrieben werden. Der gegenwärtige Lord Waterford und seine Gattin, vormals Lady Caroline Wyndham-Quin, haben eine einfühlsame Restaurierung der Haupträume vornehmen lassen, darunter auch die Bibliothek und der Gelbe Salon.

OBEN Ein Spiegelbild der kunstvoll gearbeiteten Decke in Wyatts Blauem Salon. Die Stuckornamente werden Antonio Zucchi zugeschrieben, die Grisaille-Malerei stammt von Peter de Gree.

RECHTS Ein stilvoller klassizistischer Korridor, den Wyatt in den 1780er Jahren entwarf.

OBEN und RECHTS Der Speisesaal gehört zu den schönsten von Wyatt gestalteten Interieurs in ganz Irland. Die Deckenmedaillons werden Antonio Zucchi oder dessen Ehefrau, Angelica Kauffmann, zugeschrieben, die Grisaille-Malerei stammt von Peter de Gree. Prinz William (der spätere König Wilhelm IV.) wurde 1787 in diesem Raum bewirtet.

Eines der Bauwerke auf Curraghmore hat jedoch eine eher melancholische Vorgeschichte. Der erste Marquis ließ einen irischen Rundturm auf einem Hügel im Nordosten des Anwesens errichten, zum Gedenken an seinen ältesten Sohn, der mit zwölf Jahren bei einem Ritt zu Tode kam, als er versuchte, einen Zaun zu überspringen. Curraghmore und der Titel des Marquis von Waterford gingen somit an den zweiten Sohn über, dessen Vermählung mit Lady Sarah Carpenter (Tochter des zweiten Grafen von Tyrconnel) die lebhaften Gene ihrer mütterlichen Linie, der Delavals von Seaton Delaval, in die Familie brachte.

Die Extravaganz der Delavals zeigte sich deutlich in den frühen Eskapaden des dritten Marquis von Waterford. Ralph Nevill berichtet in *Sporting Days and Sporting Ways*, wie der Marquis als junger Mann »die Hufe des Pferdes eines Pfarrers mit Anis einrieb und mit Schweißhunden eine Hetzjagd auf den entsetzten Geistlichen veranstaltete. Ein anderes Mal legte er in einem Gasthaus einem Fremden einen Esel ins Bett...«. Größere Beachtung verdient jedoch die Tatsache, daß er später mit seiner Ehefrau, der Künstlerin Louisa Stuart, auf Curraghmore seßhaft wurde und, laut seinem Nachruf im *The Annual Register of 1859*, »einer der vorbildlichsten Grundbesitzer und erfolgreichsten Landwirte [wurde]... allerseits beliebt und geschätzt«. Die Waterfords waren als Philantropen bekannt und leisteten Beachtliches, um das furchtbare Leiden während der großen Hungersnot in den 1840er Jahren zu lindern.

In den 1830er Jahren hatte der dritte Marquis einige radikale Umbaupläne von Daniel Robertson in Betracht gezogen, die Curraghmore in ein neugotisches Bauwerk verwandeln sollten – sie wurden nie umgesetzt. Louisa Waterford ließ jedoch 1843 die lange Südwestterrasse anlegen und war vermutlich für den Entwurf der bis heute erhaltenen formalen Gartenanlagen verantwortlich.

Es überrascht nicht, daß der dritte Marquis als weithin gerühmter Master of Foxhounds (der Jagdreiter, der die Hundemeute dirigiert) bei der Jagd den Tod fand, denn schließlich hat der Pferdesport auf Curraghmore höchste Priorität. Die reitsportlichen Großtaten der Brüder des fünften Marquis lieferten den Stoff für die Legenden des späten 19. und frühen 20. Jahrhunderts. So wird zum Beispiel von

OBEN Der Pferdesport ist allgegenwärtig: reiterliche Kopfbedeckungen in der Eingangshalle. Das Gruppenporträt eines unbekannten Künstlers um 1760 zeigt den ersten Grafen von Tyrone im Kreise seiner Familie. Sein zweiter Sohn, John Beresford, der einer der mächtigsten Männer Irlands werden sollte, ist die schmale Gestalt an fünfter Stelle von links.

LINKS Diese Nische in der Eingangshalle birgt Jagdtrophäen, die der sechste Marquis von Waterford größtenteils selbst erbeutete.

Admiral Lord Charles Beresford (»Charlie B«) berichtet, über dessen tätowierten Rücken eine ganze Jagdgesellschaft galoppierte und der einmal auf einem Schwein den Piccadilly entlangritt; ferner über den Kavalleristen Lord William Beresford, der im Zulukrieg mit dem Viktoriakreuz ausgezeichnet wurde, oder über Lord Marcus Beresford, der für die Rennpferde der Könige Eduard VII. und Georg V. verantwortlich war.

Die heutige Generation der Familie hat großartige Polospieler hervorgebracht; hierzu gehören der gegenwärtige Marquis und sein Bruder, Lord Patrick Beresford, außerdem die Söhne des Marquis, der Graf von Tyrone sowie die Lords Charles und James Beresford, und nicht zuletzt der vielversprechende junge Lord Le Poer (Lord Tyrones älterer Sohn), der erstmals seit 200 Jahren wieder diesen historischen Titel trägt. Sowohl Lord Tyrone als auch sein Bruder Lord James haben kürzlich eine Lizenz als Trainer für Rennpferde erworben.

Auf Curraghmore pflegt man weiterhin die besten Traditionen des Landlebens irischer Adliger, wie sie die de la Poer Beresfords verkörpern. Doch das Althergebrachte wird dabei nicht nur bewahrt, sondern nach Möglichkeit verfeinert, sei es im Reit- oder Jagdsport, in der Architektur, im Gartenbau, in der Forstwirtschaft oder in der vom Gemeinsinn geprägten Verwaltung des Grundbesitzes.

2

Glin Castle

County Limerick

GLIN CASTLE hat etwas Unwirkliches. Von einem Boot auf dem Shannon aus gesehen, dort, wo dieser mächtige Fluß sich zur Mündung in den Atlantik hin öffnet, wirkt die Burg wie ein zinnenbewehrtes Phantasiegebilde aus Pappmaché, mit kleinen Pförtnerhäuschen und bewaldeten Steilhängen.

Desmond FitzGerald, der 29. Ritter von Glin, ist jedoch eine äußerst reale Persönlichkeit. Als Kunst- und Architekturkenner und engagierter Präsident der Irisch-Georgianischen Gesellschaft genießt er hohes Ansehen. In einem Artikel der Zeitschrift *Country Life* schrieb John Cornforth, der Ritter habe entscheidend »zu der neuen Begeisterung für alles Irische beigetragen, die zu den großen Veränderungen der letzten 40 Jahre zählt«. Sein Einfluß begann hier in Glin, wo der Ritter eine faszinierende Sammlung irischer Möbel und Gemälde zusammengetragen hat – in Ergänzung anderer Beispiele überraschend erlesener Handwerkskunst, die sich hinter den vergleichsweise schlichten Mauern des Schlosses verbergen. Umgeben von kunstvollen klassizistischen Stuckarbeiten, kannelierten korinthischen Säulen, mit Giebeldreiecken geschmückten Bücherschränken aus Mahagoni und der sensationellen »schwebenden« Treppe, hat der Adelsherr mit großem Einfallsreichtum Elemente des 18. und 19. Jahrhunderts zu einem einheitlichen Bild verschmolzen, wie kein anderer irischer Landsitz, geschweige denn ein Museum, es zu bieten hat.

»Die Werke dieser irischen Künstler und Handwerker«, so der Ritter, »sollten in gleichem Maße Beachtung finden wie die bekannteren Symbole irischer Archäologie und Kunst, z.B. Goldbroschen aus der Bronzezeit oder illuminierte Handschriften.« Kein anderer könnte sich leidenschaftlicher für die Erhaltung des irischen Erbes jener Tage einsetzen, und doch bewahrt ihn sein umfangreiches Wissen davor, das Bild der Vergangenheit zu romantisieren: Die Geschichte derer von Glin beinhaltet eine Serie von Enthauptungen, Beschlagnahmungen, Verbannungen, Strafverfahren und Duellen, sowie Fälle von Trunkenheit, allgemeiner Lasterhaftigkeit und Verschwendungssucht, die beinahe zum Bankrott führte.

Die seit Beginn des 13. Jahrhunderts in West-Limerick ansässigen Ritter von Glin sind ein Zweig der großen normannischen Dynastie der FitzGeralds, deren exaktere Bezeichnung »Geraldines von Desmond« ist. Wie die Le Poers gehörten

VORHERGEHENDE SEITEN Die Gartenansicht von Glin Castle. Unter dem Regenbogen wirkt die neugotische Architektur besonders romantisch.

LINKS Die Eingangshalle schmückt Herman van der Mijns Porträt des »Duellanten-Ritters« von Glin, dem sein Diener soeben eine Herausforderung überbringt. Die Pferdebilder malte Lady Rachel FitzGerald, Gemahlin des 27. Ritters und Tochter des vierten Grafen von Dunraven. Der Tisch, eine irische Mahagoniarbeit des Barock, entstand Mitte des 18. Jahrhunderts und gehört seither zum Inventar des Schlosses; sein Wappen ist das der FitzMaurice.

UNTEN und RECHTS Drei Details des mit Schnitzereien verzierten irischen Mahagonimobiliars aus dem 18. Jahrhundert, das in der Sammlung großen Raum einnimmt und dessen Bedeutung vom gegenwärtigen Ritter von Glin, dem sachkundigen Autor des Buches *Irish Furniture*, besonders hervorgehoben wird.

auch die Ritter von Glin zu den sogenannten »altenglischen« Einwanderern, die mit der Zeit »irischer als die Iren« wurden und häufig in führende Familien der gälischen Clans einheirateten. Thomas FitzGerald erbaute um 1200 seine erste normannische Burg über einer alten Ringfestung aus dem ersten Jahrtausend, die sich wenige Meilen von Glin entfernt auf einer Anhöhe bei Shanid befand.

Shanid Abu! (Shanid für immer!) erscholl im Mittelalter der allseits vertraute Schlachtruf der Desmond Geraldines, und bis zum heutigen Tag ist er auf Glin Castle als Motiv der Dekoration (von Bajonetthaltern bis zum Tafelsilber) allgegenwärtig. Regelmäßig schlossen sich die Ritter von Glin den verwandten Grafen von Desmond in ihrer Rebellion gegen die englische Fremdherrschaft an, und während der blutigen Auseinandersetzungen der elisabethanischen Ära entging der damalige Ritter, Thomas FitzJohn, lediglich aufgrund eines Formfehlers der Exekution. Sein Sohn und Erbe hingegen wurde gehängt und gevierteilt, woraufhin die Mutter den abgetrennten Kopf ergriff, vom Blut ihres Sohnes trank und – umringt von einer wehklagenden Menschenmenge – seinen geschändeten Leichnam zur Abtei von Lislaughtin trug, wo er bestattet wurde.

Während des Aufstands des nachfolgenden Ritters, Edmund FitzThomas, belagerten und eroberten die Engländer die alte Burg Glin, von der heute nur einige Ruinenreste im Dorf erhalten sind. Um den Kampf zu beenden, ließ Sir George Carew, damals Lord President von Munster, den sechsjährigen Sohn des Ritters

In der Eingangshalle befinden sich noch weitere irische Mahagoniarbeiten und Pferdebilder von Lady Rachel FitzGerald sowie ein von John Michael Wright geschaffenes Porträt des ersten Lord Kingston in Rüstung. Er war Mitgouverneur von Connaught, und seine Gemahlin entstammte dem Geschlecht der FitzGibbons, die Träger des heute erloschenen Titels des »Weißen Ritters« waren.

vor die Mündung einer Kanone schnüren und drohte, den Knaben in Stücke zu sprengen, wenn der Vater sich nicht ergebe. Er erhielt jedoch die unverblümte Antwort, der vor Manneskraft strotzende Ritter werde keine Mühe haben, einen weiteren Sohn zu zeugen – ein Argument, das gestützt wurde durch die Überlieferung, daß zwei Dutzend Bastarde des Ritters die Burg verteidigten.

1642 eroberten die Engländer Glin Castle erneut, und ein weiteres Mal im nachfolgenden Jahrzehnt im Rahmen der Cromwellschen Besiedlung. Zu guter Letzt jedoch, nach der Wiedereinsetzung König Karls II., erhielten die Ritter ihren alten Stammsitz zurück und unterwarfen sich im 18. Jahrhundert dem Protestantismus. Obwohl sie durch Eheschließungen bis zu einem gewissen Grade an der englischen Vormachtstellung teilhatten, scheinen die Ritter von Glin bis vor nicht allzu langer Zeit viele der schillerndsten Eigenschaften altirischer Potentaten bewahrt zu haben.

So unternahm im 18. Jahrhundert die Gemahlin eines Ritters Viehraubzüge, um während einer Hungersnot das Volk mit Fleisch zu versorgen – in der Umgebung war sie als *Bean-Tighearna* (das »weibliche Clan-Oberhaupt«) bekannt, und sie sprach Irisch als Muttersprache. Ihr Sohn Richard, bekannt als »Der Duellant«, pflegte jede öffentliche Versammlung mit dem Ruf »Ist ein Moriarty anwesend?« zu betreten – ein Verweis auf die alte Fehde zwischen den FitzGeralds und den Moriartys, die sich im Jahre 1585 in den Bergen bei Tralee an

LINKS Ausschnitt einer Landkarte von William Jones mit einer Darstellung der Belagerung von Glin am 7. bis 9. Juli 1600. Einer Überlieferung zufolge wurde die Burg von zwei Dutzend unehelichen Söhnen des damaligen Ritters verteidigt.

RECHTS Gesamtansicht der Eingangshalle mit ihrer Decke aus den 1780er Jahren, die einem Dubliner Stukkateur, Michael Stapleton oder Charles Thorpe, zugeschrieben wird. Die Trophäen und Schilde erinnern an die Freiwilligenbewegung der gleichen Zeit.

der Ermordung Geralds (des »Aufständischen Grafen von Desmond«) beteiligt hatten.

Die Schwerter von Oberst John FitzGerald, Ritter von Glin und Neffe des »Duellanten«, waren jedoch in erster Linie für zeremonielle Anlässe bestimmt; darunter befand sich ein äußerst prunkvolles Stück, das Reid von Dublin im Jahre 1800 fertigte (der gegenwärtige Ritter konnte es erst kürzlich für seine Sammlung sichern). Dabei war der Oberst ein begeisterter Freiwilliger, der in der bewegten Zeit des ausgehenden 18. Jahrhunderts zwei eigene Regimenter aufstellte: die Kavallerie von Glin (die späteren Königlichen Husaren von Glin) und die Königliche Artillerie von Glin, die sich sogar einer zehn Mann starken Musikkapelle rühmte. Die Regimentsfahnen sind heute im Treppenhaus des von John FitzGerald errichteten Hauses zu bewundern.

Das neue, um 1780 begonnene Gebäude besaß drei Stockwerke und eine schlichte Fassade mit zwei Erkern. In den langen Wirtschaftsflügel wurde möglicherweise ein früheres Haus integriert, das wiederum an die Stelle eines 1740 abgebrannten, riedgedeckten Baus getreten war, nachdem die Ritter von Glin im 17. Jahrhundert ihre Stammburg hatten räumen müssen.

Es ist gut möglich, daß Oberst John sich bei seinem Vorhaben selbst als Architekt betätigte und der hervorragenden Handwerker bediente, die Limerick zu jener Zeit in dem wirtschaftlich aufblühenden Land hervorbrachte. Es existieren leider keine Dokumente, die diese Frage erhellen könnten. Der gegenwärtige Ritter von Glin vermutet, daß Oberst Johns ortsansässiger Baumeister von dem italienischen Architekten Davis Duckart beeinflußt wurde, der für seine doppelten, vom ersten Treppenabsatz an gegabelten Aufgänge berühmt war (und auch das Zollhaus von Limerick und Castletown in der Grafschaft Kilkenny entwarf), wie auch von Duckarts Kollegen Christopher Colles, dessen Familie in Kilkenny einen mit Wasserkraft betriebenen Marmorsteinbruch besaß. Das Portal von Glin Castle mit seinen dorischen Säulen und zumindest einer der Kamine bestehen aus jenem charakteristischen Marmor, der von versteinerten Schalentieren durchsetzt ist.

Mit größerer Sicherheit lassen sich die klassizistischen Stuckarbeiten in der mit korinthischen Säulen geschmückten Halle einem Dubliner Stukkateur, Charles Thorpe oder Michael Stapleton, zuschreiben. Terrakottafarbene klassizistische Plaketten auf apfelgrünem Grund verbinden sich mit einer eigenartigen Mischung aus Blumen, Blattwerk, irischen Harfen und militärischen Trophäen zu einem reizvollen Deckendekor. An der Decke befindet sich ebenfalls das Wappen Oberst Johns, verbunden mit dem seiner Gemahlin Margaretta Maria Fraunceis Gwyn, die aus Englands Westen, von Forde Abbey und Combe Florey stammte (dem späteren Landsitz Evelyn Waughs).

COLONIAL

OBEN Der Speisesaal mit seinem baronial-jakobäischen Mobiliar, das der »Ritter der Damen« 1830 in London orderte, um den neuen Schloßcharakter von Glin Castle hervorzuheben. Die Porträtgruppe über der Anrichte beherrscht das Bildnis des Generals Eyre Massy, Marschall der Armee in Irland, der 1800 in den Stand eines Lord Clarina erhoben wurde.

LINKS Blick vom Frühstückszimmer bis in den Speisesaal. Eine erhebliche Aufwertung erfuhr die Ausstattung des Frühstückszimmers durch die Initiative des gegenwärtigen Schloßherrn. So erwarb seine Mutter auf Drängen des damals Zwölfjährigen den Kamin aus Tervoe. Auch das darüber plazierte Gemälde *Markttag in Ennis, County Clare* aus dem Jahre 1820 von William Turner de Lond ist ein solcher Neuzugang.

RECHTS Die für Irland äußerst ungewöhnliche »schwebende« Treppe, die möglicherweise durch Robert Adams Entwurf für Mellerstain in Schottland angeregt wurde. Den wunderschön gearbeiteten Handlauf aus Mahagoni zieren Intarsien aus tropischem Holz.

LINKS Die Bibliothek mit ihrem außergewöhnlich schönen Bücherschrank aus Mahagoni, der eine Geheimtür besitzt. Der Spiegel über dem Kamin, eine Arbeit von Francis und John Booker aus Dublin um 1750–60, war eine wichtige Entdeckung des gegenwärtigen Schloßherrn: Er war das erste Exemplar, das einen Herstellervermerk trug und somit den Ursprung vieler anderer Stücke eindeutig dokumentieren

Wenngleich Margaretta ein gewisses Erbe in die Ehe einbrachte, ging bei den kostspieligen Baumaßnahmen bald das Geld zur Neige – glücklicherweise jedoch nicht vor Fertigstellung der für Irland sehr ungewöhnlichen Treppe mit ihren zwei unteren Aufgängen und der »schwebenden«, ungestützten Stufenflucht vom Treppenabsatz bis zur ersten Etage. (Robert Adams Beispiel im schottischen Mellerstain scheint hier ein Vorbild zu sein.) Der bedauernswerte Oberst und seine Gemahlin starben jung und mittellos und hinterließen das neue Haus unvollendet. Gemäß einer privaten Parlamentsakte von 1801, dem Jahr der politischen Union von Großbritannien und Irland, mußten 5000 Morgen Land verkauft werden. Wie dieses Dokument verzeichnet, verwendete Oberst John

> 6000 Pfund und mehr für den Bau eines Herrenhauses mit Nebengebäuden sowie für die Schaffung von Pflanzungen und weiteren wertvollen und dauerhaften Verbesserungen.

In jenen Tagen war dies eine stattliche Summe, und man kann den Gesetzgebern nur zustimmen: Die Verbesserungen erwiesen sich als dauerhaft und wertvoll.

Als der Oberst 1803 starb und große Teile des Inventars von Glin Castle bei einer Zwangsversteigerung in alle Winde verstreut wurden, schien sein Sohn, der zwölfjährige Ritter John Fraunceis FitzGerald, ein trostloses Erbe anzutreten. Doch dank seiner schillernden und erfinderischen Persönlichkeit gelang es ihm, das Familienvermögen durch Glücksspiel und den Verkauf großer Parzellen des Landbesitzes zurückzugewinnen. Er war als »Ritter der Damen« bekannt und setzte die Fehde mit den Moriartys fort, indem er einen protestantischen Geistlichen dieses Namens bekämpfte – aber bei aller Wildheit und Exzentrik besaß John Fraunceis auch viele gute Eigenschaften. Er war ein Dichter, sprach hervorragend Gälisch, war ein gerechter Magistrat und ein gütiger Grundbesitzer, der stets um Verbesserungen bemüht war. Seiner Leidenschaft für die Vergangenheit ließ er in den 1820er Jahren freien Lauf, als er das Herrenhaus zu einem Schloß umbauen und ganz im Geiste der Romantik mit Zuckerbäcker-Zinnen und falschen

Detail des irischen Kamins in der Bibliothek, der aus der Gegend von Glin Castle stammt.

Schießscharten wie bei einer Spielzeugfestung, neugotischen Häuschen mit Türmen, einer Eremitage und einer *folly* (architektonischen Spielerei) ausstatten ließ.

In den folgenden Jahren war das neue Schloß ein Ort der Gastlichkeit und verschwenderischer Feste. Für derlei Anlässe ist die Innenaufteilung wie geschaffen, da alle Gesellschaftsräume sich zur Eingangshalle und dem angrenzenden Treppenhaus hin öffnen, was den Gästen eine große Bewegungsfreiheit ermöglicht. Doch dann folgten schwere Zeiten: Die große Hungersnot der 1840er Jahre forderte ihren Tribut, und John Fraunceis starb an Cholera. Die nachfolgende Armut sorgte zumindest dafür, daß das georgianische Schloß während der viktorianischen Ära unverändert erhalten blieb.

Dabei fehlte es nicht an interessanten Geschichten. Der »Verrückte Ritter« – er hatte in seiner Jugend bei einem Reitunfall eine leichte Gehirnerschütterung erlitten – peitschte den Vater des Feldmarschalls Lord Kitchener in aller Öffentlichkeit

aus, weil dieser seine Pächter zur Räumung ihrer Häuser gezwungen hatte; angeblich ritt er auch auf seinem Pferd die rückwärtige Treppe von Glin Castle hinauf. Als einmal ein Rinderbraten nicht nach seinem Geschmack zubereitet war, schleuderte ihn »Jack der Teufel« (wie der Verrückte Ritter auch genannt wurde) mitsamt Silberteller und Speisehaube über die volle Länge des Speisesaals aus dem Fenster hinaus. Sein Sohn, der »Dicke Ritter«, suchte Trost in der Whiskeyflasche, doch dessen Gemahlin Isabella manövrierte Glin glücklicherweise unversehrt durch die wirtschaftlich schwierigen Zeiten des ausgehenden 19. Jahrhunderts.

FitzJohn, der nächste und 27. Ritter von Glin, hatte noch unruhigere Zeiten zu überstehen. Er konnte den frühen Tod seiner Gattin Lady Rachel Wyndham-Quin, Tochter des vierten Grafen von Dunraven, nie verwinden und war nach einem Schlaganfall gelähmt. Als 1923 Anhänger der radikalen Unabhängigkeitspartei Sinn Fein sich anschickten, das Schloß niederzubrennen, wetterte er ihnen aus dem Rollstuhl entgegen: »Dann müßt ihr mich schon mit verbrennen, Jungs!«, woraufhin die »Jungs« den Rückzug in die Dorfkneipe antraten.

Bis zum Ende der 1920er Jahre war Glin in Vergessenheit geraten. Doch nun erschien eine rettende Prinzessin in Gestalt Veronica Villiers', der Gattin des 28. Ritters von Glin und Mutter des derzeitigen Schloßbesitzers. Sie verliebte sich in diesen verwunschenen Ort und machte sich daran, seine Schönheit wieder herzustellen. Auch nachdem der 28. Ritter schon früh einer Tuberkulose-Erkrankung zum Opfer gefallen war, führte sie diese Aufgabe fort – mit großzügiger Unterstützung ihres zweiten Ehemanns, des kanadischen Geschäftsmanns Ray Milner – und es gelang ihr tatsächlich, Glin Castle der nächsten Generation zu erhalten.

Stan Stewart, ein Apotheker aus Limerick, weckte in dem heranwachsenden Erben des Schlosses die Liebe zur Architektur. Gemeinsam erkundeten die beiden die häufig halbverfallenen Landhäuser der Region. Vor der Ruine von Ballynagarde entdeckten sie eine an einen Felsen gekettete kopflose Andromeda, erstanden sie für ein Pfund und brachten sie triumphierend heim nach Glin Castle. Dort schmücken ihre marmornen Rundungen heute den neuen rustikalen Tempel (im eigenwilligen Stil Thomas Wrights) innerhalb der Gartenmauern.

Ein großartiger Sammler war geboren. Der Ritter überredete seine Mutter zum Kauf von zwei Marmorkaminen aus dem leergeräumten Tervoe. Einer von ihnen erhielt seinen Platz im Frühstückszimmer von Glin, der andere fand im Speisesaal Verwendung und sollte sich später als Werk des berühmten Bildhauers Sir Henry Cheere erweisen. Der junge Ritter besaß also bereits damals ein gutes Auge.

Die Pracht von Stowe, wo er die Schule besuchte, ein Kunststudium an der Universität Harvard, die Stelle eines Kustos im Victoria & Albert Museum und die eines Repräsentanten von Christie's in Irland sollten seinen fachkundigen Blick weiter schärfen. In Zusammenarbeit mit Anne Crookshank initiierte er eine Reihe von Ausstellungen und Schriften über Irlands Häuser, Landschaften, Möbel, Keramiken, Porträts, Aquarelle und Maler, und seine vielfältigen Interessen spiegeln sich nicht zuletzt in seiner Sammlung in Glin Castle.

Wie John Cornforth betonte, liegt das Besondere des Ortes darin, daß man sich nicht wie im »Haus eines Sammlers« fühlt, denn »alles sieht aus, als sei es schon immer dort gewesen, und die Neuzugänge vertragen sich wunderbar mit den Ahnen«. Gemeinsam mit seiner Gattin Olda, Madam FitzGerald, deren erstes Buch über irische Gärten kürzlich erschien, hat der Ritter sowohl die formalen wie auch die Küchengärten neu erstehen lassen. Zweifellos entspricht Glin Castle heute dem Schönheitsideal eines irischen Landsitzes – großartig und doch persönlich.

»Wir leben mit der Angst, eines Tages das Auktionärszelt auf dem Rasen aufgeschlagen und alles im Handumdrehen in alle Winde verstreut zu sehen.« Um Glin Castle erhalten zu können, heißen der Ritter und seine Familie zahlende Gäste willkommen und verwöhnen sie mit dem Besten, was stilvolle Landhausküche und Gastlichkeit zu bieten haben. Dank dieser Geschäftstüchtigkeit wird es ebenfalls möglich, das seit langem ungenutzte Obergeschoß angemessen auszustatten und zusätzliche Räumlichkeiten für Gäste zu schaffen.

OBEN Vorderansicht des Schlosses vom Flußlauf des Shannon aus gesehen. Rechter Hand liegt der Wirtschaftstrakt.

LINKS Blick vom Hauptportal auf das Pförtnerhäuschen mit Zinnen und Türmen und den Fluß.

3

Ballinlough Castle

COUNTY WESTMEATH

AUF DEN ersten Blick könnte man meinen, daß die Nugents von Ballinlough zum »altenglischen« Teil des irischen Landadels gehören, der nur noch wenige Mitglieder zählt. Eine genauere Betrachtung der Familiengeschichte enthüllt jedoch etwas viel Ungewöhnlicheres: Es handelt sich hier um den sehr seltenen Fall einer katholischen keltisch-irischen Familie, die auch heute noch auf dem Landsitz ihrer Vorfahren residiert. Denn die Nugents sind in Wirklichkeit O'Reillys: »Wir änderten unseren Namen um des Geldes willen«, erläutert Ballinloughs gegenwärtiger Besitzer Sir John Nugent, siebter Baronet und Graf des Heiligen Römischen Reiches.

Der Adelsherr spielt darauf an, daß sein Vorfahr Oberstleutnant Sir Hugh O'Reilly, der erste Baronet, 1812 den Familiennamen Nugent annahm, um eine Erbschaft mütterlicherseits anzutreten. Seine Mutter Barbara war eine Tochter von Andrew Nugent aus Dysart in der Grafschaft Westmeath; dessen Gattin, Lady Katherine, war ebenfalls eine Nugent und Miterbin des vierten Grafen von Westmeath. Lord Westmeath war aufgrund seiner treuen Unterstützung des katholischen Königs Jakob II. 1691 geächtet worden. Als der Vertrag von Limerick geschlossen wurde, war jener Lord eine der Geiseln, mittels derer die Einhaltung des Vertrags durchgesetzt werden sollte. Nach seiner Freilassung wurde seine Ächtung aufgehoben und der Besitz zurückgegeben.

Der Name Nugent geht möglicherweise auf die Normannen zurück, doch die O'Reillys, das Fürstengeschlecht der O'Rathallaigh aus der altirischen Mythologie, beanspruchen von jeher, von Eochaidh Moighamheadhoin, dem König von Irland im Jahre 366 n.Chr. abzustammen. Diese historische Tiefe trägt natürlich einiges zu dem romantischen Reiz des Anwesens bei. So bemerken Christine Casey und Alistair Rowan in ihrem Band *North Leinster* aus der Reihe *The Buildings of Ireland* denn auch: »Alles, was man sich auf einem irischen Landsitz anzutreffen erhofft, ist auf Ballinlough vorhanden... Ein bewaldetes Seeufer, ein bezauberndes, außergewöhnliches Herrenhaus, das verschiedene Epochen der Baukunst in sich vereint, sowie eine Familiengeschichte von Rang.«

Die erste Bauphase auf dem heutigen Areal fand anscheinend im 17. Jahrhundert statt, wenngleich die Familienüberlieferung behauptet, das Schloß sei als Erweiterung eines alten Turmhauses entstanden, dessen verschüttete Überreste sich auf der nordöstlichen Seite des Hofes befinden. Unter dem Wappen der O'Reillys auf dem mittleren Dachgeschoß ist die Jahreszahl »1614« zu lesen. Doch nach Ansicht von John Cornforth von *Country Life* wird »der entscheidende Anhaltspunkt zur Entstehungsgeschichte des Hauses vom abschließenden Schornstein und dem daneben liegenden, steil abfallenden Giebeldachabschnitt geliefert, der meiner Meinung nach auf die zweite Hälfte des 17. Jahrhunderts hindeutet«. Der Erbauer dürfte Hugh O'Reilly gewesen sein, der eine Plunkett heiratete und 1686 hier ein Familienmausoleum schuf.

Sein Enkel, ein weiterer Hugh, scheint für die zweite Bauphase verantwortlich gewesen zu sein, in der Ballinlough eine ansprechende siebenachsige Fassade, schmale Fenster sowie einen vorspringenden zentralen Mittelbau und eine Eingangstür mit einem Segmentbogengiebel erhielt. Die Datierung ist problematisch, weil das Gebäude äußerlich nach dem späten 17. oder frühen 18. Jahrhundert aussieht, während das Holzwerk und die Stukkatur nach Meinung von Casey und Rowan für »etwa 1740« sprechen und auch Cornforth an »ein Datum in den 1740er oder frühen 50er Jahren« denken lassen. Cornforth hält es für möglich, daß die Arbeit unter Hugh O'Reilly recht langsam voranging oder daß die Innenräume deutlich später fertiggestellt wurden als die Fassade.

Doch unabhängig von den Überlegungen der Experten ist es einfach ein Vergnügen, die üppige Ausstattung der Eingangshalle von Ballinlough mit ihrem eindrucksvollen Dekor zu bewundern. Sie erstreckt sich über zwei Etagen und besitzt eine ungewöhnliche Brückengalerie. Die Wände zieren Felder mit Stuckornamenten in Form von Früchten und Blumen sowie eine Randleiste im gleichen Stil, und unter der Balustrade der Galerie, die (wie die der Treppe) schlanke Holzbaluster aufweist, fällt ein reich verzierter Akanthusfries ins Auge.

Der etwas unbeholfen und provinziell anmutende Umgang mit Zierwerk macht die Halle nur noch liebenswerter, und die Grimassen, die am Fuße der Galerie aus den Voluten herabgrinsen, haben etwas ansteckend Komisches. Alles in allem ist die Eingangshalle von Ballinlough eine der bezauberndsten ihrer Art in ganz Irland.

VORHERGEHENDE SEITEN Eine Ecke der getäfelten Eingangshalle von Ballinlough, mit Blick in den Salon. Das Porträt rechts zeigt den ersten Baronet, Oberstleutnant Sir Hugh O'Reilly. Schon bevor er 1812 den Familiennamen Nugent annahm, ließ er das Haus erweitern und mit Zinnen bewehren.

RECHTS Die mit einer Galerie ausgestattete Eingangshalle wurde in der ersten Hälfte des 18. Jahrhunderts mit geschnitzten Rokoko-Ornamenten und Stukkatur reich verziert.

Das auf 1614 datierte Wappen der Familie O'Reilly auf dem Dachgeschoß des Vorbaus, hoch oben über der Eingangstür. Die Architektur dieser Fassade läßt eher auf ein späteres Datum im 17. Jahrhundert schließen.

Casey and Rowan verweisen gern auf die Ähnlichkeiten mit Drewstown House in der Grafschaft Meath. Es wird dem Amateurarchitekten Francis Bindon zugeschrieben und »man kann mit gutem Grund annehmen, daß beide Entwürfe aus derselben Feder stammen«. Auch die dritte Baustufe des Anwesens hat die Architekturexperten beschäftigt. Früher hielt man James Wyatt für den möglichen Urheber des zinnenbewehrten Nordflügels. Und zugegebenermaßen ist die wunderschöne Kamineinfassung aus weißem Marmor im Salon – mit einem Fries aus Girlanden, Urnen und Karyatiden – mit der Kamineinfassung des von Wyatt entworfenen Speisesaals in Curraghmore (*siehe dort*) identisch.

In einer 1964 erschienenen Ausgabe von *The Bulletin of The Irish Georgian Society* hatte Alistair Rowan indes einen überzeugenderen Kandidaten anzubieten – den Amateurarchitekten Thomas Wogan Browne von Castle Browne in der Grafschaft Kildare (heute Clongowes School), der auch die aus dem 18. Jahr-

RECHTS Ein Detail der Einfassung des Kamins im Salon – ein weißer Querbalken aus Marmor mit einem Fries, der mit Girlanden und Urnen verziert ist und zu beiden Seiten von Säulen in Gestalt einer Römerin gestützt wird. Interessanterweise ist diese Kamineinfassung identisch mit derjenigen, die den Speisesaal in Curraghmore schmückt und von James Wyatt entworfen wurde.

UNTEN Blick in den Salon mit seinen elegant gerundeten Zimmerecken und der ungewöhnlichen Randleiste mit Motiven im gotischen Stil. Die Tür unter dem Rundbogen führt in den Speisesaal.

LINKS Die Flügeltür verbindet den Speisesaal mit dem Salon. Der bogenförmige Rahmen weist sowohl gotische als auch klassizistische Stilelemente auf.

RECHTS Der Speisesaal, in dem Familienporträts der O'Reillys und der Nugents zu sehen sind. Die elegante Kamineinfassung besteht aus mehrfarbigem Marmor und hat eingebundene toskanische Säulen. Sie scheint älter zu sein als die im angrenzenden Salon und wurde möglicherweise aus dem älteren Teil des Hauses hierher versetzt.

hundert stammenden Gebäudeteile des Malahide Castle in der Grafschaft Dublin entworfen haben soll. Bezeichnenderweise hatte Wogan Browne sowohl Verbindungen zu den O'Reillys von Ballinlough als auch zu den Talbots von Malahide. Doch damit nicht genug: Margaret O'Reilly (die Schwester von Sir Hugh O'Reilly, dem ersten Baronet) ehelichte Richard Talbot und wurde zunächst Schloßherrin auf dessen historischem Anwesen und schließlich selbst Baronin Talbot von Malahide.

Sir Hugh O'Reillys Ernennung zum Baronet erfolgte 1795, und allem Anschein nach erhielt Ballinlough in den vorhergehenden fünf Jahren den neuen Gebäudeflügel. Im rechten Winkel zur ursprünglichen Front wurde ein zinnenbewehrter Trakt mit zwei schlanken, runden Ecktürmen angebaut, die denen von Malahide ähneln. Gleichzeitig erhielt die siebenachsige Vorderseite ein neues Dach: Der Mittelbau wurde um eine Etage aufgestockt, so daß ein turmartiges Dachgeschoß entstand, das, wie der übrige Bereich, mit Zinnen versehen wurde.

In dem neuen Gebäudeflügel befinden sich ausgesprochen elegante georgianische Räume im gotischen Stil, die durch riesige Schiebefenster (Sprossenfenster mit je 18 Scheiben) einen herrlichen Ausblick auf die Waldgebiete und Seen gewähren. Das freundliche Ambiente der geräumigen Flucht aus Speisesaal und Salon wird durch die Besonderheit, daß es dort keine spitzen Winkel gibt, noch zusätzlich betont. Statt dessen bieten sich dem Auge sanft gerundete Ecken, und Geheimtüren ermöglichen den Zutritt zu den einzelnen Ecktürmchen. Ungewöhnlich sind auch die gotischen, herabhängenden Motive der Randleiste sowie die Flügeltür zwischen den beiden Räumen, deren eigenartiger bogenförmiger Rahmen sowohl gotische als auch klassizistische Stilelemente vereint.

Nachdem Sir Hugh den Familiennamen Nugent angenommen und das Vermögen geerbt hatte, lebte er mit seiner Gattin (einer geborenen Mathew und Cousine des ersten Grafen von Llandaff) recht stilvoll in Ballinlough, wie der folgende Auszug aus Atkinsons *The Irish Tourist* (1815) belegt:

> Das Schloß und das Anwesen von Ballinlough schienen so altertümlich, daß mir ganz warm ums Herz wurde... Ich lenkte mein Pferd an einen Platz, der nur wenig vom Haupttor entfernt lag, um das Schloß zu betrachten: Es steht auf einer kleinen Anhöhe oberhalb eines Sees, der das Anwesen noch verschönt; und nicht allein der Aufbau des Schlosses, sondern auch die Form der Bäume und sogar die schwärzliche Farbe des

Tores und der Mauern tragen beim Eintritt dazu bei, die gesamte Szenerie altertümlich wirken zu lassen, wogegen die Aussicht darauf angelegt ist, das Herz des Betrachters mit einer Mischung von Ehrfurcht und Entzücken zu erfüllen.
Nach der Besichtigung des Schlosses von Ballinlough, dessen Innenausstattung recht modernisiert erscheint, war Sir Hugh so freundlich, mir zwei oder drei der wichtigsten Räume zu zeigen; diese, wie auch die Galerie in der Eingangshalle, waren so prächtig, wie ich sie nie zuvor in einem Privathaus gesehen hatte. Die Räume sind sehr stilvoll eingerichtet – ich kann nicht behaupten, den Wert schätzen zu können, weder der Möbel noch des Zierwerks, doch man kann sich vielleicht eine ungefähre Vorstellung machen, wenn man bedenkt, wieviel eine edle, italienische Kamineinfassung aus Marmor kostet. Die Glattheit und Transparenz dieses Materials ist unvergleichlich. Ich war so frei, mich nach dem Preis dieses Stückes zu erkundigen, und Sir Hugh antwortete, nur 500 Pfund Sterling – ein Betrag, mit dem ein Händler in der Provinz ein Geschäft gründen könnte!

Oben Die Hunde der Familie sind zum Spaziergang bereit. Die Haustür in der Fassade aus dem 17. Jahrhundert ist nur mit einem schlichten Rundbogen verziert.

Atkinson zeigte sich ebenfalls sehr angetan von den Familienporträts in Ballinlough, darunter zweifellos das recht schneidige Abbild von Sir Hughs Bruder, Graf Andrew O'Reilly, einem General der österreichischen Armee. Er hatte sich – wie die Sprößlinge zahlreicher katholischer Familien in Irland – den sogenannten »Wild Geese« (Wildgänsen) angeschlossen und war auf dem europäischen Festland als Soldat in den Dienst einer ausländischen Armee getreten. Er gewann ein Duell, heiratete eine reiche Erbin aus Böhmen und kam in Austerlitz zu Ehren. 1809, als Napoleons Heer Wien angriff, war er der dortige Gouverneur. Sein Neffe Graf John Nugent (Sir Hughs zweiter Sohn) trat ebenfalls in den Dienst der österreichischen Armee und wurde schließlich Kammerherr des Kaisers.

Links Ein Nickerchen an der Treppe. Das mit Schnitzereien verzierte Treppengeländer hat drei runde geriefte Baluster pro Stufe.

Rechts Eine Ecke auf der Galerie über der Eingangshalle mit ihren reizvollen Girlanden aus Blattwerk und Blüten. Die Türen sind mit Eichenrahmen eingefaßt, und die Wände weisen Stuckfachungen auf.

LINKS Ausblick auf einen der Seen des Anwesens. Der Park erhielt als erster Fördergelder der EG im Rahmen eines Programms zur Wiederherstellung bedeutender Parkanlagen in Irland.

UNTEN Eine Teilansicht der Fassade von Ballinlough. Das siebenachsige Gebäude aus dem 17. Jahrhundert (rechte Bildseite) wurde im frühen 18. Jahrhundert umgebaut und am Ende des 18. Jahrhunderts erweitert und mit Zinnen bewehrt (linke Bildseite).

1843 trat Graf John die Nachfolge seines kinderlos gebliebenen Bruders als Baronet und Herr auf Ballinlough an. Um in der Zeit der großen Hungersnot (the »Famine«) Arbeit anzubieten, ließ der neue Baronet einen zweiten, kleineren See ausheben. Er wird noch heute »Famine Lake« genannt, mußte jedoch in den 1930er Jahren unter Sir Hugh Nugent, dem sechsten Baronet und Vater des heutigen Baronets, gründlich geschlämmt werden. »16 Männer, zwei Pferde mit Baggereimern und vier mit Karren brauchten über drei Monate, um ihn zu säubern«, erinnert sich Sir John, der siebte Baronet. Während der kürzlich durchgeführten Restaurierung von Ballinlough haben zwei große Bagger diese Arbeit in nur zehn Tagen bewältigt. Inzwischen verschönert auch eine neue Holzbrücke die Szenerie.

Um das Anwesen im 20. Jahrhundert über Wasser zu halten, führte Sir Hugh Nugent einen heroischen Kampf. Als er 1927 die Nachfolge seines Großvaters antrat, waren die Aussichten ausgesprochen schlecht. Infolge der Gesetze gegen den Großgrundbesitz und der Unruhen war Ballinlough – trotz seiner katholisch-keltischen Verbindungen – von der Landbesitz-Kommission konfisziert worden. Während man die Ländereien veräußerte, beabsichtigte man, das Schloß abzureißen.

Mit bewundernswerter Beharrlichkeit und Entschlossenheit gelang es Sir Hugh jedoch, das Land Stück für Stück zurückzukaufen und den Wald und die Anlagen um das Haus wieder aufzuforsten. Gegen Ende der dreißiger Jahre konnten er und seine Gattin Margaret, die der Gutsbesitzerfamilie Puxley aus dem englischen Berkshire entstammte, schließlich eine sorgfältige Restaurierung des Hauses in Angriff nehmen: »Das Haus war zehn Jahre lang von Owen Quinn, einem fabelhaften alten Verwalter, erhalten worden«, erinnert sich Sir John Nugent. »Er wohnte allein im Haus, ohne Heizung, ohne Wasser und mit Ratten in jedem Winkel.«

Der treue Quinn half auch, die stark überwucherten Wege auf dem Anwesen wieder ausfindig zu machen.

Erfreulicherweise kann man von einem glücklichen Ende der Ballinlough-Chronik berichten, oder genauer gesagt, von einem Neubeginn. Denn 1998 machten Sir John Nugent und seine engagierte Ehefrau »Pepe« (Penelope Hanbury) den Schloßpark für die Öffentlichkeit zugänglich. Die Anlage wird gerade mit Hilfe von Fördergeldern der EG im Rahmen eines Programms zur Wiederherstellung bedeutender Parkanlagen Irlands in ihren ursprünglichen Zustand zurückversetzt. Ballinlough ist der erste Empfänger dieser Zuschüsse, und Besucher dieses bezaubernden Ortes werden sicherlich Mr. Atkinsons Gefühl von »Ehrfurcht und Entzücken« nachempfinden können.

4

Lismore Castle

COUNTY WATERFORD

WENN MAN von Cappoquin aus den Blackwater entlangfährt, beherrscht urplötzlich ein Anblick den Horizont, der einem schier den Atem raubt: Hoch oben auf der bewaldeten Klippe über dem Fluß ragen die Umrisse eines mittelalterlichen Phantasiegebildes empor, und Zinnen und Türme beschwören die Zeit des höfischen Rittertums herauf. Weitgehend verantwortlich für das heutige Erscheinungsbild der »quasi-feudalen, ultra-herrschaftlichen Festung«, wie er sie selbst nannte, zeichnet der sechste Herzog von Devonshire. James Lees-Milne schrieb in *The Bachelor Duke*, seiner Biographie über den unverheirateten Herzog: »Auf den Britischen Inseln kann es nicht viele Burgen geben, die malerischer sind, und gewiß keine einzige, die sich in unserem Jahrhundert weniger verändert hätte.«

Mit Hilfe seines ergebenen Mitarbeiters (und früheren Gärtners) Sir Joseph Paxton erfüllte sich der Herzog einen für das 19. Jahrhundert typischen Traum und ließ in Lismore eine unwirklich-perfekte mittelalterliche Burg erstehen – verborgen unter den phantastischen Verzierungen finden sich jedoch noch Spuren eines echten mittelalterlichen Bauwerks. Innerhalb der massiven Konstruktion, die der Herzog Mitte des 19. Jahrhunderts entwarf, überlebten einige kegelförmige Türme der mittelalterlichen Burg, in der die Bischöfe von Lismore gelebt hatten. Deren Vorgängerin wiederum war eine von König Johann errichtete Burg gewesen, und noch früher hatte an dieser Stelle ein von St. Carthagh gegründetes Kloster gestanden, dessen Universität Irlands damaligen Ruf als »Land der Heiligen und Gelehrten« untermauerte.

Leider nahm man wenig Rücksicht auf derlei geistliche und geistige Ideale, als im 16. Jahrhundert der erste protestantische Bischof von Lismore, der für seine Skrupellosigkeit berüchtigte Myler McGrath, die Burg und ihre Ländereien dem elisabethanischen Abenteurer Sir Walter Raleigh zum Geschenk machte. Sir Walters Andenken als ritterliche Gestalt mag zwar in England hochgeschätzt sein, in Irland erinnert man sich jedoch aufgrund seiner militärischen Unternehmungen weit weniger gern an ihn. Offenbar lebte er nur selten in dem mittlerweile verfallenen Lismore und bevorzugte sein Haus Myrtle Grove in Youghal in der Grafschaft Cork. Zum Glück war der nächste Besitzer von Lismore Castle, Richard Boyle, der erste Graf von Cork, ein leidenschaftlicher Verfechter der Interessen Irlands.

Dem »Großen Grafen von Cork« war ein bemerkenswerter Lebensweg beschieden. 1566 geboren, schlug er sich mühsam als Kanzleiangestellter durch, bis er 1588 (im Jahr des Sieges über die spanische Armada) beschloß, sein Glück in Irland zu versuchen. Damals belief sich sein Besitz auf 27 Pfund, 3 Shilling, einen Diamantring und ein Armband. Die Anfänge waren wenig verheißungsvoll: Der Unterschlagung beschuldigt, wurde er eine Zeitlang ins Gefängnis gesteckt, erreichte allerdings zum Ärger seiner Ankläger einen Freispruch. Im Jahre 1600 stieg er zum Schreiber des Stadtrates von Munster auf – und später zu einem der reichsten und mächtigsten Edelmänner Irlands.

Zwangsläufig rief dieser kometenhafte Aufstieg auch große Erbitterung auf den Plan. Als er 1616 in den Adelsstand erhoben wurde, notierte ein verstimmter Chronist: »Dieser zum Baron ernannte Lord Boyle, dem man nachsagt, er sei vor ganzen 16 Jahren noch ein armer Schlucker gewesen, habe im irischen Munster im Gefängnis gesessen und 6 Pence borgen müssen, besitzt nun ein großes Landgut und bezieht 12 000 Pfund im Jahr aus irischen Ländereien.« Sir Richard Cox kam in seiner *History of Ireland* zu einer großzügigeren Einschätzung:

> Der erste Graf von Cork war einer der außergewöhnlichsten Menschen, die *jenes* oder irgendein anderes Zeitalter je hervorgebracht hat, im Hinblick auf seinen großen und rechtmäßigen Erwerb von Grundbesitz und auf die von ihm begonnenen und abgeschlossenen öffentlichen Bauvorhaben, zum Wohle der englischen Interessen und der protestantischen Religion in Irland, wie auch zugunsten von Wohlfahrt, Armenhäusern, freien Schulen, Brücken, Burgen und Städten...

An oberster Stelle unter diesen Burgen und Städten stand Lismore Castle, das der Große Graf ab etwa 1610 als eigenen Wohnsitz wieder aufbaute. Der große Glückstreffer seiner Laufbahn war ihm acht Jahre zuvor gelungen, als er den

VORHERGEHENDE SEITEN Die Nordansicht von Lismore Castle, der »quasi-feudalen, ultra-herrschaftlichen Festung« des sechsten Herzogs von Devonshire, die hoch über dem Flußlauf des Blackwater thront.

UNTEN Das Wappentier der Familie Cavendish ist »eine ordentlich verknotete Schlange«. Die Steinmetzarbeit ziert einen Torbogen von Lismore Castle.

LINKS Aussicht von der Burg nach Osten, mit Blick über den Flußlauf des Blackwater. Die um 1775 entstandene Brücke wurde von dem Dubliner Architekten Thomas Ivory entworfen.

UNTEN Blick durch den Torbogen des Reiterhauses auf das Torhaus. Beide wurden im frühen 17. Jahrhundert vom »Großen Grafen« von Cork errichtet. In das Torhaus integriert ist ein alter, vermutlich aus Lismores Klosterzeiten erhaltener keltisch-romanischer Torbogen.

Das Mobiliar des Speisesaals entwarf größtenteils Augustus Welby Pugin. Die Übersendung seiner Zeichnungen nach Lismore ist für das Frühjahr 1850 dokumentiert.

gesamten irischen Landbesitz Raleighs in den Grafschaften Cork, Waterford und Tipperary für ganze 1500 Pfund erwarb. Mit geschickten Spekulationen erweiterte der zielstrebige Magnat seinen Grundbesitz in 13 weiteren irischen Grafschaften. Nach eigener Einschätzung in seinen *True Remembrances* (gedruckt im Unternehmen seines Sohnes Robert Boyle, des Philosophen und Vaters der modernen Chemie) lag der Schlüssel zu seinem Erfolg in der »Gründung von Manufakturen und der Einführung mechanischer Handwerkstechniken durch Siedler aus England«. Offenbar bezog er schon allein aus seinen Eisenwerken einen Reingewinn von 100 000 Pfund.

Den Burghof von Lismore umgab der Große Graf mit dreistöckigen Giebeltrakten. Er verband dadurch die alten Ecktürme der Burg miteinander, die zeitgenössische, typisch jakobäische Zwiebeldächer erhielten. Damals wie heute befanden sich die wichtigsten Wohnräume der Burg auf der dem Fluß zugewandten Seite, der Salon und der Speisesaal lagen in einem Flügel, der sich unmittelbar bis an den Rand des Abgrunds vorschob. Smith berichtet in seiner *History of Waterford*, König Jakob II. habe hier 1689 gespeist und sei zum Fenster geschlendert, um hinauszuschauen, jedoch »überrascht zurückgewichen«. Heute befindet sich der Erker mit dem schwindelerregenden Ausblick zwar im Salon und nicht mehr, wie zur Zeit des Großen Grafen, im Speisesaal, doch die Überraschung ist nicht minder groß.

Einige bemerkenswerte Spuren der reich dokumentierten Baumaßnahmen des Großen Grafen sind in Lismore Castle erhalten geblieben. Besonders zu nennen sind das Torhaus mit einem alten keltisch-romanischen Torbogen, der noch aus Lismores Klosterzeiten überlebt haben muß, die festungsartigen Gartenmauern und das Reiterhaus, in dem ursprünglich eine berittene Garde untergebracht war. Die Arbeiten scheinen jedoch nicht sonderlich schnell vorangeschritten zu sein: Im Jahre 1637, über ein Vierteljahrhundert nachdem der Große Graf die Vergrößerung der Burg in Angriff genommen hatte, beklagte er sich, »unsere Steinmetzen hier sind Stümper und arbeiten viel zu langsam«.

Er starb im Jahre 1643 und wurde in Youghal in einem aufwendig verzierten Grabmal bestattet. Letztendlich aber kamen die Baumaßnahmen nicht so sehr durch seinen Tod zum Stillstand, als vielmehr durch die gewaltigen Umwälzungen der damaligen Zeit. Die Dicke der Gartenmauern trug zwar 1642 dazu bei, die Belagerung durch die Konföderierte Armee zurückzuschlagen, doch drei Jahre später wurde die Burg geplündert. Der *Civil Survey* von 1654–56 verzeichnet Lismore als »zerstört«.

Der zweite Graf von Cork heiratete die nordenglische Erbin Elizabeth Clifford und erhielt außerdem innerhalb des englischen Adels den Titel eines Grafen von Burlington. Beschreibungen zufolge war er vorsichtiger als sein Vater. Er machte Lismore wieder bewohnbar und mag auch für einen (nicht erhaltenen) dorischen Portikus gegenüber dem Torhaus verantwortlich gewesen sein, und ebenso, laut Mark Girouard, für »die herrlich düstere Eibenallee im unteren Garten«, die noch immer existiert.

Danach fiel Lismore der Vernachlässigung anheim. Der vierte Graf von Cork zog es vor, als der dritte Graf von Burlington aufzutreten. Er verbrachte all seine Zeit in England oder auf dem europäischen Festland, wo er seiner Leidenschaft für die palladianische Architektur frönte und keinerlei Interesse an Irland zeigte. Für seinen verfeinerten Geschmack war Lismore Castle wenig anziehend, und schließlich ging der brillante Amateurarchitekt offenbar so weit, den Nordflügel abreißen zu lassen, um Unterhaltskosten einzusparen. Charlotte jedoch, sein einzig überlebendes Kind und seine Erbin, sollte in eine Familie einheiraten, die später eine ganz besondere Liebe zu dem Anwesen entwickelte: die Cavendishes, Herzöge von Devonshire.

Charlottes Gemahl, der vierte Herzog von Devonshire, Lord Lieutenant (Oberster Gouverneur) Irland und Premierminister von Großbritannien, war mit Staatsangelegenheiten befaßt. Ihr Sohn hingegen, der fünfte Herzog, eher bekannt als Ehemann der extravaganten Georgiana Spencer (deren »Antlitz voll ungetrübter Heiterkeit« Gainsborough und Reynolds unsterblich machten), ist verantwortlich für die elegante, um 1775 von dem Dubliner Architekten Thomas Ivory entworfene Brücke, die noch immer den Blackwater überspannt. Sie bildete das Präludium zur dramatischen Schöpfung seines Sohnes und Nachfolgers, des »Bachelor Duke« (herzöglichen Junggesellen).

Der unverheiratet gebliebene sechste Herzog war eine unvergleichlich attraktive und sympathische Persönlichkeit mit einer »Mischung aus Grandeur und Bescheidenheit«, wie die derzeitige Herzogin von Devonshire ihn beschreibt. Er entwickelte ein leidenschaftliches Interesse für das Bauhandwerk und die Gestaltung von Gartenanlagen. Lismore sollte sein Lieblingsprojekt werden. Seitdem er es als Junge zum ersten Mal gesehen hatte, ließ ihn »die magische Atmosphäre« seiner »verwunschenen Burg«, wie er sie selbst nannte, zeitlebens nicht mehr los.

Seinen ersten Besuch als Herzog stattete er Lismore 1812 ab, als er seine temperamentvolle Cousine Lady Caroline Lamb im Anschluß an ihre stürmische Romanze mit Lord Byron nach Irland begleitete. Lady Carolines romantische Vorstellungen von einer irischen Burg umfaßten Geister, Ritter in Rüstung, hallende Verliese und, wie sie es ausdrückte, »riesige Räume, gefüllt mit abgewetztem Mobiliar und Düsterkeit...« Doch die Realität des zusammengewürfelten Bauwerks hielt diesen Vorstellungen nicht stand. Ihre Mutter, die Gräfin von Bessborough, notierte:

Detail eines Türschlosses.

Eines der freundlichen neugotischen Interieurs von William Atkinson mit einer Gewölbedecke. Der frühere Speisesaal wurde zum Salon umgestaltet. Die Wandteppiche mit Szenen aus *Don Quijote* hingen früher im Compton Place, Eastbourne, einem weiteren Familiensitz der Cavendishs.

»Der Herzog führte sie nicht etwa in eine gotische Halle, sondern in zwei gepflegte kleine Salons, gediegen möbliert nach der neuesten Gasthofmode und einer Londoner Villa in Highgate sehr ähnlich... Sie beklagt außerdem, daß es dort sehr feucht ist...«

Lady Caroline verärgerte den Herzog, indem sie eine auf dem Grundstück lebende Kröte wie die rechtmäßige Eigentümerin von Lismore ansprach. Möglicherweise verletzt durch ihre Impertinenz, begab er sich umgehend an die Neugestaltung der Burg. Er beauftragte den englischen Architekten William Atkinson, einen Spezialisten des neugotischen Stils, zu dessen bekanntesten Arbeiten der schottische Palast von Scone zählte. Die Räume auf der Flußseite erhielten Stuckdecken aus zarten, von Konsolen getragenen Rippenbögen, schlanke, getäfelte Türen und mittelalterlich wirkende Kamine aus schwarzem Marmor. Der Salon trat an die Stelle des Speisesaals mit seinem berühmten Ausblick, und im Außenbereich ersetzten Zinnen die Giebeldächer, die der Große Graf von Cork hatte bauen lassen.

In der Folgezeit war der Herzog mit Renovierungsarbeiten in Chatsworth in England beschäftigt. Zum Ende seines Lebens hin, lag ihm Lismore jedoch mehr denn je am Herzen. »Chatsworth ist phantastisch«, schrieb er einmal, »erscheint mir aber nach Lismore wie eine prächtige Wüste.« Eine Woche in Lismore, meinte er, »vergeht wie überall sonst eine Stunde«, und er schätzte seine Nachbarn: »Ihre angeborene Gutmütigkeit und Natürlichkeit macht sie äußerst anziehend; nie wollen sie als etwas erscheinen, das sie nicht sind.«

Wie sehr ihm selbst jeder Snobismus fremd war, zeigte seine enge Arbeitsfreundschaft mit Paxton. Anfang der 1850er Jahre bauten sie gemeinsam die drei noch erhaltenen Seiten des Burghofes mit eindrucksvollen, zinnenbesetzten Wehrtürmen und Türmchen aus von Derbyshire eingeschifften Steinen wieder auf. Die verfallene Kapelle der alten Bischöfe von Lismore erstrahlte in neuem Glanz als eine Art klerikaler Bankettsaal, komplett mit Chorgestühl, je einem riesigen Buntglasfenster im englischen Perpendikularstil an den beiden Schmalseiten und lebhaft kolorierten gotischen Schablonenmalereien an den Wänden und Dachbalken.

OBEN Der erste, atemberaubende Blick auf Lismore Castle, wenn man sich dem Anwesen von Cappoquin aus nähert. Die Gartenanlagen sind berühmt für ihre Sträucher und Gehölze und gelten als beliebte Besucherattraktion.

LINKS »Ein *House of Lords* im Miniaturformat«: der großartige Bankettsaal von Pugin und Crace. Der Kamin wurde auf der Weltausstellung von 1851 im »Mittelalterlichen Hof« präsentiert. Die Tischtennisplatte verdeutlicht, daß Lismore trotz aller Grandeur in erster Linie ein geliebtes Feriendomizil ist.

Mark Girouard bezeichnete das erstaunliche Interieur zu Recht als »eine Art *House of Lords* im Miniaturformat«, und gewiß hatte Augustus Welby Pugin, der das Innere des wieder aufgebauten Palastes von Westminster entwarf und als Hohepriester der Neugotik galt, auch bei dieser Ausstattung seine Hand im Spiel. Der großartige Kamin im Bankettsaal war von ihm ursprünglich für die Familie Barchard in Horsted Place, Sussex, entworfen und auf der Weltausstellung von 1851 im »Mittelalterlichen Hof« ausgestellt worden. Pugins wichtigster Handwerker in Lismore war John Gregory Crace, der zuvor in Chatsworth auch an der Bibliothek des Herzogs gearbeitet hatte.

Ohne Lady Caroline Lamb zitieren zu wollen, ist Lismore – einmal abgesehen von dem grandiosen Bankettsaal – erstaunlich bescheiden im Vergleich zu dem, was man angesichts der Weitläufigkeit der Gebäude erwarten könnte. Sein besonderer Charme liegt in der Atmosphäre eines geliebten Feriendomizils, und genau das ist Lismore in den letzten 150 Jahren auch gewesen.

Heute dient es nicht nur der Familie Cavendish als Ferienhaus. Der Besitzer, der Marquis von Hartington, Sohn und Erbe des derzeitigen Herzogs von Devonshire, überläßt es gelegentlich auch anderen Familien. Man kann sich in der Tat keine anregendere Umgebung für eine zwanglose Party vorstellen. Zu den Attraktionen der Burg zählt ein Badezimmer, in dem der Tanzkünste Fred Astaires und seiner Schwester Adele gedacht wird. Adele heiratete Lord Charles Cavendish, einen jüngeren Sohn des neunten Herzogs von Devonshire, und lebte über zehn Jahre in beachtlichem Stil als Herrin auf Lismore.

Man kann die Burg zwar für Gesellschaften mieten, der Öffentlichkeit ist sie jedoch nicht zugänglich. Eine Ausnahme bilden die Gartenanlagen, die jedes Jahr von April bis September ein beliebtes Ausflugsziel sind. Das derzeitige Herzogspaar von Devonshire hat die Parks immer wieder verschönern lassen: Im unteren Garten gedeiht eine Zusammenstellung reizvoller Sträucher, einschließlich Magnolien und Kamelien, und in den oberen Garten gelangt man von dort aus über die Treppe zum Reiterhaus des Großen Grafen von Cork – einer weiteren bezaubernden und unerwarteten Attraktion des liebenswerten Lismore Castle.

5

Crom Castle

COUNTY FERMANAGH

I IRLANDS SEENGEBIET in der Grafschaft Fermanagh mag zwar nicht so bekannt sein wie der von den romantischen Dichtern vielbesungene Lake Distrikt Englands, besitzt jedoch seinen eigenen, ganz besonderen Reiz. Die große Wasserstraße des Lough Erne erstreckt sich über eine majestätische Länge von etwa 60 Kilometern, und obwohl streckenweise Kajütboote festgemacht haben, ist die magische Schönheit des Oberen Lough erfreulich unberührt geblieben: Dort spiegeln sich die Felder, Hügel, Bäume und Berge in ständig wechselnden Farben auf der glatten Wasserfläche.

So mancher Blickfang weckt da und dort auf den kleinen Inseln des Oberen Lough bereits romantische Vorstellungen (zum Beispiel der runde, zinnengeschmückte Crichton Tower auf Gad Island) und bietet einen Vorgeschmack auf den überwältigenden Anblick von Crom Castle, dem Familiensitz der Crichtons, Grafen von Erne. Sie erwarben dieses malerische Anwesen im 17. Jahrhundert. Das heutige, beeindruckende Bauwerk aus viktorianischer Zeit ist ein Entwurf von Edward Blore und befindet sich im Besitz des derzeitigen Grafen von Erne, der zugleich den Titel eines Lord Lieutenant (Obersten Gouverneurs) der Grafschaft Fermanagh trägt. Die großen Ländereien des Anwesens umfassen ein Gebiet von über 500 Hektar und stehen heute als bedeutendes Wildreservat unter der Obhut des National Trust: Hier findet man alles – vom Singschwan und roten irischen Hasen über den violett gezeichneten Schillerfalter bis hin zum silbrig schimmernden Perlmutterfalter.

Nicht weit vom Schloß, das im neo-elisabethanischen Tudorstil des 19. Jahrhunderts gehalten ist und sich majestätisch über die Seenlandschaft erhebt, springt ein weiteres Bauwerk ins Auge: Auf den ersten Blick scheint es eine malerische *folly* (architektonische Spielerei) am Seeufer zu sein, entpuppt sich bei näherer Betrachtung jedoch als durchaus echte Ruine einer Burg aus der englischen Besiedlungszeit. Offensichtlich blickt Crom Castle auf eine bewegte Geschichte zurück.

Im Jahre 1610 wurde es von Michael Balfour, einem schottischen Siedler, erbaut. Gemäß einer offiziell dokumentierten Inspektion von 1619 bestand die Burg damals aus einem Gehöft von etwa 325 Quadratmetern Fläche, mit einem Haus aus Kalkstein und zwei bewehrten Seitenflügeln, die festungsartig mit dreieinhalb Meter hohen Wällen (ebenfalls aus Kalkstein) umgeben waren. Schon bald

VORHERGEHENDE SEITEN Das heutige Crom Castle, von der Insel Inisherk im Oberen Lough Erne aus gesehen. Im Vordergrund das zinnengeschmückte Bootshaus, das George Sudden um 1850 entwarf.

LINKS Edward Blore entwarf die überdachte Wageneinfahrt am Haupteingang von Crom Castle. Ihre Dimensionen werden deutlich im Vergleich zur Größe des Hundes. Die Farbe des Kalksteins aus dieser Region paßt sich den Launen des Wetters an.

OBEN und UNTEN Einige Beispiele der eindrucksvollen Steinmetzarbeiten, die unter der Leitung des Edinburger Bauunternehmers Charles Macgibbon an den Außenmauern des Schlosses angebracht wurden. Sein Auftrag über 8655 Pfund war im Oktober 1836 erfüllt.

nach dieser Inspektion wurde die Festung der Wohnsitz von James Spottiswoode, dem Bischof von Clogher, dessen Tochter Mary später Abraham Crichton heiratete.

Die Crichtons gehörten zu den bedeutendsten schottischen Familien und hatten ihren ursprünglichen Stammsitz in Crichton, einer Burg, deren Ruine durch Sir Walter Scotts *Marmion* Unsterblichkeit erlangte. Später residierten sie auf Brunston Castle bei Edinburgh, wo im 16. Jahrhundert Alexander Crichton als »eifriger Förderer der reformierten Religion« galt. In Irland hatten sie sich im Rahmen der Besiedlung von Ulster bereits einen festen Platz gesichert durch den Erwerb der benachbarten Anwesen Aghalane und Dromboory. Abraham übernahm das Freilehen von Crom und wurde zum High Sheriff (Obersten Friedensrichter) der Grafschaft und zum Parlamentsabgeordneten ernannt. Oberst Crichton war eine respektgebietende, ab 1689 sogar gefeierte Persönlichkeit, als es ihm gelang, Crom Castle gegen das Heer des katholischen Königs Jakob II. zu verteidigen. Zwei Jahre darauf führte er sein Regiment selbst in die Schlacht von Aughrim in der Grafschaft Galway. Auch seine Söhne zeichneten sich auf militärischem Gebiet aus: Sein jüngster Sohn David, der spätere Erbe von Crom Castle, stieg sogar in den Rang eines Generalmajors und Leiters des Royal Hospital auf.

In der alten Burg, die allen Belagerungen standgehalten hatte, blieben die Crichtons bis zum Jahre 1764, als einer Überlieferung zufolge ein anderer Abraham Crichton (der Sohn des Generals) während eines Einweihungsfestes in Florence Court (*siehe dort*) am südlichen Himmel ein unheilverkündendes Leuchten bemerkte. Er galoppierte heim, so schnell sein Pferd ihn trug, mußte jedoch bei seiner Ankunft feststellen, daß Crom Castle bis auf die Grundmauern niedergebrannt war.

In der Folgezeit lebten die Crichtons scheinbar überwiegend auf Knockballymore, einem weiteren Besitztum der Familie, das an der Grenze zur Grafschaft Monaghan lag. Nach 41 Jahren als Parlamentsmitglied wurde Abraham 1768 in den Adelsstand erhoben und zum Baron Erne ernannt. Sein Sohn John stieg 1781 in den Rang eines Viscount auf, acht Jahre später erhielt er den Titel des Grafen von Erne. In zweiter Ehe heiratete er Mary, älteste Tochter des überaus weltlichen Bischofs von Derry. Er war als »Mitra-tragender Graf von Bristol« zu zweifelhafter Berühmtheit gelangt, weil er seine kirchlichen Benefizien unter den Gewinnern eigens organisierter Wettrennen verteilte, in denen Vikare gegeneinander antraten: Die Rennen bildeten gewöhnlich den Abschluß üppiger Gelage und fanden am Strand unterhalb seines exzentrischen Palastes statt, der auf einer Klippe errichtet war. Lord Charlemont bemerkte zu recht über ihn: »Seine Habgier wird nur noch von seinem Ehrgeiz und seiner Fleischeslust überboten...«

Der Bischof reagierte mit Verbitterung und Zynismus auf die Ehe seiner Tochter Mary. 1778 schrieb er an eine andere Tochter: »Deine arme Schwester ist ausgelaugt, erschöpft und am Ende ihrer Kräfte. Er zermürbt sie bis aufs Mark mit seinen albernen Schwierigkeiten und seiner nicht enden wollenden Unentschlossenheit. Großer Gott, sie hätte etwas Besseres verdient!« Ob diese Klagen nun berechtigt waren oder nicht, so scheinen die Ernes überwiegend getrennt gelebt zu haben und die meiste Zeit davon außerhalb Irlands. Der junge Graf ließ jedoch eine kleine Sommerresidenz auf der Insel Inisherk im Oberen Lough Erne errichten, wo sich heute noch der ummauerte Garten befindet. Möglicherweise kann das unausgeführte Vorhaben, einen neuen Familiensitz zu errichten, als Beispiel seiner »Unentschlossenheit« gelten: In seinem Testament von 1828 vermachte er nämlich später John Crichton, seinem ältesten Enkel, 20 000 Pfund in Form von konsolidierten Staatsanleihen, die ausdrücklich »zum Bau von Crom Castle« bestimmt waren.

Dem jungen John, der nach dem Tode eines unverheirateten Onkels im Jahre 1842 endlich die Titelnachfolge als Graf von Erne antrat, fehlte es nicht an Entschlossenheit. Bereits ein Jahr nach dem Tode seines Großvaters besprach er mit dem englischen Architekten Edward Blore Pläne für die neue Burg. Blore galt als Spezialist des neugotischen Baustils und als Protegé Sir Walter Scotts, für den er in Abbotsford am Tweed tätig geworden war. Gervase Jackson-Stops äußerte in *Country Life* die Vermutung, John Crichton habe möglicherweise zu den Bewunderern von Blores Entwürfen für Weston House in Warwickshire gehört, die 1828 in der Royal Academy ausgestellt waren. Zweifellos gibt es erstaunliche Ähnlichkeiten zwischen dem leider in den 1930er Jahren abgerissenen Weston House und Crom Castle.

Blore hat über die Jahre manch unfreundliche Kritik geerntet. Mark Girouard hingegen, der als Autorität in bezug auf viktorianische Landsitze gilt, verteidigte ihn: Blore sei der ideale Architekt für den konservativen Land- und Geldadel gewesen, da er Häuser im guten alten englischen Stil entworfen habe und nicht etwa *palazzi* italienischen Ursprungs, wie sie Sir Charles Barry für liberale Größen wie etwa den Herzog von Sutherland baute. Übrigens charakterisierte gerade die Herzogin von Sutherland Blore stets abfällig als »den *sparsamen* Architekten«, nachdem er seine Konkurrenten im Wettbewerb um die Vollendung von John Nashs Buckingham Palace unterboten hatte. »Leicht malerisch und leicht elisabethanisch«, so faßte Girouard Blores traditionellen Baustil zusammen – was auch sehr treffend den Charme von Crom Castle umschreibt.

Errichtet aus örtlichem Kalkstein (in einer Farbe, die sich mit den Launen des Wetters wandelt) mit Ornamenten aus Sandstein, ist die eindrucksvolle Wirkung von Crom Castle als Bauwerk nicht zu unterschätzen. Der Schlüssel zu seiner Attraktivität liegt jedoch in seiner unvergleichlichen, erhöhten Lage nördlich der alten Burg, denn sie bietet zahlreiche herrliche Ausblicke. Ein Großteil des Verdienstes gebührt dem für Crichton und Blore tätigen Landschaftsarchitekten William Sawrey Gilpin, einem Neffen Reverend William Gilpins, dem Vorreiter des pittoresken Stils. Der Architekt war außerdem ein hervorragender Maler, und sein Einfluß auf die Wahl des Standortes, die Einbeziehung von Ausblicken und die geschickte Gestaltung gemischter Baumgruppen haben Wesentliches zum Charme des Anwesens beigetragen.

Das Gebäude, dessen Bau 1834 in Angriff genommen wurde, besitzt einen hohen, zinnenbewehrten Eingangsturm mit einer überdachten Wageneinfahrt. Das herrliche Panorama eröffnet sich jedoch erst von der Gartenfront des Schlosses, für die die weit vorspringenden Runderker charakteristisch sind. Hier plazierte Blore die drei Haupträume des Anwesens, durch deren große, längs unterteilte Fenster sich der grandiose Ausblick gebührend genießen läßt. Der beeindruckendste Bereich im Innern des Hauses ist das große Treppenhaus. Wie Alistair Rowan in seinem Band *North-West Ulster* aus der Reihe *The Buildings of Ireland* bemerkte, erinnert die doppelte, vom ersten Treppenabsatz an gegabelte Stufenführung (die man als »imperial« bezeichnet) an die von Sir Robert Smirke entworfene Treppe in Lowther Castle, Cumberland (Blore arbeitete für ihn als Zeichner). Man fühlt sich wie in einer Kathedrale – ein Eindruck, der noch verstärkt wird durch den die Treppe säumenden Säulengang im neugotischen Perpendikularstil (mit bestechend

RECHTS Das Treppenhaus mit dem Säulengang im neugotischen Perpendikularstil, der durch sein fein gearbeitetes Maßwerk in Stuck und Holz besticht, zählt zu Edward Blores schönsten Entwürfen (1835). Nach dem Brand im Jahre 1841 wurde es identisch nachgebaut. Die ab dem ersten Treppenabsatz gegabelt verlaufende Stufenführung erinnert an Sir Robert Smirkes Treppe in Lowther Castle, Cumberland.

UNTEN Die Stufen des von Blore entworfenen Eingangs steigen von der Basis der Wageneinfahrt steil empor zu einem gotischen Portal, hinter dem sich das zentrale Treppenhaus öffnet. Um die theatralische Wirkung dieses Aufgangs noch zu unterstreichen, plazierte Blore die Wageneinfahrt in einen tieferliegenden Hof.

OBEN Wie so oft in viktorianischen Schlössern sind heraldische Motive auch in Crom Castle ein hervorstechendes Element. Hier ein Detail der Wandtäfelung der Bibliothek mit dem Wappen des dritten Grafen von Erne, verbunden mit dem seiner Gemahlin Selina Beresford.

RECHTS »Eine der behaglichsten Landhaus-Bibliotheken ganz Irlands«: Der ehemalige Salon wurde in den 1880er Jahren zur Bibliothek umgestaltet, indem man die Bücherregale und den vertäfelten Kamin von ihrem ursprünglichen Standort im heutigen großen Salon entfernte und hier einbaute. Der elisabethanisch-jakobäische Kaminaufsatz und die Bücherregale sind Entwürfe von Edward Blore und ähneln denen von Merevale in Warwickshire, das nach Crom Castle entstand.

THE ROYAL

Links Der große Salon, die frühere Bibliothek, wurde in den 1880er Jahren gestaltet und in den 1950er Jahren von Felix Harbord renoviert. Die schöne Kamineinfassung aus weißem Marmor stammt aus dem späten 18. Jahrhundert und ist ein Werk Peter Bossis.

Unten Die Fenster verlocken den Besucher zu einem Blick nach draußen. Das auf einer Anhöhe über dem Oberen Lough Erne gelegene Schloß erlaubt herrliche Ausblicke über die malerische Seenlandschaft.

fein gearbeitetem Maßwerk in Stuck und Holz) und die Buntglasfenster mit heraldischen Motiven von Thomas Willement.

Im Oktober 1836 hatte der Edinburger Bauunternehmer Charles Macgibbon seinen Auftrag, der 8655 Pfund verschlang, beendet. Zwei Jahre später fügte man dem Gebäude jedoch noch einen Wintergarten-Pavillon hinzu und ergänzte den Westflügel durch eine Arkade. Dann, im Januar 1841, geschah die Katastrophe: Crom Castle ging erneut in Flammen auf.

Berichten zufolge befand sich John Crichtons exzentrischer Onkel, der zweite Graf von Erne, gerade in England bei einem Barbier, als jemand mit der Nachricht hereinstürzte: »Mylord, Ihr Haus ist niedergebrannt.« Er entgegnete: »Nun, dann baut es wieder auf«, und wandte sich erneut der Lektüre seiner Zeitung zu. Sein Neffe, der bald darauf den Grafentitel erben sollte, widmete sich nun diesem Vorhaben, wenn auch unter erheblichem Kostenaufwand – der sorgfältige Wiederaufbau und die neue Möblierung erforderten nahezu 15 000 Pfund.

Macgibbon und all die anderen vormals Beteiligten, einschließlich des Edinburger Möbelfabrikanten Trotters, versammelten sich aufs Neue, diesmal allerdings unter der Leitung des Dubliner Architekten George Sudden – Edward Blore war mittlerweile für die Ernes zu teuer geworden. Schon recht bald war das Haus wieder aufgebaut, die Suite von Speisesaal, großem Salon und Bibliothek auf der Gartenseite war geschmückt mit elisabethanisch-jakobäischen Decken, die Gesimse besetzt mit vierblättrigem Maßwerk.

Ende des 19. Jahrhunderts verwandelte der vierte Graf von Erne die Bibliothek in einen klassizistischen Blauen Salon, in dem auch die Scagliola-Säulen nicht fehlen durften. Man entfernte Blores prächtigen jakobäischen Kaminaufsatz und die vertäfelten Bücherregale und baute sie in dem angrenzenden ehemaligen Salon wieder ein. So entstand eine neue Bibliothek: »Mit ihren tabakfarbenen Wänden zu dem dunkel gebeizten Eichenholz, ihren Ledereinbänden und dem flackernden Kaminfeuer ist dies gewiß eine der behaglichsten Landhaus-Bibliotheken ganz Irlands«, lobte Gervase Jackson-Stops in *Country Life*. In neuerer Zeit verwandelte der Architekt Nicholas Johnston den Billardraum mit Tonnengewölbe im Nordflügel in einen privaten Speisesaal für die Familie.

Doch dies ist nur eine der einfühlsamen Neuerungen des derzeitigen Grafenpaares von Erne. Als Lord Erne 1958 mit der Volljährigkeit das Anwesen über-

LINKS Ideales Wetter für eine Bootsfahrt des gegenwärtigen Grafen von Erne auf dem Oberen Lough Erne. Der See spielt im Leben der Bewohner von Crom Castle eine bedeutende Rolle. Der Jachtclub von Lough Erne wurde einst von den drei ortsansässigen Grundbesitzerfamilien gegründet.

OBEN Ein Ausblick über den See mit dem runden, zinnenbewehrten Crichton Tower auf Gad Island, der 1847 als Observatorium errichtet wurde. Die landschaftliche Gestaltung des Landsitzes geht zurück auf den Maler und Architekten William Sawrey Gilpin, der unter anderem die Aussichtspunkte plante und die Pflanzung gemischter Baumgruppen anregte.

nahm, stand das Schloß bereits seit Beginn des Jahrhunderts unbewohnt. Sein Großvater war im Ersten Weltkrieg gefallen, sein Vater während des Zweiten, in dem Crom Castle vom Militär besetzt wurde. Zu den allerersten Aufgaben des jungen Grafen gehörte die Installation einer Stromversorgung.

Inzwischen wird die viktorianische Architektur des herrlichen Landsitzes erfreulicherweise viel höher geschätzt als früher. Rund um das Schloß liegt eine bezaubernde Reihe malerischer kleiner Gebäude. Das vielleicht hübscheste ist das viktorianische Bootshaus, eine faszinierende Mischung aus Winddielen, Zinnen und Türmchen, die einst das Hauptquartier des Lough Erne Jachtclubs war: Der Club geht auf eine Initiative der drei ortsansässigen Grundbesitzerfamilien zurück, der Crichtons, Sandersons und Massy-Beresfords. Heute beschwört der Anblick des Bootshauses zum einen das Bild vergnüglicher Bootsrennen herauf und erinnert zum anderen daran, daß sich das Leben auf Crom Castle stets am Wasser orientieren mußte: Im Labyrinth der Seenlandschaft wurde – vom Kirchgang bis zur Beförderung von Vieh – stets das Boot als Transportmittel benötigt.

6

Birr Castle

COUNTY OFFALY

BIRR CASTLE liegt nicht nur im Herzen Irlands, sondern auch im Zentrum irischen Lebens. Im Gegensatz zu den anderen in diesem Band besprochenen Adelssitzen war es von Anfang an als Stadtresidenz angelegt: Das Schloß ruht mitten im historischen Kern des georgianischen Musterstädtchens Birr. Bevor der zweite Graf von Rosse im 19. Jahrhundert die Ausrichtung des Gebäudes verändern ließ, führte die Castle Street sogar direkt von der Stadt zum Hauptportal. Seit seiner »Gotisierung« genießt man nun jedoch vom Eingang die Aussicht auf die weitläufigen Parkanlagen.

Von jeher waren die Geschicke der Stadt, des Schlosses und der Familie Parsons – der Grafen von Rosse – gesellschaftlich wie architektonisch eng verwoben, und die Fürstenfamilie ist auch heute noch hier ansässig. Der Ort war sogar lange Zeit unter dem Namen »Parsonstown« bekannt.

In den 1620er Jahren trafen die Gebrüder Parsons (Sir Laurence, ein versierter Anwalt, und Sir William, Richter an einem Berufungsgericht) als gemeinsame Verwalter dieser Kronländereien hier ein und begannen, erste städtische Einrichtungen anzulegen. Sie stammten aus dem berühmten Landsitz Myrtle Grove in Youghal in der Grafschaft Cork, wo Sir Walter Raleigh angeblich die erste Tabakspfeife auf irischem Boden rauchte und die erste Kartoffel anpflanzte. Nachfolgende Generationen der Parsons legten in Birr die reizvollen georgianischen Alleen an und erteilten Aufträge zur Errichtung einer ganzen Reihe stattlicher Gebäude, von Kirchen bis hin zum klassizistischen Tempelbau der John's Hall, die heute als »Heritage Centre« das kulturelle Erbe der Stadt dokumentiert. Diese Baumaßnahmen machten Birr zweifellos zu dem, was Mark Girouard in *Country Life* »eine der angenehmsten, gepflegtesten und hübschesten Städte ganz Irlands« nannte.

Das heutige Schloß befindet sich etwa 60 Meter nordwestlich der nicht erhaltenen »Schwarzen Burg« der O'Carrolls. Von 1620 bis 1627 ließ Sir Laurence das Torhaus jener alten Festung wiederherstellen und zwei Seitentürme hinzufügen, die heute noch stehen. In einem von ihnen befindet sich ein faszinierender Stuckfries aus dem frühen 17. Jahrhundert.

In dem friesgeschmückten Raum ist heute die Dokumentensammlung des Schlosses untergebracht: Sie ist eine wahre Fundgrube, nicht nur für die örtliche Dokumentation, sondern auch für Ausstellungen auf dem europäischen Festland,

in den Vereinigten Staaten und in Großbritannien, wo die Royal Institute of British Architects' Drawings Collection (das um die Erhaltung britischer Bauzeichnungen bemüht ist) die lange unterschätzte Bedeutung von Birrs Archiven zur irisch-georgianischen Architektur erkannt hat.

Es würde gewiß jahrelange Forschung in den Archiven erfordern, die komplizierte und wechselhafte Geschichte des Schlosses im 17. Jahrhundert zu entwirren, einer wilden Zeit des erbitterten militärischen Tauziehens. Der gegenwärtige Lord Rosse weist jedoch auf zumindest ein Zeichen dieser Kämpfe hin: die Belagerungslinien und Gräben im Park, von denen aus die Artillerie das Schloß unter Beschuß nahm. Ebenfalls aus dem 17. Jahrhundert stammt »die schönste Treppe ganz Irlands« – so das Urteil des Topographen Thomas Dinely im Jahre 1681. Sie wurde kurz vor Dinelys Besuch aus Eibenholz gefertigt, mit kühn gedrechselten Balustersäulen und elegant geschwungenem Handlauf, und ist vermutlich eine der ältesten Holztreppen Irlands.

VORHERGEHENDE SEITEN Der Große Salon mit seinem zeltartigen neugotischen Gewölbe und der goldenen viktorianischen Velourstapete ist der prächtigste Innenraum von Birr Castle. Die Fotografie ganz rechts im Bild zeigt Anne, Gräfin von Rosse, die zur Innenausstattung einen bedeutenden Beitrag leistete.

OBEN Ansicht des Schlosses von den Ufern des Camcor, dessen Flußlauf sich durch die Parkanlagen windet. Anfang des 19. Jahrhunderts drehte der zweite Graf von Rosse im Rahmen einer Gotisierung das Schloß »um die eigene Achse«, so daß es jetzt den Parkanlagen und nicht mehr der Stadt zugekehrt ist. Die schmiedeeiserne Hängebrücke rechts im Bild, die um 1810 entstand, ist wahrscheinlich die älteste ihrer Art in ganz Irland.

Glücklicherweise verlief das 18. Jahrhundert vergleichsweise ruhig. Man legte vor dem Schloß eine Rasenfläche an, trug den alte Bergfried der O'Carrolls und die Wirtschaftsgebäude aus dem 17. Jahrhundert ab und verlieh den Innenräumen eine zeitgemäße Ausstattung. Hierzu gehörten auch eine Reihe von Kamineinfassungen, Stuckarbeiten im Gelben Salon und im Arbeitszimmer und eine aufwendige Kassettendecke für die Bibliothek.

Birr Castle, so wie es heute von den wunderbar mit der Architektur harmonierenden Gartenanlagen aus zu sehen ist, verdanken wir weitgehend dem zweiten Grafen von Rosse, einem patriotischen Staatsmann und kompromißlosen Gegner der politischen Angliederung an Großbritannien. Wolfe Tone nannte ihn zu seiner Zeit als Parlamentsmitglied »einen der *ganz wenigen* ehrlichen Männer im irischen Unterhaus«. Ab circa 1801 erweiterte er das Schloß und gestaltete es im neugotischen Stil; er errichtete ebenfalls das eindrucksvolle neugotische Torhaus an der Einfahrt zum Anwesen.

Der zweite Graf von Rosse scheint sich bei der Umgestaltung selbst als Architekt betätigt zu haben (unter Mithilfe eines wenig bekannten Baumeisters namens John Johnston). Es gelang ihm, dem Äußeren des Gebäudes Einheitlichkeit zu verleihen, indem er das Schloß höchst wirkungsvoll um die eigene Achse drehte, so daß die Fassade des Eingangs nicht mehr der Stadt, sondern den Parkanlagen zugewandt war. Er verblendete das Gemäuer mit Quadersteinen und fügte in der Mitte einen zweistöckigen Vorbau an, der die Eingangstür mit einem

Das Große Teleskop ist das bedeutendste Ausstellungsstück des Ireland's Historic Science Centre in Birr. Es wurde 1845 vom dritten Grafen von Rosse (dem »Astronomen«) errichtet. Das einst größte Spiegelteleskop der Welt konnte in jüngster Zeit vollständig restauriert werden.

RECHTS Ein Korridor im ersten Stock mit neugotischem Gewölbe und Stuckarbeiten, zwei besonders hervorstechenden Elementen der Ausstattung. Diese Dekorationen entstanden nach dem Brand von 1832, der das ursprüngliche Walmdach aus dem 17. Jahrhundert zerstört hatte.

LINKS Der heraldische Schmuck in der Toreinfahrt zeigt das Leopardenmotiv der Parsons-Familie. Die gußeisernen neugotischen Tore soll die vielseitig begabte Mary, Gemahlin des dritten Grafen von Rosse, entworfen haben. Angeblich hat sie sogar in der schloßeigenen Schmiede selbst Hand angelegt.

gewaltigen Spitzbogen betont. Auf der Schloßseite, die den Flußlauf des Camcor überblickt, errichtete er einen einstöckigen Anbau mit einem unterirdischen Gewölbe: Dort entstand der Große Salon mit seinem neugotischen Interieur und der eleganten, auf schlanken Säulen ruhenden Gewölbedecke. Nachdem ein Brand das ursprüngliche Walmdach aus dem 17. Jahrhundert zerstört und das Treppenhaus beschädigt hatte, fügte der Graf dem Schloß ein drittes Stockwerk hinzu und änderte die Position der Treppe, die nun ein neugotisches Stuckgewölbe krönt.

Ein weiteres architektonisches Vermächtnis des zweiten Grafen auf Birr ist eine grazile, schmiedeeiserne Hängebrücke, die um 1810 entstand. Sie ist in Irland wahrscheinlich die älteste ihrer Art und befindet sich gegenwärtig zwar in baufälligem Zustand, soll jedoch erfreulicherweise bald restauriert werden: Ireland's Historic Science Centre, eine neue wissenschaftsgeschichtliche Einrichtung, die sich Birr als Standort gewählt hat, nimmt sich der Brücke im Rahmen ihres Restaurierungsprogramms an.

Dieser aufregende neue Abschnitt in der Geschichte des Schlosses wurde ermöglicht durch den Unternehmungsgeist und die Voraussicht des siebten und derzeitigen Grafen von Rosse, der früher als Mitglied eines offiziellen Gremiums die irische Regierung in Baufragen beriet, sowie seiner Gemahlin Alice, einer Künstlerin. Eine andere Gräfin von Rosse – Mary, die Gemahlin des dritten Grafen und gefeierten Astronomen, der in den 1840er Jahren das weltberühmte Große Teleskop in Birr errichten ließ – war eine Pionierin der Fotografie. Ihre Dunkelkammer gehört daher

UNTEN Das fototechnische Zubehör gehörte Mary, der Gemahlin des dritten Grafen von Rosse und Wegbereiterin der Fotografie. Die Dunkelkammer ist ein Exponat des Historic Science Centre, einem Museum für irische Wissenschaftsgeschichte, das in Birr eröffnet wurde.

OBEN Blick auf die neugotische Decke des Treppenhauses, das nach dem Brand von 1832 errichtet wurde. Die vom Feuer beschädigte Treppe konnte nach ihrer Restaurierung hier wieder aufgebaut werden.

LINKS »Die schönste Treppe ganz Irlands«, wie Thomas Dinely nach einem Besuch in Birr Castle im Jahre 1681 berichtete. Sie ist aus Eibenholz gefertigt und vermutlich eine der ältesten irischen Holztreppen. Bemerkenswert sind die kühn gedrechselten Balustersäulen und der elegant geschwungene Handlauf. Die knorrigen neugotischen Verzierungen des aparten »schwebenden« Treppenabsatzes entstanden nach dem Brand von 1832.

auch zu den Attraktionen des Ireland's Historic Science Centre, das 1999 in dem von ihr selbst entworfenen ehemaligen Stallgebäude eröffnet wurde.

In diesem neuen Museum erfahren Erfindungen und wissenschaftliche Errungenschaften aus ganz Irland die ihnen angemessene Würdigung. Ein besonders bemerkenswertes Ausstellungsstück ist die *Turbinia*, ein turbinengetriebenes Schiff, das der jüngste Sohn des Astronomen und dritten Grafen, Sir Charles Parsons, entwarf. Die von ihm entwickelte Dampfturbine machte ihn zu einem bedeutenden Wegbereiter der modernen Wissenschaft: Nachdem die *Turbinia* auf der Schiffbauaustellung von 1897 selbst die britische Marine in den Schatten gestellt und Furore gemacht hatte, wurde die Dampfturbine weltweit als Schiffsantrieb übernommen.

Das wertvollste Stück des Historic Science Centre in Birr Castle ist selbstverständlich das Große Teleskop des gräflichen Astronomen, der »Leviathan von Parsonstown«. Selbst 70 Jahre nach seiner Fertigstellung (1845) war es noch das größte Spiegelteleskop der Welt. In jüngerer Zeit stellte man mit Hilfe von leichtgängigen, computergesteuerten Hydraulikmotoren seine volle Funktionstüchtigkeit wieder her und setzte 1999 einen neuen Metallspiegel mit einem Durchmesser von über 180 Zentimetern ein, der dafür sorgt, daß das Auge des Teleskops heute ebenso scharf ist wie vor 150 Jahren. Der Anblick des ortsansässigen

LINKS Im Speisezimmer wacht der Butler Connors über den festlich gedeckten Tisch. Die viktorianische Velourstapete stammt aus der gleichen Periode wie die des Großen Salons; der von der aufwendig gestalteten neugotischen Decke herabhängende Kandelaber ist aus Messing.

RECHTS Ein Blick in die Bibliothek. Auf der rechten Seite befindet sich eine Geheimtür; die Buchrücken sind lediglich Attrappen.

Experten John Joyce (ein Cousin des irischen Clan-Oberhaupts Joyce von Connemara) bei der sachkundigen Bedienung dieses außergewöhnlichen Instruments ist ein wahrhaft unvergeßliches Erlebnis.

Auffallend ist die Art und Weise, wie sich die Künste und die Wissenschaften, zwischen denen angeblich Welten liegen, hier ganz natürlich miteinander verbinden: Das Große Teleskop ist nicht nur eine technische Kuriosität, sondern zugleich ein Objekt von großer Schönheit, und die gewaltigen Mauern des Observatoriums sind nach dem Geschmack ihrer Entstehungszeit mit neugotischen Bögen und Zinnen versehen, so daß das Gebäude seinerseits als Schmuckstück die Parklandschaft des Anwesens ziert.

Der dritte Graf von Rosse war ein äußerst vielseitiger und fortschrittlicher Mann, dessen Leistungen in den *Proceedings of the Royal Society* (dem Jahresbericht der ältesten wissenschaftlichen Gesellschaft) folgendermaßen gewürdigt werden:

> Er widmete sich nicht ausschließlich der Astronomie oder Mechanik. Tatsächlich besitzen nur wenige Denker unserer Zeit eine vergleichbare Breite an Wissen. Er war ein Meister auf dem Gebiet der Volkswirtschaft... Ebenso schenkte er der großen Frage eines nationalen Bildungssystems seine Aufmerksamkeit... Er war ein guter Chemiker, hätte als Hoch- und Tiefbauingenieur eine hervorragende Position erreichen können und besaß umfangreiche militärische und nautische Kenntnisse.

Sein Sohn, der vierte Graf von Rosse, war ebenfalls Mitglied der Royal Society und ein gleichermaßen herausragender Mann. Doch als im Ersten Weltkrieg der fünfte Graf einer Verwundung erlag und kurz darauf bei einem Brand die Decke der Bibliothek zerstört wurde, wies die Zukunft des Schlosses ins Ungewisse. Der Erbe des gräflichen Titels, Michael, war damals gerade zwölf Jahre alt.

UNTEN Heraldische Leoparden, die Wappentiere der Familie Parsons, Grafen von Rosse, stützen die schwere gotische Anrichte im Speisesaal. Das Möbel datiert wahrscheinlich aus der Zeit kurz nach der Hochzeit des dritten Grafen von Rosse mit Mary Wilmer Field im Jahre 1836.

Unter dem fünften Grafen und seiner Braut Anne Armstrong-Jones (der Schwester des Bühnenbildners Oliver Messel) sollte Birr jedoch erneut ein goldenes Zeitalter erleben. Anläßlich seiner Hochzeit im Jahre 1935 schuf das Paar einen eleganten formalen Garten in Form eines klösterlichen Kreuzgangs. Die weißen Sitzplätze an den Schmalseiten entwarf Anne Rosse – sie tragen ihre Initialen, die mit denen ihres Gatten kreuzweise verbunden sind. Diese Förmlichkeit harmonierte ausgezeichnet mit den berühmten Buchsbaumhecken des Schlosses, die als die höchsten der Welt gelten. Sie müssen bereits ein Teil des Gartens gewesen sein, der Mitte des 17. Jahrhunderts von William Parsons (dem Sohn des Berufungsrichters) angelegt wurde.

Michael und Anne Rosse waren allerdings nicht nur begeisterte Gartenarchitekten, sondern auch Vorreiter des Denkmalschutzes von Bauwerken aus dem 18. und 19. Jahrhundert. Das überaus romantische Birr kam Annes Vorliebe für historische Authentizität und zeitgenössisches Vergnügen sehr entgegen. Wie Mark Girouard in einer Würdigung ihres Lebens für die Zeitung *The Daily Telegraph* feststellte, »war und ist [es] wie ein Schloß in einem Roman« (angeblich hat sich Henry Green hier für die Beschreibung von Kinalty in seinem Roman *Loving* inspirieren lassen, der vor Ort für das Fernsehen verfilmt wurde):

> [Der] neugotische Salon mit seinem Stuckgewölbe und die verrückte, in Creme und Gold gehaltene Ausstattung ihres neugotischen Schlafzimmers wirkten wie Bühnenbilder ihres Bruders Oliver Messel, waren aber tatsächlich Originale des frühen 19. Jahrhunderts. Anne besaß den Sachverstand, ihren Wert zu erkennen und sie mit gutem zeitgenössischen Geschmack so zu arrangieren, zu beleuchten und hervorzuheben, wie es nur wenigen gelungen wäre.

»Es ist doch nur ein schäbiges altes irisches Haus«, pflegte sie zu sagen, doch zur Zeit ihrer Herrschaft dort wurde es zum Inbegriff des Luxus. Anne Rosse empfand eine aufrichtige Liebe zu Irland und ein tiefes Verständnis für die Iren. Ihr Leben besaß jedoch durchaus eine englische Dimension: Sie restaurierte die Gartenanlagen in Nymans, dem Sitz ihrer Familie in Sussex; außerdem war sie maßgeblich beteiligt an der Gründung der Victorian Society in der Londoner Schatzkammer ihres Großvaters Linley Sambourne, eines Karikaturisten der berühmten Zeitschrift *Punch*. Ihr Sohn Brendan dagegen, der gegenwärtige Graf, setzt sein Engagement voll und ganz für Irland ein. Im Anschluß an eine Tätigkeit für die Vereinten Nationen übernahm er 1980 die Verwaltung von Birr Castle.

Während seiner elf Jahre als Direktor der Irish Houses and Gardens Association bemühte er sich nach Kräften, den alten irischen Landsitzen im Rahmen der Traditionspflege und des Bildungswesens eine neue Rolle zuzuweisen. Mit der praktischen Umsetzung seiner Ideen befaßte sich die Birr Scientific and Heritage Foundation mit sichtbarem Erfolg auf dem Schloßgelände, wo die preisgekrönten Gärten mit ihren Bäumen und phantasievollen Anpflanzungen, dem See, den Flußläufen und Wasserfällen – und nun auch Irlands erstem Historic Science Centre – einen wesentlichen Beitrag zur Attraktivität des historischen Städtchens Birr leisten.

Als Repräsentant der 14. Generation seiner Familie auf Birr Castle ist Brendan Rosse entschlossen, sein Bestmögliches zu tun, »damit [das Anwesen] auch die nächsten 14 Generationen weiterblüht und gedeiht«. Die Atmosphäre im Schloß ist so dynamisch und die Familie der Parsons so vielseitig begabt, daß an einem Gelingen dieses Vorsatzes kein Zweifel bestehen kann.

Das Schlafzimmer der Lady Rosse. Der außergewöhnliche Spiegel wurde 1836 zur Hochzeit des dritten Grafen von Rosse mit Mary Wilmer Field angefertigt.

PRIVATE
PROPERTY
NO TRESPASSING

7

BEAULIEU HOUSE

COUNTY LOUTH

BEAULIEU, das mit seiner Kirche, seinem Hof, den Bäumen und den sanft abfallenden Gartenanlagen an der Mündung des Boyne ein kompaktes Ensemble bildet, ist das irische Paradebeispiel für jenen gefälligen Baustil, der niederländische und klassische Einflüsse harmonisch verbindet und der von etwa Mitte des 17. Jahrhunderts bis in die Zeit von Königin Anne überaus beliebt war. Über die Erbfolge gelangte der Landsitz in den Besitz der heutigen Hausherrin, einer respektgebietenden Dame namens Mrs. Nesbit Waddington.

Der zwanglosen, intimen Atmosphäre des Hauses mag zwar eine Charakterisierung als »herrschaftlicher Landsitz« widerstreben, doch die Architektur strahlt zweifellos eine große Erhabenheit aus. Die ungewöhnlich weit vorspringenden Traufen des Daches oder auch die Höhe des über zwei Stockwerke aufsteigenden Großen Saals mit seinem herrlich rustikalen Schnitzwerk ist einfach beeindruckend – eine Wirkung, die noch betont wird durch die Schlichtheit der Mittel. Mark Girouard sagte einmal, Beaulieu habe etwas Großzügiges an sich, eine besondere Mischung aus Kraft und Großherzigkeit. Paradoxerweise ist es aber die Bescheidenheit des Gebäudes, die es wirklich groß macht. Vor allem verdeutlicht Beaulieu, warum dieser gefällige vorgeorgianische Baustil zu seiner Zeit so beliebt war. Professor Alistair Rowan beschrieb ihn treffend als »angenehm entspannend und zwanglos«. Man hat das Gefühl, daß die Landsitze jener Zeit die Eigenschaften des klassischen Gentleman spiegeln: zurückhaltende Wohlerzogenheit, Fairneß und die Achtung traditioneller Werte – zu auffällige, schrille oder raffinierte Elemente fanden hier keinen Platz.

Beaulieu – gesprochen wie »Bewley« – gelangte durch Sir Henry Tichborne in den Besitz der Familie. Der Sproß der Tichbornes aus Tichborne in Hampshire hatte sich in der Armee bei der Belagerung von Drogheda 1641/42 verdient gemacht. In seiner Funktion als Gouverneur war er für die Verteidigung dieses wichtigen Hafens verantwortlich, als seine Truppe von etwa 17 000 Aufständischen aus Ulster eingekesselt wurde. Deren Befehlshaber, Sir Phelim O'Neill, hatte sein Hauptquartier in der Plunkett-Festung von Beaulieu, am Ufer des Boyne, eingerichtet. Obgleich ihm der Gegner zahlenmäßig um ein Zehnfaches überlegen war, leistete Sir Henry bemerkenswerten Widerstand. Durch sparsamen Umgang mit den Vorräten und zum Teil durch schieres Glück gelang ihm schließlich der

Gegenschlag. An den Hängen unterhalb des Anwesens war es lediglich einmal zu einem leichten Gefecht gekommen, und gelegentlich erfolgten waghalsige Vorstöße, um Schafe und Kühe als zusätzliche Nahrung herbeizuschaffen. Doch im Februar 1642 eilte ihnen endlich das Schicksal zu Hilfe, als eine Sperre, die die Aufständischen über den Boyne gelegt hatten, von einem Sturm fortgerissen wurde.

Als Sir Phelim O'Neill im folgenden Monat aus Beaulieu abgezogen war, besetzte Sir Henry die Festung und rückte ihm nach. Als es ihm auch noch gelang, Dundalk einzunehmen, wurde er von den Protestanten wie ein Held gefeiert und zu einem der Lordrichter von Irland ernannt. Einer Kaufurkunde zufolge scheint Sir Henry Beaulieu schließlich regulär von den Plunketts erworben zu haben und nicht etwa durch Konfiszierung. Irische Staatsdokumente beweisen, daß Sir Henry 1654 ein Gesuch an den Protektor, Oliver Cromwell, sandte und darin darlegte, daß er noch 868 Pfund zu bekommen habe – »im Dienste Irlands aufgewendetes Geld«. Er sei im Mai 1950 durch eine Anordnung des Protektors in Clonmel, Grafschaft Tipperary, in den Besitz seines Heims »des Hauses und der Ländereien von Bewly« gekommen und bitte nun darum, ihm das Anwesen zum Ausgleich seiner noch offenen Forderungen vorbehaltlos und offiziell zu übereignen.

Sir Henrys Bitte wurde vorerst nicht erhört. Erst nach einer Zeit der Unsicherheit unter der Herrschaft Oliver Cromwells bestätigte ihm der neu eingesetzte König Karl II. den Besitz des Anwesens und ernannte ihn zum Marschall der irischen Armee. Der altgediente Soldat starb 1667 in seinem geliebten Beaulieu House.

Zahlreiche Trophäen schmücken die Eingangshalle von Beaulieu, und an die erfolgreiche Verteidigung Droghedas erinnert eine topographische Darstellung der Stadt im Kaminaufsatz. Die faszinierende Stadtansicht wird William van der Hagen zugeschrieben, datiert aus dem frühen 18. Jahrhundert und zeigt ebenfalls das seinerzeit gerade erbaute Beaulieu House. Eine Untersuchung des Architekturhistorikers Dr. Edward McParland hat ergeben, daß der Landsitz in seinem heutigen Erscheinungsbild wahrscheinlich ebenfalls aus dieser Zeit stammt.

McParland entdeckte unter den Schriften Lord Molesworths in der irischen Staatsbibliothek einen Briefwechsel zwischen dem damaligen Lord und dem ersten (und letzten) Lord Ferrard von Beaulieu, dem Enkel Sir Henry Tichbornes. Aus diesen Briefen geht hervor, daß die zwischen 1710 und 1720 in Beaulieu durchge-

VORHERGEHENDE SEITEN Die Vorderansicht von Beaulieu House. Dieser außergewöhnlich früh erbaute, unbefestigte Landsitz ist das irische Paradebeispiel für jenen Baustil, der niederländische und klassische Einflüsse harmonisch miteinander verband und ab Mitte des 17. Jahrhunderts bis in die Zeit von Königin Anne seine Blütezeit erlebte.

RECHTS Der herrliche Große Saal mit seinen rustikalen Zierschnitzereien erstreckt sich über zwei Stockwerke. Auf dem Kaminaufsatz befindet sich eine bedeutende topographische Darstellung Droghedas von William van der Hagen aus dem frühen 18. Jahrhundert. Sie zeigt ebenfalls eine Vignette des damals neu erbauten Landsitzes Beaulieu. Das Geweih über der Tür stammt von einem der einst in Irland lebenden Elche.

LINKS Ein Ausschnitt der Lünette über der Osttür des Großen Saals. Sie zeigt das imposante Wappen des ersten (und letzten) Lord Ferrard von Beaulieu, der die Holzschnitzereien dieses Saals in Auftrag gab und zu Beginn des 18. Jahrhunderts das Haus umgestalten und großenteils sogar neu erbauen ließ.

LINKS Ein Detail der kunstvollen Schnitzereien in der Lünette der südöstlichen Tür des Großen Saals, die typische Musikinstrumente (irische Fiddle, keltische Harfe und Dudelsack) zeigt.

führten Bauarbeiten wesentlich umfangreicher waren, als man bislang vermutete. Man hatte stets angenommen, Beaulieu House sei von Sir Henry und dessen Sohn Sir William (einem Parlamentsabgeordneten der Grafschaft Louth, der 1693 starb) auf dem Gelände des früheren Plunkett Castle erbaut worden. Der Historiker Harold O'Sullivan hielt es jedoch für möglich, daß die Familie im ausgehenden 17. Jahrhundert ein Haus bewohnte, das es bereits vorher auf dem Gelände gab.

Ein wichtiger Anhaltspunkt für McParlands Nachforschungen fand sich in einem Brief, den Lord Ferrard am 4. September 1722 aus Beaulieu an Lord Molesworth geschrieben hatte:

> Gestern habe ich die Tischler und Zimmerleute aus dem Südtrakt meines Hauses entlassen können. Nun folgt der Anstrich, und ich hoffe, in drei Wochen mit der Möblierung beginnen zu können. Ich habe das Obergeschoß geöffnet für meine große Treppe, die ich täglich aus Dublin erwarte, und dann bin ich für dieses Jahr fertig... Der Zimmermann erzählte mir, daß er am Montag bei Ihnen arbeiten wird. Sein Lohn beträgt zwölf [?] sowie Verpflegung. Er wird Hackluyt und Ihren Plan mitbringen, von dem ich eine Kopie anfertigen ließ. Curle und ich haben etwas an dem Plan geändert, das Ihnen vielleicht helfen wird: Übernehmen Sie davon, was Ihnen zusagt, und ändern oder verwerfen Sie den Rest. Sobald [der Zimmermann] abgereist ist, erwarten wir Ihre Ankunft.

OBEN In einem Winkel des Großen Saals ist dieses sehr schöne Beispiel für irische Möbel des 18. Jahrhunderts zu sehen. Das Porträt zeigt Miss Sidney Montgomery, deren Halbbruder Robert die Urenkelin Lord Ferrards und Erbin Beaulieus, Sophia Tipping, ehelichte.

RECHTS Ein Blick aus dem Großen Saal (durch eine weitere prächtige Tür) auf die nördlich gelegene Haupttreppe, die Lord Ferrard in den 1720er Jahren einbauen ließ. Ebenso wie die Treppe in Stackallen weist sie zierliche Baluster und korinthische Endpfosten auf.

OBEN Der Korridor im ersten Stock auf der rückwärtigen Seite des Großen Saals, der durch das Fenster rechts zu sehen ist. Von hier aus läßt sich gut beobachten, was unten vor sich geht.

LINKS Der nach Süden ausgerichtete getäfelte Salon mit seiner unterteilten Stuckdecke. Das mittlere Feld zeigt eine klassische *Trompe-l'oeil*-Szene im Stil Antonio Verrios. Die klassizistische Kamineinfassung stammt aus dem frühen 19. Jahrhundert.

OBEN Eine Hintertreppe in Beaulieu gewährt einen Einblick in den Bereich des Dienstpersonals.

LINKS Dieses Badezimmer in Beaulieu bietet kargen Landhauskomfort. Die beiden Pferdebilder an den nackten Wänden erinnern an die enge Beziehung der Bewohner zum Pferderennsport: Die gegenwärtige Besitzerin, Sidney Waddington, betrieb auf dem Anwesen gemeinsam mit ihrem verstorbenen Gatten eine Pferdezucht.

Interessant ist hier der Hinweis auf »Curle«. Es handelt sich dabei um den Architekten John Curle, der eng mit Lord Ferrard zusammenarbeitete und 1702 auch das ursprüngliche Castle Coole *(siehe dort)* entworfen hatte, ein Haus ähnlichen Typs wie Beaulieu, einschließlich des steil geneigten Daches und der weit vorspringenden Traufen.

Die Vorstellung, daß Lord Ferrard nicht nur die Halle verschönern und die prächtige Treppe einfügen ließ, wie man bislang angenommen hatte, sondern daß er vielmehr ein vorhandenes Haus umgestaltete und großenteils sogar neu erbaute, mußte so mancher, der Beaulieu House als »das schönste noch erhaltene Beispiel irischer Wohnarchitektur aus der Restaurationszeit« betrachtete, erst einmal verkraften. Die Qualität des Hauses und seine architektonische Bedeutung werden jedoch in keinster Weise geschmälert, geschweige denn, sein unwiderstehlicher Charme: Letzten Endes spielen die von Experten ermittelten Daten und Einzelheiten angesichts solcher Schönheit und Pracht eine unwesentliche Rolle.

Die beiden »repräsentativen« Seiten des Gebäudes, der Eingang auf der Westseite und der zum Boyne hin gerichtete Park auf der Südseite, sind sehr ansprechend gestaltet. Alistair Rowan und Christine Casey bestätigten in ihrem Band *North Leinster* aus der Reihe *The Buildings of Ireland*: »Es kann wohl kaum ein Zweifel daran bestehen, daß hier ein erfahrener Architekt am Werk war.« Georgianische Schiebefenster haben die ursprünglichen Flügelfenster mit ihren klobigen Mittelpfosten ersetzt und werden von flachen Ziegeleinfassungen umrahmt. Die Einfassung des Eingangsportals besitzt zwei korinthische Pilaster, die einen Segmentbogengiebel tragen, und die Fenster der Dachgauben sind gemäß dem klassizistischen Stil des 17. Jahrhunderts wohlproportioniert.

Im Innern des Hauses verschlägt einem der Große Saal förmlich die Sprache. Von dem gewaltigen Kaminaufsatz wandert der Blick über die imposanten Türeinfassungen auf eine Reihe erstaunlicher Holzschnitzereien. Es lohnt sich, sie wirklich eingehend zu studieren, denn sie bieten eine endlose Fülle überraschender Details – jede erdenkliche Art militärischer Requisiten, Musikinstrumente und üppiges Blattwerk sind kunstvoll ineinander verschlungen. Unter den zahlreichen heraldischen Motiven findet sich auch das Wappen von Sir Henrys Sohn und Nachfolger auf Beaulieu, Sir William Tichborne. Es ist verbunden mit dem Wappen der Familie seiner Gattin, Judith Bysse, die als Tochter des Lord Chief Baron of the Exchequer (Lord Schatzmeister) eine beachtliche Erbschaft in die Ehe einbrachte.

Die kunstvollen Schnitzereien datieren zweifellos aus der Zeit, als ihr Sohn, Henry Tichborne, in Beaulieu residierte. 1697 wurde ihm der Titel eines Baronet verliehen, und 1715 wurde er »für seine Dienste zur Förderung der Sache Wilhelms III. in Irland« (*The Complete Peerage*) zum Baron Ferrard von Beaulieu erhoben. Rowan und Casey, die in bezug auf die Baugeschichte des Landsitzes die »revisionistische« These McParlands vertreten, weisen darauf hin, daß der Stil der Schnitzereien eine auffallende Ähnlichkeit zu der gleichzeitig entstandenen Stukkatur des Landsitzes Stackallen *(siehe dort)* aufweist, der ungefähr 1710 für den späteren Lord Boyne erbaut wurde. Außerdem ist nach ihrer Meinung Lord Ferrards neues Treppenhaus im Nordtrakt (im Südtrakt gibt es eine merklich ältere Eichentreppe im Stil des 17. Jahrhunderts) höchstwahrscheinlich von demselben Handwerker gefertigt, der in Stackallen arbeitete. Auch wenn die Treppe hier nicht so übertrieben und grandios angelegt ist wie die in Stackallen, so weist sie doch die gleichen zierlichen Baluster italienischen Stils und ebenfalls korinthische Endpfosten auf.

Im Gegensatz zur barocken Pracht des Großen Saals ist die übrige Innenausstattung des Hauses eher bescheiden und gemütlich. Die Täfelung des Salons ist mit Kehlstoßleisten verziert, einem jener reizvollen Dekorationselemente, die Beaulieu das Gepräge des späten 17. Jahrhunderts verleihen. An der Stuckdecke rahmen Girlanden aus Blättern und Blüten ein ovales Mittelfeld mit einer klassischen *Trompe-l'oeil*-Szene im Stil Antonio Verrios – jener war für seine Malereien auf Burghley berühmt, das eine wahre Schatzkammer unter den englischen Landsitzen ist *(siehe* Great Houses of England & Wales).

Lord Ferrard erlag 1731 einem Schlaganfall, und mit ihm erlosch auch sein Adelstitel, denn seine beiden Söhne waren bereits vor ihm gestorben (der Ältere ertrank 1709 bei einer gefährlichen Überfahrt nach England). Somit fiel Beaulieu an seine Tochter, Salisbury Aston. Auf dem Porträt ihres Gatten, das in der Halle hängt, blickt William Aston zu den Seen hinüber, die er auf dem Anwesen anlegen ließ, »um den Armen in Zeiten der Not Arbeit zu geben«.

Zu Zeiten ihres Enkels, der ebenfalls William Aston hieß, wurde Beaulieu vermietet. Der neue Hausherr war Lordoberrichter Singleton, Mäzen eines ortsansässigen Dichters und Stückeschreibers namens Henry Jones, der sein Arbeitsleben als Maurerlehrling auf Beaulieu begann. Jones verdankte es Singleton, der ihn dem einflußreichen Grafen von Chesterfield vorstellte, daß seine Tragödie *The Earl of Essex* ein großer Publikumserfolg wurde (selbst wenn *The Dictionary of National Biography* dessen literarische Qualität als »äußerst dürftig« erachtet). Tragischerweise war Jones nicht in der Lage, den unverhofften Ruhm zu verkraften: »Seine Trunksucht und Trägheit, die ungehobelten Umgangsformen und seine überhebliche Art empörten die meisten seiner Förderer sehr bald«, weiß das *DNB* zu berichten. Er starb im Armenhaus, nachdem er auf einer Zechtour von einem Wagen überrollt worden war.

Beim Tod des jüngeren William Aston im Jahre 1769 erbte dessen Tante Sophia Tipping das Anwesen, und deren Tochter und Erbin, die ebenfalls Sophia hieß, ehelichte schließlich den Pfarrer von Monaghan, Reverend Robert Montgomery. Der recht weltfremde Kirchenmann entstammte der Familie Montgomery aus Ballyleck – der Monaghan-Linie jener normannischen Dynastie, deren Mitglieder im frühen 17. Jahrhundert in großer Zahl von Schottland nach Irland

Ein Blick über die Gartenmauer: Beaulieu bildet mit der benachbarten, typisch irischen Kirche ein kompaktes Ensemble. Mrs. Waddingtons Ahnherr, Sir Henry Tichborne, der als Gouverneur von Drogheda das Anwesen erobert hatte, erwarb es um die Mitte des 17. Jahrhunderts von der Familie Plunkett.

auswanderten. Sophias und Roberts Sohn Alexander trat ebenfalls in den Dienst der Kirche, bewies aber größeres Geschick bei der Verwaltung des Besitzes. Er war eine furchteinflößende, wenn auch großmütige Persönlichkeit und soll stets eine geladene Pistole in der Tasche getragen haben (die einmal versehentlich losging). Einem Neffen zufolge besaß er »eine Stimme, die so manchen, der unbefugt das Grundstück betreten hatte, in Angst und Schrecken versetzte«. Damals wurden zwar einzelne »Verschönerungsmaßnahmen« im Sinne des 19. Jahrhunderts durchgeführt, doch glücklicherweise war keine von ihnen so drastisch, daß der »unberührte« Charakter des Landsitzes darunter gelitten hätte.

1939 trat Alexanders Urenkelin Sidney die Nachfolge ihres Vaters, Richard Johnston Montgomery, an. Kurz zuvor hatte sie Nesbit Waddington geheiratet, der sich als langjähriger Leiter der Gestüte des Aga Khan im Pferderennsport einen Namen gemacht hatte. Auf Beaulieu betrieben die Waddingtons nun selbst eine Pferdezucht und galten mit ihren beiden Töchtern als eine überaus beliebte und gastfreundliche Familie. Ihr Mann starb vor wenigen Jahren, doch Sidney Waddington kämpft weiterhin engagiert für den Erhalt dieses ungewöhnlichen und wunderbar stimmungsvollen Juwels unter den irischen Landsitzen.

8

KILLRUDDERY

COUNTY WICKLOW

KILLRUDDERYS ausgewogene Mischung aus Romantik und Förmlichkeit berührt den Besucher auf besondere Weise. Das teils im 17. und teils im 19. Jahrhundert errichtete Haus ist herrlich gelegen, mit Südblick auf eine Hügellandschaft und schön angelegte Gewässer, in die sich von einem der Hügel eine Kaskade ergießt, während der Ausblick auf der anderen Seite begrenzt wird von weiteren Anhöhen. In nördlicher Richtung, jenseits des Eingangstors, erstreckt sich jedoch die immer weiter vordringende Stadtlandschaft von Bray. Daß Killruddery als waldige Oase inmitten der Vorstadtwüste erhalten blieb, ist dem Einsatz des kürzlich vestorbenen 14. Grafen von Meath und seiner Gemahlin Betty zu verdanken.

Eine Besichtigung von Killruddery unter der Führung Betty Meaths ist ein unvergeßliches Erlebnis. Sie wirkt zart und zerbrechlich, doch in den 1960er Jahren bewältigte sie nahezu im Alleingang die Mammutaufgabe, die Decke des klassizistischen Großen Salons neu zu bemalen, und man sieht sie noch immer häufig bei der Arbeit in den berühmten Gärten.

Lady Meath berichtet, wie sie und ihr Gatte Tony sich Anfang der 1950er Jahre mit einem schweren Hausschwammbefall des riesigen Gebäudes konfrontiert sahen, das im Rahmen der Sanierung anschließend auf knapp zwei Drittel seiner früheren Größe reduziert werden mußte. Der Architekt (und spätere Lord) Claud Phillimore erhielt den Auftrag, große Teile des Landsitzes abzureißen und das vor dem Abriß numerierte, unversehrte Material zum Wiederaufbau eines Hauses von überschaubarer Größe zu verwenden. Das Ergebnis war eine neue, schlichter gehaltene Fassade und eine mäßige Veränderung des Gebäudeinnern.

Die formalen Gärten haben sich seit ihrer Entstehung Ende des 17. und Anfang des 18. Jahrhunderts fast gar nicht verändert (wenn man einmal vom natürlichen Wachstum absieht, das die Schönheit der Anlagen nur vergrößern konnte). Ihre Bedeutung – ganz abgesehen von ihrem Zauber – kann man gar nicht überschätzen. In einem Artikel über Killruddery, der in *Country Life* erschien, beschrieben der Ritter von Glin und John Cornforth das anspruchsvolle Layout der formalen Gärten als »nicht nur die größte und zugleich stimmungsvollste pränaturalistische Anlage ganz Irlands, sondern auch... einen der bedeutendsten Gärten seiner Art auf den Britischen Inseln«.

Das Gestaltungsmuster erinnert Lady Violet Powell sowohl an das spanische La Granja in der Nähe von Segovia als auch an das englische Chatsworth in Derbyshire. Für die beiden »Langen Teiche« von Killruddery konnten der Ritter von Glin und John Cornforth jedoch weder in Irland noch in England ein vergleichbares Vorbild entdecken. Lady Meath bemerkte allerdings auf unserem Rundgang, daß die Gärten an der Zufahrt des Château de Courances südlich von Paris ähnliche Zwillingskanäle aufwiesen. Außer ihrem herrlichen Anblick hatten die »Wasser-Spiegel« von Killruddery mit ihren fast 170 Metern Länge auch einen praktischen Nutzen – sie versorgten das Anwesen mit Fisch.

Ein zweites Charakteristikum von Killruddery ist die sogenannte *patte d'oie*, auch »Die Winkel« genannt: Sie bilden ein verzweigtes Muster von Fußwegen, gesäumt von Hainbuchen-, Linden- oder Buchenhecken, die an zwei zentralen Knotenpunkten aufeinandertreffen. Die Erkundung der Haine ist ein besonderes Vergnügen, zumal dieser »Unterhaltungsgarten« noch zahlreiche weitere Attraktionen zu bieten hat: das Waldtheater (von dem sich Sir Walter Scott für *St. Ronan's Well* inspirieren ließ), der Buchenhecken-Teich, der Runde Teich mit seinem Springbrunnen, der verdeckte Grenzgraben und nicht zuletzt die Kaskaden.

Die Besitzrechte der Meaths in Killruddery gehen zurück auf das Jahr 1618, als Sir Edward Brabazon, dem späteren ersten Grafen von Meath, der Landsitz zugesprochen wurde. Sein Großvater, Sir William Brabazon, der einer Rittersfamilie in Leicestershire entstammte, hatte sich in der Tudorzeit als einflußreiche Persönlichkeit in Irland etabliert und war bis in die Positionen eines Lord High Treasurer (Lord Schatzmeisters) und Lord Deputy (Königlichen Statthalters) aufgestiegen. *The Complete Peerage* beschreibt den ersten Grafen von Meath als »einen großen Leidtragenden der Unruhen jener Zeit«, womit der Bürgerkrieg gemeint war: 1644 warf man den Lord in den Tower von London. Ein großes Leid muß auch die Zerstörung seines Hauses in Killruddery für ihn gewesen sein.

VORHERGEHENDE SEITEN Die Statuengalerie von Killruddery zeigt die Marmorskulpturen des zehnten Grafen von Meath, die dieser in Italien Anfang des 19. Jahrhunderts durch Vermittlung von Gaspare Gabrielli sammelte. Sie wurde 1852 von dem schottischen Architekten William Burn nach dem Vorbild des Londoner Kristallpalastes erbaut und ursprünglich als Wintergarten genutzt. Das alte, mittlerweile baufällige Glasdach wurde jüngst ausgetauscht.

UNTEN Ein Blick über die sogenannten »Langen Teiche« auf die Südfront. Das Anwesen besitzt die ausgedehntesten frühen Gartenanlagen im formalen Stil, die in Irland erhalten sind. Der durchbrochenen Brüstung auf dem Wintergarten (links im Bild) diente angeblich ein Diadem Lady Meaths als Vorlage. Die Giebel zur Rechten deuten den Verlauf des früheren Hauses aus dem 17. Jahrhundert an.

OBEN Ein Blick hinab auf die Ostfassade, die Claud Phillimore für den 14. Grafen von Meath in den 1950er Jahren wegen Hausschwammbefalls drastisch reduzierte. Im Hintergrund der Gebirgszug der Wicklow Mountains.

UNTEN Das allgegenwärtige Wappentier der Brabazons und der Grafen von Meath: ein zum Flug ansetzender Hühnerhabicht. Seine Darstellung ist ein wichtiges Motiv der Schnitzereien in Killruddery.

Ein naives Jagdgemälde der »Killruddery Hunt« (um 1740) zeigt ein Gebäude aus der Zeit Karls I. mit zurücktretendem Mittelteil und Walmdach, stilistisch vergleichbar mit Beaulieu *(siehe dort)*. Vermutlich errichtete der Sohn des ersten Grafen von Meath dieses Haus, der 1651 die Nachfolge angetreten hatte und dem es gelungen war, zumindest einen Teil der Ländereien der Familie zurückzuerhalten. Unglücklicherweise kam er jedoch 1675 auf einer Überfahrt nach England ums Leben; William, sein ältester Sohn und Erbe, konnte vor dem Ertrinken gerettet werden. Er war bereits vier Jahre zuvor glücklich mit dem Leben davongekommen, als er im Duell einen Fähnrich getötet hatte und dennoch eine Begnadigung erwirken konnte.

Aus der Korrespondenz des Verwalters dieses dritten Grafen von Meath, eines gewissen Cheney, geht hervor, daß Williams jüngerer Bruder Edward (der spätere vierte Graf) in den 1680er Jahren für »große Verbesserungen« auf Killruddery verantwortlich war, unter anderem einen Wildpark, einen Teich und eine Entenfalle. »Diese Falle«, berichtet Cheney, »wird die beste im Königreich, vielleicht sogar in allen drei Königreichen sein.« Im übrigen habe er

> das Haus sehr ansehnlich hergerichtet. Die holzvertäfelten Räume sind nun alle poliert, und die Tür des Saals auf der Gartenseite, die nur oben ein kleines Fenster hatte, ist jetzt ein Fenster.

Aufgrund seiner militärischen Ausbildung widmete sich der vierte Graf von Meath allerdings nicht nur der Pflege seiner Gartenanlagen, sondern ließ sich in die Kriege Wilhelms III. von Oranien gegen Jakob II. hineinziehen. In den Schlachten von Carrickfergus, am Boyne und in Limerick kämpfte er in vorderster Linie, in Limerick wurde er 1690 verwundet. Zum Zeitpunkt der Hochzeit mit seiner zweiten Gemahlin Dorothea Stopford (die Jonathan Swift in einem wenig schmeichelhaften Wortspiel mit einer Eule verglich) im Jahre 1704 hatte der vierte Graf

Killruddery bereits verpachtet und lebte in Dublin, wo er das Amt eines Forstaufsehers im Phoenix Park versah.

Eine Anzeige bezüglich der verbleibenden Pachtzeit von Killruddery aus dem Jahre 1711, vier Jahre nach dem Tod des vierten Grafen, vermittelt uns eine Vorstellung vom Umfang der Verbesserungen, die in den 1680er Jahren ausgeführt worden waren. Dort finden sich:

> ...ein Lustgarten, ein Kirschgarten, ein Küchengarten, ein neuer Garten, eine Wildnis, Kieswege und ein Bowling-Rasen, alle ummauert und gut bepflanzt mit Obstbäumen, sowie mehrere Kanäle oder Fischteiche, gut bestückt mit Karpfen und Schleien.

Blick durch den Großen Salon bis hin zum Wintergarten. Das schöne Morrison-Interieur im klassizistischen Stil ist berühmt für seine Stuckarbeiten. Als Lady Meath, die Gemahlin des 14. Grafen, 1968 die Decke neu bemalte, bemerkte sie die Signatur Simon Gilligans aus dem Jahre 1824 am Gesims rechts des Kamins; dieser war 1817 in Italien bei Giacinto Micali in Auftrag gegeben worden.

Vermutlich war sein Neffe, der sechste Graf von Meath, verantwortlich für die weitere formale Gestaltung der Gärten in den 1730er Jahren, Mrs. Delany berichtet im Dezember 1731 über den sechsten Grafen:

> Wir besuchten eine Hochzeit: der Bräutigam war Lord Meath, ein Mann von Bildung und großem Vermögen, der als Junge unglücklich mit der Zofe seiner Tante vermählt worden war. Er lebte nie mit ihr, und sie starb vor etwa einem Monat. Gestern heiratete er Miss Prendergast. Er liebt sie bereits seit mehreren Jahren – sie besitzt wenig, wenn überhaupt ein Vermögen und ist alles andere als hübsch.

Es grenzt an ein Wunder, daß die formale Gestaltung der Gärten von Killruddery die Ära des Naturalismus unangetastet überstand. Wahrscheinlich hatten die nachfolgenden Grafen von Meath andere Dinge im Sinn, und zur Zeit des zehnten Grafen begann man bereits wieder, aus einem wachsenden Interesse an der Antike heraus, die Anlagen zu schätzen. 1827 bemerkte ein Besucher namens G. N. Wright: »Die Parks sind in dem altmodischen, formalen Stil holländischer Lustgärten gestaltet und in diesem Lande recht einzigartig.«

Der zehnte Graf von Meath galt als Schöngeist und sammelte in Italien Marmorstatuen und Kamine durch die Vermittlung des Landschaftsmalers Gaspare Gabrielli aus Lyons *(siehe dort)*, Grafschaft Kildare. Mit dem Zustand der alten Gartenanlagen mag er wohl zufrieden gewesen sein, das Gebäude aus dem 17.

OBEN Ein Ausschnitt des kunstvollen vergoldeten Spiegels am Kopf der Treppe: Sein Glas reflektiert die bemerkenswerten Stuckarbeiten des ortsansässigen Henry Popje aus Bray.

RECHTS Detail der Kamineinfassung im Speisesaal (dem früheren Kleinen Salon). Die Wände tragen heute noch die ursprüngliche Seidenbespannung.

Jahrhundert sagte ihm jedoch weniger zu. In Wrights Worten war das alte Killruddery »ungeeignet als Residenz eines Adligen von Geschmack und Vermögen«. Verschiedene Umbaumöglichkeiten wurden erwogen, darunter auch eine bizarre neugotische Variante mit einer Toreinfahrt im Baronialstil von Francis Johnston. Letztendlich entschied sich Lord Meath jedoch für den von William Vitruvius Morrison in Irland eingeführten Stil des »Tudor Revival« (Neo-Tudorstil).

Gemeinsam mit seinem Vater und Geschäftspartner Sir Richard Morrison (der eher für seine klassizistischen Arbeiten bekannt war) legte William Vitruvius im Juni 1820 einen detaillierten Kostenvoranschlag über einen weitgehenden Umbau des Gebäudes aus dem 17. Jahrhundert vor. Die Bauarbeiten dauerten insgesamt neun Jahre – wie ein Familienmitglied berichtete, »wurden sie Schritt für Schritt vollendet, und [die Bewohner] zogen von einem Trakt in den nächsten«. Die abschließende Rechnung der Morrisons vom Juni 1829 bezifferte die Kosten für das Haus auf 20 000 Pfund.

Zur damaligen Zeit war das eine beträchtliche Summe, für die das Grafenpaar allerdings den Gegenwert erhielt. An den drei »repräsentativen Fassaden« gelang eine herrliche Verbindung des Baustils der englischen Grafschaft East Anglia mit irischem Granit aus Wicklow: Hier prangen Erkerfenster, phantasievolle Türmchen und Schornsteine im späten Tudorstil. Der Eingang wurde nach Norden verlegt, und die alte Ostfassade, die früher am Vorhof lag, bildete nun die Gartenseite.

Die Innenausstattung erhielt nach dem Entwurf der Morrisons eine sehr schöne Stuckdekoration von Henry Popje aus Bray – einem ortsansässigen Künstler, der ausgiebigen Gebrauch vom Wappentier der Brabazons machte: einem zum Flug ansetzenden Hühnerhabicht oder Falken. Besonders wirkungsvoll erscheint dieses Emblem in der Kuppel des Treppenhauses, dessen architektonische Details eine faszinierende Mischung aus Klassizismus und Tudor-Gotik bilden.

Um die Mitte bis Ende der 1820er Jahre erhielt die Innenausstattung einige zusätzliche Akzente im Stil des französischen Spätbarock durch Matthew Cotes Wyatt, der mit seinem exotischen Elisabeth-Salon im englischen Belvoir Castle Berühmtheit erlangt hatte. Später, in den 1840er Jahren, beauftragte der zehnte Graf von Meath den vorher im benachbarten Powerscourt tätigen Daniel Robertson unter anderem mit der Errichtung der Gartenbalustrade.

Nachdem der elfte Graf von Meath den Familiensitz unversehrt durch die große Hungersnot der 1840er Jahre gebracht hatte, trat er 1851 sein Erbe an und

OBEN Die Kuppel über dem Treppenhaus, die Popje mit wirbelnden Wolken verzierte. Das Buntglasfenster von Millner aus dem Jahre 1853 (rechts im Bild) zeigt die Ankunft Wilhelm des Eroberers 1066 in England sowie seinen Standartenträger Jacques le Brabacon – er ist gemäß der Überlieferung der Stammvater der Brabazons.

LINKS Die Bibliothek mit Bücherschränken im Chippendale-Stil befindet sich in einem Gebäudeteil aus dem 17. Jahrhundert.

Das Treppenhaus war ursprünglich für eine doppelte, vom ersten Treppenabsatz an gegabelte Stufenführung entworfen und wurde im Rahmen der Umbauten in den 1950er Jahren auf eine einzige Stufenflucht reduziert. Die vergoldete Laterne stammt aus Adare Manon, dem Hauptsitz der Familie von Lady Aileen Wyndham-Quin, Gemahlin des 13. Grafen von Meath.

beauftragte den vielbeschäftigten schottischen Architekten William Burn mit dem Bau eines Wintergartens. Dieser Gebäudeteil dient heute als Statuengalerie und beherbergt die eindrucksvolle Sammlung von Marmorplastiken, die der zehnte Graf zusammengetragen hat. Die Gestaltung der durchbrochenen Brüstung soll einem Diadem Lady Meaths nachempfunden sein.

William Slater führte weitere Änderungen durch, und ein Jahrhundert später folgte Claud Phillimores radikale Verkleinerung des Hauses: Der nördliche und der östliche Trakt verschwanden, der Westflügel blieb erhalten. Mit gleicher Achsenausrichtung wie bei der von Morrison entworfenen Eingangsfront entstand eine neue, schlichtere Fassade. Heute betritt man das Gebäude durch ein Vestibül mit geschwungener Steintreppe und gelangt von dort aus unmittelbar ins Treppenhaus. Hier sind Morrisons Dekorationen erhalten – ebenso wie in den beiden Salons, von denen der kleinere zum Speisesaal umgestaltet wurde. Der ursprüngliche Speisesaal gehörte neben der Eingangshalle und der großen Innenhalle zu den Räumen, die man im Zuge der Verkleinerung abgerissen hatte.

Der gegenwärtige Graf von Meath setzt den Kampf seiner Eltern um die Erhaltung des geliebten Familiensitzes fort. Die heitere Architektur mit all den spitzen und geschwungenen Giebeln, Fialen und Erkern und auch die unvergleichlichen Gartenanlagen des Anwesens, das der Öffentlichkeit regelmäßig zugänglich gemacht wird, betonen die Bedeutung von Killruddery für das kulturelle Erbe Irlands.

9

STACKALLEN HOUSE

COUNTY MEATH

SIND DIE formalen Gärten von Killruddery die ältesten noch in Irland erhaltenen, so sind die von Stackallen sicherlich die jüngsten und dennoch nicht weniger eindrucksvoll. Die Besitzer des Anwesens, Mr. und Mrs. Martin Naughton, faßten 1998 den kühnen Entschluß, »mit Stumpf und Stiel« einen Garten namens *Bosquet de Chanel* zu erwerben, der auf der berühmten Chelsea Flower Show in London eine Goldmedaille errungen hatte.

Das kunstvolle, von hohen Buchenhecken eingefaßte »grüne Ausstellungsstück« hatte Tom Stuart-Smith entworfen. Nach der Ausstellung wurde es abgebaut und in die Grafschaft Meath verschifft, wo Stuart-Smith es wieder zusammensetzte und beträchtlich erweiterte. Unter Mitarbeit Todd Longstaffe-Gowans von der Landscape Agency (einer jungen Firma, die auf die Restaurierung, Erhaltung und Gestaltung von Landschaften spezialisiert ist) wurde der Garten neu gestaltet und in eine nördlich des Hauses gelegene frühere Koppel eingepaßt. Nur sechs Wochen dauerte es, bis die Gartenanlage fertiggestellt war – ein lebendiges Schmuckstück, das den Naughtons »im Handumdrehen« Freude bereitete.

Doch dieser »Instant-Garten« ist nur eine der zahlreichen beeindruckenden Verbesserungen, die die Naughtons auf Stackallen im Rahmen einer gründlichen und einfühlsamen Restaurierung von Haus und Grundbesitz vorgenommen haben. Auch der führende irische Gartenarchitekt Jim Reynolds betätigte sich hier, und Michael Dillon, der für seine großflächigen Wandmalereien bekannt ist, gestaltete einen neuen Raum mit exotischen Motiven. Unter der Leitung David Sheehans verfugte die Dubliner Firma Sheehan & Barry die Außenwände des Gebäudes neu und unterzog auch die Innenräume einer mustergültigen Renovierung. Sie bilden heute einen ansprechenden und angemessenen Rahmen für die bedeutende Sammlung irischer Kunst des 20. Jahrhunderts, die das Ehepaar Naughton in den letzten Jahren zusammengestellt hat. Carmel Naughton ist eine große Kunstliebhaberin und Vorsitzende der Irischen Nationalgalerie in Dublin, wo ihr Ehemann Martin (der 1973 in Newry die Glen Dimplex Gruppe gründete) mit dem Bau und der Gestaltung des »Merrion« am Merrion Square befaßt ist, eines eleganten neuen Hotels im Stil eines georgianischen Stadthauses.

Das historische Engagement der Naughtons wirkt ausgesprochen ermutigend auf jeden, dem das kulturelle Erbe Irlands am Herzen liegt. Und es ist besonders begrüßenswert, daß es gerade einem bedeutenden Bauwerk wie Stackallen House zugute kommt, einem ungewöhnlich früh erbauten Herrenhaus und einem der wenigen klassizistischen Landsitze Irlands aus dem 18. Jahrhundert, die noch erhalten sind.

Bis in jüngste Zeit nahm man an, das grandiose Gebäude sei um 1716 entstanden, ein Jahr nachdem sein Erbauer, General Gustavus Hamilton, als Baron Hamilton von Stackallen in den Adelsstand erhoben worden war (er hatte sich ganz in der Nähe des Hauses in der Schlacht am Boyne ausgezeichnet, ebenso beim Sturm auf Athlone). In ihrem maßgeblichen Band *North Leinster* aus der Reihe *The Buildings of Ireland* zeigen Christine Casey und Alistair Rowan jedoch auf, daß diese Datierung verschiedene Punkte außer acht läßt.

Zum einen wäre der General zu diesem Zeitpunkt weit in den Siebzigern gewesen und demnach ein wenig zu alt, um den Bau eines triumphalen Schlosses zu

VORHERGEHENDE SEITEN Wie die Fassade eines liebenswerten Puppenhauses mutet die Gartenfront (die ursprüngliche Vorderseite) von Stackallen an. Die formalen Gärten und Baumanpflanzungen wurden in jüngster Zeit neu gestaltet. Auch das Haus wurde in den 1990er Jahren von Mr. und Mrs. Martin Naughton in geradezu vorbildlicher Weise restauriert.

RECHTS Das Treppenhaus mit einem der imposantesten Treppenaufgänge ganz Irlands, der in einer einzigen, breiten und schier endlosen Stufenflucht unter der kunstvollen Stuckdecke nach oben führt.

OBEN Detail eines Marmorkamins in Stackallen.

LINKS Die Decke des Treppenhauses schmückt im mittleren Feld das prunkvolle heraldische Motiv der Wappen von General Hamilton und seiner Gemahlin Elizabeth Brooke von Brookeborough. Die ionischen Säulen am Fuße der Treppe wurden zu Beginn des 19. Jahrhunderts eingesetzt, als man den neuen Eingang schuf.

beginnen. Zum anderen legt auch der Stil des Gebäudes ein früheres Datum nahe. Ebenfalls von Bedeutung ist die Tatsache, daß weder das Wappen im Okulus des Giebeldreiecks an der Südfassade (heute die Gartenfront, ursprünglich jedoch die Vorderansicht) noch das ungemein kunstvolle Wappen an der Decke des Treppenhauses die Krone eines Edelmanns zeigt, sei es nun die eines Barons oder eines Viscount (Hamilton erhielt 1717 den Titel eines Viscount Boyne). Casey und Rowan schließen daraus, daß der heraldische Schmuck angebracht und das Gebäude fertiggestellt wurde, noch bevor man Hamilton in den Adelsstand erhob. Ein datiertes Traufenende aus dem Jahre 1712 legt den Zeitraum von 1710 bis 1712 als wahrscheinlichstes Entstehungsdatum nahe.

Unter stilistischen Aspekten ist Stackallen zweifellos der Blütezeit des reizvollen Landhaustyps des 17. Jahrhunderts zuzuordnen, der unter König Karl II. bis in die Ära der Königin Anne entstand, und dem wir kaum 32 Kilometer entfernt in Beaulieu (*siehe dort*) bereits begegnet sind. Laut Casey und Rowan unterscheidet sich die Anordnung der Fenster an diesen Gebäuden signifikant von jener, die für Bauwerke aus der georgianischen Epoche charakteristisch ist: Im ersteren Fall haben die Fenster des Erdgeschosses und die des ersten Stockwerks die gleiche Höhe. In Stackallen sind dies Schiebefenster mit je 15 Glasscheiben (nur im Obergeschoß befinden sich kleinere Schiebefenster aus neun Scheiben). Die heutige Gartenfront besitzt neun Achsen, die Eingangsfront sieben. Diese Aufteilung sowie die besonders kunstvoll gestalteten Fensterumrandungen der Gartenfassade bestätigen, daß es sich bei der Südfront um die ehemalige, repräsentative Vorderansicht handelt.

Gustavus Hamilton, dem in den 1690er Jahren beträchtliche Stücke konfiszierten Landbesitzes an den Ufern des Boyne übereignet wurden, wollte mit seinem neuen Haus zweifellos Aufsehen erregen. Der Nachkomme der in Ulster ansässigen Familie Hamilton, der Grafen (und späteren Herzöge) von Abercorn, erhielt seinen exotischen Vornamen, weil sein Vater, Sir Frederick Hamilton, im militärischen Dienst König Gustav Adolfs von Schweden gestanden hatte. Vor seinem eigenen Eintritt in die Armee immatrikulierte sich der junge Gustavus am Trinity College in Dublin, jenem College, dessen Bibliotheksbau von 1712 der Militäringenieur und Architekt Thomas Burgh aus Oldtown (Grafschaft Kildare) schuf. In seinem Werk *Great Irish Houses and Castles* schreibt Desmond Guinness ebendiesem Ingenieur auch die Architektur von Stackallen zu.

So wie Hamilton war auch Burgh ein Soldat in der Armee Wilhelm III. von Oranien gewesen. Hamilton, der bereits Ländereien in der Grafschaft Fermanagh besaß und in die Familie der Brookes von Brookeborough (eine andere bedeutende Ulster-Dynastie) eingeheiratet hatte, tat sich erstmals im Jahre 1688 als protestantischer Gouverneur von Enniskillen hervor. Im darauffolgenden Jahr

LINKS Schnitzereien zieren das irische Mahagonimobiliar in Stackallen. Carmel Naughton ist Vorsitzende der irischen Nationalgalerie und hat gemeinsam mit ihrem Gatten eine bedeutende Sammlung irischer Kunst zusammengetragen.

OBEN Die herrlichen Wandmalereien, die der Künstler Michael Dillon, jüngster Sproß des 20. Viscount Dillon, in Stackallen schuf.

Der elegante, von Carmel Naughton gestaltete Salon in Stackallen, mit Blick in den angrenzenden Raum, der die Wandmalereien Michael Dillons zeigt.

kämpfte er als Oberst des 20. Infanterieregiments in vorderster Linie bei der Verteidigung von Coleraine und Derry gegen die angreifenden Jakobiten.

Überhäuft mit Auszeichnungen, stieg er unter Königin Anne bis in den Rang eines Geheimrats auf, um sich schließlich auf seinem neuen Landsitz Stackallen in der Grafschaft Meath zur Ruhe zu setzen. Das Innere seines eleganten neuen Hauses ließ er mit einem der prächtigsten Treppenhäuser ganz Irlands ausstatten, mit einer breiten, hohen Stufenflucht unter einer atemberaubenden Stuckdecke, die Eichenlaub-Bordüren, militärische Trophäen, Blumen und Musikinstrumente zieren. Und genau dort, im Zentrum jener Stukkatur, prangt General Hamiltons Wappen, verbunden mit dem seiner Gemahlin Elizabeth Brooke von Brookeborough.

Dem Paar war es jedoch nicht lange vergönnt, die Pracht von Stackallen zu genießen: Elizabeth starb dort an Weihnachten 1721, der General zwei Jahre später, in seinem 84. Lebensjahr. Wahrscheinlich wurden ihre Pläne für Stackallen nie zu Ende geführt, denn Casey und Rowans Untersuchungen zufolge ist das Haus als ein Würfel konzipiert, dem – in seiner heutigen Form – an der Ostseite eine ganze Zimmerflucht fehlt.

Als Titelerbe des Viscount Boyne folgte dem General sein unverheirateter Enkel. Dessen Nachfolger, ein Cousin, war in Streitigkeiten verwickelt, die seinen Ehestand betrafen. Es konnte nie geklärt werden, ob seine erste Hochzeit mit der Tochter eines Schmiedes aus Tullamore Gültigkeit besaß oder nicht, daher wurden seine Kinder aus zweiter Ehe als illegitim erachtet und sein ältester Sohn beanspruchte den Titel eines Viscount Boyne vergebens. Wahrscheinlich war demnach sein Bruder, der vierte Viscount Boyne, für diverse Verbesserungen verantwortlich, die später im 18. Jahrhundert ausgeführt wurden. Hierzu gehörten die Neugestaltung des Treppenhauses und die Stallungen, die zum Zeitpunkt ihrer Entstehung denen ähnelten, die »Capability Brown« auf Slane, dem Sitz der Conynghams, ganz in der Nähe errichtete.

Weitere, radikalere Veränderungen folgten Anfang des 19. Jahrhunderts. Ein um 1820 entstandenes Gemälde von Henry Brocas d. Ä. zeigt das Wohnhaus und die Stallungen, bevor der Eingang an der Südfassade entfernt wurde; die Drehung des Gebäudes muß also kurz nach diesem Datum erfolgt sein. Gleichzeitig wurde anstelle einer Zwischenwand ein Paar ionischer Säulen eingesetzt, so daß die neue Eingangshalle unmittelbar in das Treppenhaus überging.

Diese Änderungen müssen zur Zeit des sechsten Viscount Boyne vorgenommen worden sein. Er war der Gatte Harriet Baughs, der Erbin von Burwarton House in Shropshire, das in den 1870er Jahren von Anthony Salvin als riesiger Palast im italienischen Stil neugebaut wurde und zum Hauptsitz der Boynes werden sollte. Der siebte Viscount heiratete Emma Maria Russell, die (noch reichere) Erbin von Brancepeth Castle in der Grafschaft Durham, das ebenfalls in den Besitz der Familie Hamilton überging und den Namenszusatz Russell begründete. Miss Russells Mutter war eine geborene Tennyson von Bayons Manor, Lincolnshire, und damit eine Tante des berühmten englischen Dichters Alfred Tennyson. Über ihren Großvater väterlicherseits berichtete John Burke in seinem Werk *Commoners of Great Britain and Ireland* (1833–35):

> Mr. Russell begann seine glückliche Laufbahn in Sunderland als Gemischtwarenhändler... und als sein Besitz sich mehrte, tätigte er bedeutende Spekulationen im Kohlebergbau und... erwarb ungeheuren Reichtum. Er starb 1817 als einer der wohlhabendsten Bürger Englands.

Die heutige, im frühen 19. Jahrhundert entstandene Vorderfront von Stackallen. Sie besitzt lediglich sieben Achsen im Gegensatz zur neunachsigen Gartenfassade.

Wie der Zufall es wollte, lebte ein Nachkomme Burkes, Major Anthony Burke, in der zweiten Hälfte des 20. Jahrhunderts in Stackallen – allerdings erst, nachdem das Haus einige Wechselfälle des Schicksals überstanden hatte. Unter anderem vermieteten die Boynes es im 19. Jahrhundert eine Zeitlang als Schule – eine Institution, aus der sich später St. Columba's College bei Dublin entwickeln sollte.

Die Burkes erlangten Berühmtheit als eine Dynastie der Heraldiker und Genealogen: Tony Burkes Großvater, Sir Henry Farnham Burke, war der »Garter King of Arms«; sein Urgroßvater, Sir Bernard Burke, der »Ulster King of Arms«, machte mit Werken wie *Burke's Peerage & Baronetage* und *Burke's Landed Gentry* Abstammungen und Ahnentafeln auch der breiteren Öffentlichkeit zugänglich. Wie später Carmel Naughton besaß bereits Sir Bernard eine enge Verbindung zur Nationalgalerie in Dublin. Tony Burke und seine zweite Gattin Elizabeth, die frühere Lady Milborne-Swinnerton-Pilkington, waren ihrerseits eher an Stammbäumen von Pferden interessiert und betrieben auf Stackallen ein erfolgreiches Gestüt. In Kreisen des Pferderennsports genoß die Gastfreundschaft ihres Hauses einen geradezu legendären Ruf.

Wie schon seine erste Gattin, so starb auch Tony Burke 1964 bei einem Jagdunfall. Seine Witwe Elizabeth wohnte jedoch weiterhin in Stackallen, bis die Naughtons in den 1990er Jahren das Anwesen übernahmen und es zu neuem Leben erweckten (so wurden zum Beispiel fast 4000 Bäume um das Haus herum angepflanzt). Was Martin und Carmel Naughton innerhalb weniger Jahre zur Erhaltung dieses Landsitzes geleistet und zur Attraktivität seiner Erscheinung beigetragen haben, ist in höchstem Maße zu bewundern.

10

FLORENCE COURT

COUNTY FERMANAGH

DIE IN DEM Kapitel über Crom Castle erwähnte Einweihungsfeier in Florence Court im Süden der weitläufigen Seenlandschaft der Grafschaft Fermanagh soll 1764 stattgefunden haben. Zu jener Zeit befand sich das Landhaus im Besitz des ersten Lord Mount Florence; der ehemalige Parlamentsabgeordnete für Enniskillen starb 1767. Sein Sohn William, der spätere erste Graf von Enniskillen, hatte sich 1763 mit Anne Lowry-Corry vermählt; sie war die Schwester des ersten Grafen von Belmore, dem Erbauer des anderen großen Landsitzes in Fermanagh, Castle Coole. Die Geschichte von der Einweihungsfeier ist allerdings nur eine Legende, und präzise Angaben über die Baugeschichte von Florence Court sind leider kaum in Erfahrung zu bringen.

Pedanterie in dieser Frage wäre jedoch angesichts der sympathischen Mischung aus Charme und Romantik, die Florence Court auszeichnet, eher unangebracht. Die Lage des Anwesens vor der imposanten Kulisse der Cuilcagh Mountains, aus denen im Süden der Ben Aughlin dramatisch emporragt, verschlägt einem förmlich den Atem. Die Architektur der langen, goldgrauen Fassade ist – wie es Mark Bence-Jones in seinem *Guide to Irish Country Houses* so treffend formuliert – »von einer traumähnlichen barocken Schönheit, die um so herrlicher ist, als sie etwas Bukolisches hat«. Im Innern des Hauses erwartet den Besucher ein wahrer Hochgenuß an prächtiger Rokokostukkatur – eine Fülle überquellender Blattornamente, pausbäckiger Putten und majestätischer Raubvögel.

Ein Teil der ursprünglichen Dekoration aus dem 18. Jahrhundert fiel 1955, zwei Jahre nachdem der fünfte Graf von Enniskillen Florence Court in die Obhut des National Trust gegeben hatte, einem verheerenden Feuer zum Opfer. Glücklicherweise wurde allerdings der größte Teil der Rokokostukkatur (die dem Dubliner Stukkateur Robert West zugeschrieben wird) dank der Umsicht der damaligen Gräfin gerettet: Sie hatte in die erhalten gebliebenen Decken im Haupthaus Löcher bohren lassen, damit das Löschwasser, das bei Bränden häufig die größten Schäden anrichtet, abfließen konnte. Einige Zeit später ließ der National Trust mit Hilfe des Spezialisten für georgianische Baukunst, Sir Albert Richardson, eine sehr sorgfältige und einfühlsame Restaurierung vornehmen, die heutigen Besuchern einen wahren Expertenblick abverlangt, wenn sie feststellen möchten, was alt und was neu ist.

Nach dem Brand hatte der National Trust einige Jahre lang Probleme mit der Ausstattung des Hauses, weil es an ursprünglichem Mobiliar mangelte. Doch erfreulicherweise bescherte 1998 die Großzügigkeit einer nachfolgenden Gräfin von Eniskillen angemessenen Ersatz: Nancy, die Witwe des sechsten Grafen, überließ »Familiengemälde und historische Gegenstände«, die ihrem Gatten gehört hatten, »seinem Wunsch gemäß dem National Trust«. Mit dieser schlichten Erklärung verband sich für Peter Marlow, der im Trust für die historischen Gebäude Nordirlands zuständig ist, »die Umgestaltung von Florence Court in Form einer Ergänzung durch über 250 Gegenstände, die nicht nur besonders schön und historisch interessant sind, sondern auch einen Bezug zur Familie haben«.

Unter den Familienporträts aus dieser Schenkung befindet sich auch eine um 1710 entstandene reizvolle Studie von Florence Cole, der einzigen Tochter des Baronet Sir Bouchier Wrey aus Cornwall, nach der das Anwesen benannt ist. Ihr Gatte, John Cole, ein Parlamentsabgeordneter für Enniskillen, hatte das Haus 1710 geerbt und war der erste der Familie gewesen, der sich an diesem ländlichen Außenposten des Familienbesitzes niederließ. Die Coles, die ein Jahrhundert zuvor bei der Besiedlung Ulsters unter König Jakob I. nach Irland gekommen waren, hatten vordem ihren Sitz in der alten Burg der Maguires in Enniskillen gehabt, wo Sir William Cole im 17. Jahrhundert das Amt des ersten Provost (Stadtvorstehers) versah.

Ursprünglich scheint John Cole den ersten Florence Court als Jagdquartier errichtet zu haben, während er weiterhin in der von Sir William renovierten Burg von Enniskillen residierte. Dennoch wurde Cole als »jener von Florence Court« bezeichnet, wie Alistair Rowan in seinem Band *North-West Ulster* aus der Reihe *The Buildings of Ireland* zu berichten weiß. Es heißt ebenfalls, Cole habe vor seinem Tod im Jahre 1726 »sehr kostspielige und prächtige Bauvorhaben« auf seinem Landgut in Angriff genommen.

Der Mittelbau des heutigen Hauses wird unterschiedlich datiert und fällt ungefähr zwischen 1758 und 1764 (das Jahr der angeblichen Einweihungsfeier). Tim Knox, der Architekturhistoriker des National Trust, hat in den Bagshawe-Handschriften einen Hinweis darauf entdeckt, daß John Coles Sohn gleichen Namens, der erste Lord Mount Florence, sich im November 1761 »um die Vollendung meines Hauses kümmerte«. Die nächste Generation – in Gestalt William Coles, des späteren ersten Grafen von Enniskillen – tat es Lord Mount Florence gleich und scheint den Bau mit Engagement betrieben zu haben. Ein Nachtrag im Testament des Lords, der am 5. November 1767 (also drei Wochen vor seinem Tod) eingefügt wurde, bestimmte, daß William »alle marmornen Kaminverkleidungen und behauenen Steine für die Kolonnade in Florence Court« erben sollte.

Die »Kolonnade« ist offenbar eine Anspielung auf die Seitenflügel, jene herrlichen, seitlich angrenzenden Säulengänge, die zu einstöckigen Pavillons führen und Florence Court so vornehm erscheinen lassen. Ihre Entstehungszeit wird dementsprechend um 1768 angesetzt. Stilistisch gesehen ist der Entwurf der Seitenflügel weitaus anspruchsvoller als der des Haupthauses, und der Ritter von Glin schreibt ihn Davis Duckart aus Castletown in der Grafschaft Kilkenny zu. Der Steinmetz, soviel ist jedenfalls bekannt, war ein gewisser Andrew Lambert.

Dank der Seitenflügel erstreckt sich die Vorderansicht von Florence Court über nahezu 80 Meter, und sie ist sehr eindrucksvoll – wenn auch dazu angetan, architektonische Puristen bei näherem Hinsehen erschaudern zu lassen. Professor Rowan, der die Architektur des Anwesens im großen und ganzen mit »eher liebenswert als schön« beurteilt, nimmt kaum ein Blatt vor den Mund, wenn er mit Belfaster Direktheit auf die Details zu sprechen kommt. Die Hauptfassade sei »schon ziemlich verrückt«, meint er und verweist auf »die provinzlerische Handschrift des Pomps«. Bossenwerk, Schlußsteine und unnötige Umrandungen nähmen überhand. Die Fenstereinfassungen seien in jedem Stockwerk anders. Der leicht vorspringende Mittelbau sei »ein buntes Durcheinander unterschiedlichster Proportionen«. Die Liste sei endlos – und doch, wer könnte einem so liebenswerten Gemäuer widerstehen?

VORHERGEHENDE SEITEN Eine Ecke der schönen »architektonischen« Halle. Die ungewöhnliche Aufteilung der Türen in sieben Fächer ist ein charakteristisches Merkmal der Innenausstattung von Florence Court.

UNTEN Die schlichte, schmucklose Rückansicht des Hauses mit dem dreiseitigen Vorbau. Die Arbeiten an Florence Court begannen in den 1720er Jahren, und im Laufe des 18. Jahrhunderts wurde das Haus vollendet.

OBEN Blick aus der Eingangstür nach Osten auf den See Lough Erne. Das Anwesen ist berühmt für seine Bäume, darunter auch die Eibe »Florence Court«: *Taxus baccata* »Fastigiata« ist eine 1767 auf dem Grundstück entdeckte Eibenart.

UNTEN Eine Vorderansicht von Florence Court vor der großartigen Kulisse der Cuilcagh Mountains. Die Seitenflügel stammen aus der Zeit um 1768 und werden Davis Duckart zugeschrieben. Sie sind in architektonischer Hinsicht anspruchsvoller als das liebenswert bukolische Haupthaus mit seinen »ziemlich verrückten« Details.

Nach Rowans Meinung ist Florence Court das schönste frühgeorgianische Haus in Nordwest-Ulster. »Früh«-georgianisch sei vielleicht nicht ganz korrekt für ein Haus, das Mitte des 18. Jahrhunderts entstanden sei, doch die Baupläne seien vom Stil her zum Zeitpunkt der Errichtung zweifellos bereits altmodisch gewesen und könnten schon viele Jahre vorher entstanden sein.

Im Innern des Hauses ist neben der berühmten Stukkatur das Holzwerk ein wesentliches Element, insbesondere die handwerklich hervorragend gearbeitete Treppe. Sie besitzt auf jeder Stufe drei geriefte Baluster, ihr Handlauf ist aus Mahagoni und die Trittfläche aus Kiefernholz. Die Treppe führt empor zu jenem Raum, den viele Besucher an Florence Court am meisten schätzen: Durch einen Vorraum mit Gewölbedecke gelangt man in den Venezianischen Salon, der durch das große venezianische Fenster angenehm hell wirkt. Die reizvoll gestaltete Decke wurde nach dem Brand im Jahre 1955 sorgfältig restauriert. Die kunstvolle Stukkatur des Speisesaals im Erdgeschoß hingegen ist ein Original. Die klassizistische Kaminverkleidung dieses Raums könnte wohl eine derjenigen sein, die Lord Mount Florence testamentarisch erwähnte.

Der Nutznießer, sein Sohn William, war ein Mann mit Geschmack, der in den 1750er Jahren die obligate Bildungsreise über das europäische Festland absolviert hatte, bevor er den Parlamentssitz für Enniskillen einnahm, auf den die Familie Cole gewissermaßen schon Gewohnheitsrecht besaß. Als Politiker war er jedoch keineswegs ein bloßer Opportunist. Während Horace Walpole über »das adlige Gesindel« gespottet haben dürfte, das 1776 (im Jahr der »leichtsinnigen Unmäßigkeit«, wie *The Complete Peerage* sich empörte) den irischen Hochadel überschwemmte, hätte man William nach seiner Beförderung vom Baron von Mount Florence zum Viscount Enniskillen Unrecht getan, ihn mit den zahlreichen gesellschaftlichen Strebern und Speichelleckern auf eine Stufe zu stellen. 1799, zehn Jahre nachdem William durch eine erneute Erhebung seines Standes zum Grafen von Enniskillen ernannt worden war, bemerkte der scharfsinnige – wenn auch anonyme – Chronist der *Sketches of Irish Political Character*:

OBEN Ein Detail der prächtigen Rokokostukkatur in Florence Court, die dem Dubliner Stukkateur Robert West zugeschrieben wird.

LINKS Das Treppenhaus ist eine wahre Schatzkammer hervorragender Stuck- und Holzarbeiten. Die Treppe besitzt drei geriefte Baluster pro Stufe, ihr schön gearbeiteter Handlauf ist aus Mahagoni und die Trittfläche aus Kiefernholz.

RECHTS Ein Blick hinab ins Treppenhaus zeigt zwei Fensterreihen im mittleren Vorbau der rückwärtigen Fassade. Die Rokokotafeln in der Stukkatur sind mit denen im Gemeinschaftsraum des Trinity College in Dublin verglichen worden. Die Randleiste ist im gotischen Stil gehalten.

UNTEN Der Venezianische Salon mit seinem großen Fenster (rechts) und seiner prächtigen Stuckdecke. Dies war einer der Räume, die bei dem Brand im Jahre 1955 stark beschädigt wurden – die Decke wurde jedoch später originalgetreu restauriert.

Dieser Aristokrat ist ein Mann von edler Gesinnung und von einer Unerschrockenheit, die auch seine Äußerungen auszeichnet. Er ist einer der kühnsten Redner im Oberhaus [von Dublin], allerdings ohne die anmaßende, aufdringliche Art *gewisser* anderer Redner... Seine Lordschaft *widersetzt sich* der Union.

Auch der zweite Graf von Enniskillen, der den Titel und Florence Court zwei Jahre nach der folgenschweren Unionsakte übernahm, stieß auf Anerkennung – und dies aus einer noch berühmteren Ecke, nämlich von seiten Daniel O'Connells, dem »Befreiers« persönlich. O'Connell erklärte, Lord Enniskillen sei »einer der vornehmsten irischen Gentlemen«, die er je kennengelernt hatte, und beschrieb ihn als »die lobenswerte Ausnahme in Irland, einen ortsansässigen Adligen, der seine Einkünfte auf die eigenen Pächter verwendet«.

Eines der Projekte, in die er diese Einkünfte investierte, war die gärtnerische Neugestaltung des wunderschönen, gut 36 Hektar großen Anwesens. Viele der heute ausgewachsenen prächtigen Buchen, Eichen und Platanen wurden zur Zeit des zweiten Grafen angepflanzt, ebenso die Rhododendren und die Magnolien, die im Tal unterhalb des Hauses in Hülle und Fülle gedeihen. Die Parkanlage ist berühmt für ihre prachtvollen Exemplare der Trauerbuche »Florence Court« und der original irischen Eibe, auch Eibe »Florence Court« genannt: *Taxus baccata* »Fastigiata«, eine aus der Art geschlagene Pflanze, die hier 1767 entdeckt wurde.

»Der Befreier«, der die Kampagne zur Emanzipation der Katholiken in Irland anführte, wäre vermutlich nicht so voll des Lobes über den Sohn und Nachfolger des zweiten Grafen gewesen: den dritten Grafen von Enniskillen, der eine bedeutende Rolle im Oranier-Orden spielte. Unter den Erbstücken, die dieser in seinem

LINKS Der Speisesaal besitzt eine prächtige Decke, die selbst Puristen als die schönste Originalstuckdecke in Florence Court bezeichnen – kunstvoll ausgearbeitete Voluten, Muscheln und Rocaille umrahmen ein kreisrundes Feld, in dem Jupiters Adler und die vier Winde dargestellt sind.

OBEN und UNTEN Details der eklektischen Sammlung von Möbeln in Florence Court. Sie wurde kürzlich aus dem Nachlaß des sechsten Grafen von Enniskillen um über 250 Stücke bereichert, die von historischem Interesse sind und einen Bezug zum Familiensitz aufweisen.

Testament erwähnte (das erst 1887, also ein Jahr nach seinem Tode anerkannt wurde), befanden sich »König Wilhelms Schrankkoffer, sein Senftopf und seine Sporen«. Der auf das 17. Jahrhundert datierte »Senftopf« ist ein äußerst seltenes und bedeutendes Exemplar aus vergoldetem Silber, das erfreulicherweise zu den Schätzen gehörte, die kürzlich gemäß dem Willen des verstorbenen sechsten Grafen von Enniskillen nach Florence Court zurückkehrten.

Auch einige andere Stücke erinnern an die Verbindung des dritten Grafen zu den Oraniern, so etwa zwei in Silber gefaßte Kanonenkugeln, die von der Belagerung Derrys stammen, und ein Gewehr, das dem dritten Grafen 1848 von Dubliner Anhängern des Oranier-Ordens überreicht wurde.

Die Räume des Dienstpersonals im Untergeschoß von Florence Court sind sehr stimmungsvoll und beschwören einen Lebensstil herauf, der der Vergangenheit angehört. Das Deckengewölbe der Küche besteht aus feuerfestem Material und hat die Form eines riesigen Schirmes.

An ihren alten Platz in Florence Court zurückgekehrt sind auch die Marmorbüste König Wilhelms III. in der Eingangshalle sowie die beiden gewaltigen Kanonen auf der Treppe zum Haupteingang. Drei große Landschaftsgemälde aus dem 18. Jahrhundert – von Enniskillen, Devenish und den Stromschnellen von Belleek – befinden sich ebenfalls wieder an Ort und Stelle, so wie zahllose andere Erinnerungsstücke, die die Familiengeschichte lebendig erhalten: beispielsweise Dokumente, die die Rolle des sechsten Grafen bei der Ausarbeitung der kenianischen Gesetzgebung in den 1960er Jahren belegen.

Besondere Beachtung verdient in Florence Court auch die ansprechende Art, mit der der National Trust hier das Leben auf einem irischen Landsitz aus der Perspektive des »unteren Stockwerks« präsentiert, denn die Räumlichkeiten des Dienstpersonals im Untergeschoß sind stumme Zeugen einer Lebensweise, die inzwischen der Vergangenheit angehört. Die große Küche mit ihrem Steinfußboden und dem feuerfesten Deckengewölbe, das wie ein riesiger Schirm anmutet, ist ausgesprochen stimmungsvoll. Durch die Fenster blickt man auf das Kopfsteinpflaster der Innenhöfe, wo es einen Stellplatz für die Kutschen gibt, eine Milchkammer, eine Waschküche, Trockenräume und all die anderen hauswirtschaftlichen Einrichtungen, die dazu beitrugen, daß der alltägliche Betrieb auf diesem schönen Anwesen reibungslos ablaufen konnte.

11

Mount Ievers Court

County Clare

Wem bereits Florence Court wie ein Traum erschien, der wird angesichts eines weiteren berühmten irischen Hofes in der Grafschaft Clare erst recht in eine andere Welt entführt. Er prägt sich unvergeßlich in die Erinnerung ein: Mount Ievers, glücklicherweise noch immer bewohnt von der Familie, die ihn in den 1730er Jahren erbaute, besitzt eine Ausstrahlung, die die Schönheit der Architektur übersteigt und Kunsthistoriker nach Worten ringen läßt.

Wie Mark Girouard bemerkte: »Magie ist häufig ein überstrapazierter Begriff, doch Mount Ievers hat zweifellos etwas Magisches. Es ist ein geheimnisvolles Haus, das verborgen liegt in seinen Wäldern ohne Zugang zur Außenwelt... hoch, schmal und geisterhaft.« Desmond Guinness, Maurice Craig und der Ritter von Glin verglichen es mit einem Puppenhaus, Mark Bence-Jones beschrieb die melancholische Erscheinung des Hauses. All dies trifft zu, und doch entzieht sich der außergewöhnliche Charme des Anwesens jeglicher Beschreibung. Nichts kann den Besucher auf seinen bezaubernden Anblick vorbereiten: silbrig schimmernde Kalksteinquader auf der einen Seite, Ziegel in romantischem Altrosé auf der anderen. Die Bilder könnten einem Film entstammen – da überrascht es wenig, daß Film- und Fernsehgesellschaften das Anwesen in den letzten Jahren als ideale Filmkulisse entdeckten.

Ein Pedant mag an dieser Stelle einwenden, Mount Ievers sei genaugenommen kein »großes« Bauwerk, sondern gehöre eigentlich in die Kategorie der »provinziellen, kleineren georgianischen Häuser«. Doch er irrt. Denn ganz abgesehen von den vielgepriesenen poetischen Vorzügen, die für sich allein schon Besonderes leisten, kann man sich auf den bemerkenswerten Rang der Architektur berufen. Wie Mark Girouard in *Country Life* über Mount Ievers ausführte, »verbindet das Design auf perfekte Weise Kraft, Schlichtheit und Komplexität«. Eine subtile Eleganz liegt in der Art, wie jeder Abschnitt des Hauses gegenüber dem darunterliegenden um einige Zentimeter zurückweicht. Eine besondere Bedeutung erlangt Mount Ievers jedoch auch durch die Tatsache, daß es den Inbegriff eines irischen »tall house«, eines »hoch gebauten Hauses« verkörpert, wahrscheinlich sogar allen anderen Gebäuden dieses Typs als Vorbild diente.

Stilistisch scheint es beeinflußt zu sein von Chevening in Englands »Parkgrafschaft« Kent, dessen Entwurf schon seit langem Inigo Jones, dem herausragenden

VORHERGEHENDE SEITEN Umrahmt von Waldungen – die Nordfassade aus silbrig schimmernden Kalksteinquadern, die Oberst Henry Ievers in den 1730er Jahren nach einem Entwurf von John Rothery erbauen ließ. Die Steine stammen wahrscheinlich aus einem zum Landsitz gehörenden Steinbruch.

LINKS Die beeindruckendste Attraktion im Innern des Hauses: die wunderschöne frühgeorgianische Treppe mit alternierend eingesetzten, spiralförmigen und kannelierten Balustersäulen, die zum großzügigen Treppenabsatz hinaufführen. Die Decke mit dem volutengeschmückten Gesims setzt sich aus kraftvollen geometrischen Stuckfeldern zusammen.

UNTEN Den Treppenabsatz im ersten Stock zieren Familienporträts der Ievers. Der verstorbene Schwadronenführer Norman Ievers (er übernahm das Anwesen 1945) fügte die ursprünglichen, breiten Fenstersprossen wieder ein, die man Mitte des 19. Jahrhunderts durch dünne, spätgeorgianische Rundstäbe ersetzt hatte.

Architekten des 17. Jahrhunderts, zugeschrieben wird. Seine Besitzer, die Familie Lennard, waren verwandt mit Henry Ievers, dem Erbauer von Mount Ievers Court. Möglicherweise kannte dieser ebenfalls eine Abbildung von Chevening im zweiten Band des *Vitruvius Britannicus* von 1717. Dies würde die malerisch »altmodische« Erscheinung des Landsitzes erklären, bei der selbst das Walmdach im Stil des 17. Jahrhunderts nicht fehlt. Zweifellos gibt es erstaunliche Ähnlichkeiten zwischen den beiden Häusern, und Mark Girouards geschultes Auge entdeckte ein weiteres ungewöhnliches Element, daß sie teilen: »das Steinsims mit bauchigem Fries unterhalb der Traufen«.

Dabei ist Mount Ievers, laut Mark Bence-Jones, »so irisch, wie Chevening englisch ist«. Der entscheidende Unterschied zwischen beiden Häusern liegt im Detail und in den Proportionen – so stehen in Mount Ievers die zahlreichen Fenster in engeren Gruppen zusammen als in Chevening, was ihm einen schmaleren und höheren Gesamteindruck verleiht.

Henry Ievers' Architekt John Rothery starb im Jahre 1736, kurz vor Fertigstellung des Hauses, und der Auftrag wurde von seinem Sohn Isaac Rothery vollendet. Gemäß dem ungewöhnlich ausführlichen Baubericht scheint ein weiteres Familienmitglied, Jemmy, an den Arbeiten beteiligt gewesen zu sein. Die Rotherys scheinen eine regelrechte Architekten-Dynastie gewesen zu sein, denn Maurice Craig fand ebenfalls Hinweise auf einen Samuel und einen William Rothery, die Ende des 17. Jahrhunderts als Steinmetzen und Baumeister in Dublin wirkten.

Man nimmt an, daß Isaac Rothery als nächstes Bowen's Court in der Grafschaft Cork im Auftrag der Familie Bowen erbaute. Das Haus wurde von Elizabeth Bowen in ihrem Roman *The Last September* verewigt, Anfang der 1960er Jahre

Ein Blick Richtung Süden durch die Flügel der Eingangstüren: Die gelungene Architektur des Landsitzes »verbindet auf perfekte Weise Kraft, Schlichtheit und Komplexität«.

jedoch leider abgerissen. Obwohl der Landsitz 40 Jahre nach Mount Ievers entstand, wies Bowen's Court verschiedene Ähnlichkeiten mit dem früheren Bauwerk auf, insbesondere eine unvollendete lange Galerie und einen Ballsaal im obersten Stockwerk – ein Element, das eher im elisabethanisch-jakobäischen England als im georgianischen Irland verbreitet war.

Die Bauberichte von Mount Ievers enthüllen einige interessante Details. So weist zum Beispiel eine durchschnittliche Wocheneintragung die Beschäftigung von elf Steinmetzen zu fünf Shilling pro Woche und 48 Arbeitern zu lediglich fünf Pence aus, zuzüglich Verpflegung, Kleidung, Schuhwerk und grobem Leinen (das auf dem Anwesen gewebt wurde). Die Eichenbalken für das Dach flößte man den Shannon hinunter und schleppte sie dann mehr als 30 Kilometer weit über Land. Die Schieferplatten (zu neun Shilling sechs Pence pro hundert Stück) stammten aus dem nahegelegenen Broadfort, und die Steine vermutlich aus einem Steinbruch auf dem Grundstück, während die Ziegel Berichten zufolge aus Holland eingeschifft wurden. Die Gesamtkosten beliefen sich auf 1478 Pfund 7 Shilling und 9 Pence, zuzüglich diverser Sonderposten, wie etwa 15 Pfund für »zwei Pferde, die ich Rothery schenkte«.

Nicht nur die Rotherys blickten auf eine stolze Familientradition zurück, sondern natürlich auch die Ievers: Sie entstammten der Linie Sir Hugh de Eures (gestorben 1295) aus Eureham in Buckinghamshire, einem Dorf, das sich später Iver nannte. Wie der gegenwärtige Mr. Ievers von Mount Ievers erläutert, änderte die Familie im 17. Jahrhundert ihren Namen, um sich von den am Königsmord beteiligten Eures zu distanzieren. Einer anderen Theorie zufolge ist Ievers eine anglisierte Form des irischen *OhLómhair* (O'Hever). Als der Reisende Thomas Dinely (der angesichts der Treppe von Birr Castle, *siehe dort,* so ins Schwärmen geriet) im Jahre 1680 Mount Ievers einen Besuch abstattete, fand er jedenfalls »den ehrenwerten Henry Ivers« wohl situiert vor in einer »Burg, die... schön gelegen und für beträchtliche Verbesserungen geeignet ist«. Dinely vermerkte:

> Der Besitzer ist ein Gentleman, der nach der Restauration des Königs (als junger Mann und Kanzleischreiber eines Rechtsanwalts mit Namen Mr. Fowles) herüberkam und es seit dieser Zeit durch seinen Fleiß auf 1000 Pfund im Jahr gebracht hat. Seine erste und wichtigste Beförderung wurde vorgenommen, weil er als Schreiber für die königlichen Beauftragten zur Festsetzung der Pachtgelder mit den staatlichen Einnahmen befaßt war. Später wurde er ihr stellvertretender Verwalter und ist jetzt ein von Seiner Majestät bestellter Friedensrichter mit einem Einkommen von nicht weniger als 1600 Pfund im Jahr.

Tatsächlich kam Ivers lange Zeit vor der Restauration König Karls II. nach Irland. Der Stammbaum der Familie in *Burke's Irish Family Records* notiert als Datum seiner Ansiedlung in der Grafschaft Clare das Jahr 1643, und 1657 ist er in der Grafschaft bereits als Eigentümer von Ländereien verzeichnet. Diese wuchsen im Laufe der Zeit zu einem stattlichen Landbesitz an, einschließlich Mount Ievers oder Ballyrella, wie es damals hieß, das er offenbar im Sommer 1679 erwarb.

Dinelys Skizze der Burg auf Ballyrella aus dem darauffolgenden Jahr zeigt einen hohen, eckigen Turm von einer für diesen Teil Irlands typischen Art. Der beeindruckende steinerne Kamin im Großen Saal des heutigen Hauses stammt aus der alten Burg und trägt das Datum 1648.

Aus taktischen Gründen blieb Henry Ievers stets ein aufrechter Protestant, obwohl sich sein Schirmherr, der zweite Viscount Clare, für den er als Verwalter tätig war, den Jakobiten anschloß. Henrys ältester Sohn wurde enterbt, weil er ohne Zustimmung des Vaters »eine Person ohne jegliches Vermögen«, vermutlich eine Katholikin, geheiratet hatte. Nach Henrys Tod im Jahre 1690 ging der Landsitz Mount Ievers demzufolge an seinen zweiten Sohn, Oberst John Ievers von den Clare Dragoons (den Dragonern von Clare), der die heutige Schreibweise des Familiennamens einführte.

Der Oberst, der auch die Grafschaft im Parlament repräsentierte, starb 1729, und sein Sohn und Nachfolger Henry Ievers begab sich unverzüglich daran, die alte Burg niederzureißen und Mount Ievers Court zu errichten. Der ambitionierte junge Anwalt wurde der dritte High Sheriff (Oberste Friedensrichter) seiner Familie in der Grafschaft Clare und übte dieses Amt ebenfalls in der Grafschaft Limerick aus, wo er geschäftliche Interessen in der Stadt verfolgte und man ihn 1745 zum Bürgermeister ernannte. Auf Mount Ievers gründete er eine Spinnereischule, mit der er nicht nur die ortsansässige Industrie förderte, sondern zugleich sicherstellte, daß ihre Schüler im überwiegend katholischen Westen als Protestanten heranwuchsen. Außerdem errichtete er für die Clare Militia Dragoons (die Miliz-Dragoner von Clare), in deren Kreis er – wie schon sein Vater – den Rang eines Obersten bekleidete, auf seinem Grundstück eine Kaserne.

Das hoch aufragende Untergeschoß des neuen Hauses diente zweifelsohne der Verteidigung, ebenso wie die Wasserflächen rund um das Gebäude und die hohen Mauern der Innenhöfe. Diese Elemente werden in einem hübschen Gemälde von Mount Ievers, das in den Kaminaufsatz in einem der Räume im Erdgeschoß eingelassen ist, deutlich hervorgehoben. Das zeitgenössische, naive Ölbild datiert um die Mitte des 18. Jahrhunderts und zeigt die nördliche Ziegelfassade des Hauses, umgeben von kunstvoll angelegten formalen Gärten, die seither größtenteils verschwunden sind.

Im Vergleich zu dem imposanten Äußeren ist das Innere von Mount Ievers verhältnismäßig schlicht gehalten, deshalb jedoch nicht minder anziehend. Die Hauptattraktion ist unbestritten die Treppe, eine herrliche frühgeorgianische Tischlerarbeit mit alternierend eingesetzten, spiralförmigen und kannelierten Balustersäulen, die hinaufführen zu einem geräumigen Treppenabsatz mit Volutensims und einer mit kraftvollen geometrischen Stuckfeldern verzierten Decke.

Ein ganz entscheidendes Charakteristikum von Mount Ievers ist die Tatsache, daß es sich seit seiner Entstehung kaum verändert hat. Glücklicherweise ließ die Familie Henrys Meisterwerk im großen und ganzen unangetastet, wenngleich Mitte des 19. Jahrhunderts die Schiebefenster im ersten Stockwerk gegen neue mit größeren Scheiben ausgetauscht wurden – schmale, spätgeorgianische Rundstäbe traten nun an die Stelle der ursprünglichen, liebenswert klobigen Fenstersprossen.

Dies dürfte zur Zeit des Eyre Ievers geschehen sein, der im Jahre 1808 als Kind Mount Ievers unter seltsamen Umständen von seinem Vater George geerbt hatte. Berichten zufolge soll George, ein örtlicher Magistrat, so unklug gewesen sein, sich für ein Duell auf einem nahegelegenen Friedhof als Sekundant bereitzustellen. Als ein gewisser MacNamara (möglicherweise ein Mitglied von Dylan Thomas' schillernder, angeheirateter Verwandtschaft aus dieser Gegend) seinen Kontrahenten tötete, brach der unglückliche George Ievers mit einem Schlaganfall zusammen. Er verstarb noch in der gleichen Nacht auf dem Anwesen, und es heißt, daß seine Hundemeute aus dem Zwinger ausbrach und laut jaulend vor dem Haus seinen Tod betrauerte.

Heute sind die klobigen Sprossen der Fenster im ersten Stockwerk wieder an Ort und Stelle – dank der liebevollen Restaurierung des verstorbenen Schwadronenführers Norman Ievers, der 1945 Mount Ievers übernommen und die Erhaltung der Schönheit dieses Anwesens zu seiner Lebensaufgabe gemacht hatte. Er ließ das Dach erneuern und außerdem südlich des Hauses zwei Teiche an genau der Stelle anlegen, wo dem oben erwähnten naiven Gemälde zufolge bereits früher Gewässer existiert hatten. Der bewundernswerte Einsatz Norman Ievers' fand Unterstützung bei der Irish Georgian Society, die auch weiterhin seiner Witwe Breda und seinem Sohn Norman mit Rat und Tat zur Seite steht in ihren Bemühungen, dieses außergewöhnliche Juwel zu hegen und zu pflegen.

Detail einer Kamineinfassung in Mount Ievers – ein ungewöhnlich prachtvolles Dekor innerhalb einer Ausstattung, die sich sonst durch einfache Vertäfelungen und ungekünstelte Schlichtheit auszeichnet.

RECHTS Die strahlende Schönheit der Südfassade mit ihren verblichenen, vermutlich aus Holland stammenden Ziegeln. Mount Ievers gilt als der Inbegriff des sogenannten irischen »tall house«.

12

Newbridge House

COUNTY DUBLIN

DIE BEDEUTUNG von Newbridge House beruht nicht allein auf der georgianischen Architektur und den herrlichen Interieurs, die zu den schönsten Irlands zählen. Das Anwesen ist ebenfalls zum Vorreiter einer Partnerschaft zwischen Landhausbesitzern und öffentlichen Körperschaften geworden, die für die Zukunft des irischen Kulturerbes nur Gutes verheißen kann. Wie bereits in der Einleitung angesprochen wurde, genießt die Republik Irland derzeit nicht die Vorteile eines Sicherheitsnetzes in Form eines Ländereien besitzenden National Trust, doch die bahnbrechende Regelung im Falle von Newbridge weist einen möglichen Weg nach vorn.

Bereits seit den 1730er Jahren befindet sich Newbridge im Besitz der Familie Cobbe, als der Bischof – und spätere Erzbischof von Dublin – Charles Cobbe dort ein Landgut aufzubauen begann. 1985 sah sich die Familie jedoch zum Verkauf gezwungen. Wie für so viele irische Landhäuser in den 1970er und frühen 1980er Jahren hätte dies auch für Newbridge das Ende bedeuten können. Doch Michael Lynch vom Grünflächenamt der Grafschaftsverwaltung Dublin und Matt McNulty vom *Bord Failte*, der irischen Fremdenverkehrsbehörde, die bereits das nahegelegene historische Malahide Castle in eine Touristenattraktion verwandelt und somit gerettet hatten, fanden eine geniale Lösung: Die Familie Cobbe sollte weiterhin auf Newbridge wohnen dürfen, als Gegenleistung dafür, daß sie den größten Teil des Inventars (das ursprüngliche irische Mobiliar, Bilder und ausgestellte Kunstwerke) als Leihgabe an Ort und Stelle beließ.

Die Übereinkunft ist ein Erfolg. Besucher des Anwesens registrieren erfreut die sehr lebendige, persönliche Atmosphäre des Familiensitzes, der so gar nicht wie ein Museum wirkt: Die zufällige Mischung von Ausstellungsstücken – vom blauen Porzellan bis zum abessinischen Büffelkopf – spiegelt die seit Jahrhunderten währende Anwesenheit der Familie. Derzeit befindet sich das Haus in der Obhut der Grafschaftsverwaltung von Fingal und der Treuhandverwaltung der Cobbeschen Familiensammlungen. Das Arrangement profitiert ebenfalls von dem unvergleichlichen Blick und einfühlsamen Rat des Kunstkenners Alec Cobbe, einem Familienmitglied, dessen brillante Arbeit in Harewood, Powis, Sledmere und an anderen Orten bereits in einem früheren Band dieser Reihe gewürdigt wurde *(Schlösser und Adelssitze in England und Wales)*.

VORHERGEHENDE SEITEN Der Rote Salon von Newbridge entstand um 1760 als Galerie für Thomas Cobbes bemerkenswerte Sammlung Alter Meister und als Gesellschaftsraum für seine Gemahlin Lady Betty Beresford, die eine geschätzte Gastgeberin war. Die Stuckdecke im Rokokostil schuf Richard Williams. Durch die Tür am Ende des Raums fällt der Blick in dem kleinen Salon auf einen schönen irischen Mahagoni-Sekretär mit Bücherschrank, den die Cobbes 1764 für 11 Pfund 17 Shilling und 6 Pence erwarben.

LINKS Ein Blick durch die vornehme Eingangstür mit Ziergiebel und kannelierten korinthischen Halbsäulen in den über 13 Meter langen Roten Salon. Der Kandelaber ist aus englischem Kristall.

RECHTS Blick durch einen Türbogen in die Innere Halle von Newbridge House.

UNTEN In diesem Winkel der Inneren Halle bilden die Marmorbüsten einen Blickfang.

Alec Cobbes gutes Auge und sein Einfluß zeigen sich nicht nur in der hervorragenden Plazierung der Bilder im Roten Salon – dem atemberaubendsten Interieur von Newbridge, vielleicht sogar ganz Irlands – sondern auch in dem erstaunlichen Kuriositätenkabinett, einem Raum, der eine unerschöpfliche Fülle unterschiedlichster Stücke ausstellt und dessen hübsche chinesische Drucke die ursprüngliche Dekoration um 1790 in Erinnerung rufen. Um die außergewöhnliche Sammlung irischer Möbelstücke und Kunstobjekte ins rechte Licht zu rücken, ließ die Grafschaftsverwaltung die Innenräume entsprechend herrichten. Auch das Äußere des Hauses wurde sorgfältig restauriert (so setzte man zum Beispiel die seit viktorianischer Zeit fehlenden Fenstersprossen wieder ein) und der Hof samt Ländereien einer allgemeinen Renovierung unterzogen.

Charles Cobbe, der oben bereits erwähnte Bischof von Kildare, hatte im Jahre 1736 einen ersten großen Teil dieses Landguts, einschließlich des Stadtbereichs von Newbridge, erworben. Wie das überaus detaillierte Familienbuch berichtet, zahlte er damals 5526 Pfund 5 Shilling und 6 Pence für 490 Morgen. Sechs Jahre später fügte er dem Besitz weitere 510 Morgen für 6425 Pfund hinzu und besaß schließlich nördlich und südlich von Dublin ein Gut von etwa 35 000 Morgen.

Die Cobbes stammten ursprünglich aus Hampshire, wo sie in Swaraton bei Fleet ihren Familiensitz hatten; ihr Wappen wurde 1575 bei der heraldischen Bestandsaufnahme von Hampshire anerkannt. Richard Cobbe, ein Familienmitglied jener Zeit, war Vizepräsident und Gönner des Corpus Christi College in Oxford. Im späten 17. Jahrhundert stieg dann ein gewisser Thomas Cobbe zur

LINKS Wandteppiche und Skulpturen verbinden sich auch hier zu einem Ensemble, das den Eklektizismus des Interieurs auf angenehme Weise betont.

RECHTS Die Bibliothek im früheren Salon mit einer Decke im Stil des Barock und einem Erkerfenster, das sich zu den Gartenanlagen hin öffnet. Das Gemälde über dem Kamin ist ein Werk der Schweikhardt-Schule.

Detail eines geschnitzten Kopfes an einem typisch irischen Möbelstück in Newbridge.

Position des Gouverneurs der Isle of Man auf, und sein jüngster Sohn Charles vollendete schließlich die Überquerung der Irischen See: 1717 traf er in Dublin ein, als Kaplan seines Cousins und ehemaligen Kommilitonen am Winchester College, des zweiten Herzogs von Bolton und neuen Vertreters Seiner Majestät (dem sogenannten »Vizekönig«) von Irland. Es muß Charles schwergefallen sein, mit dem exzentrischen Verhalten seines Schirmherrn fertigzuwerden, denn dieser »pflegte viele Wochen lang zu schweigen, bis er irgendwann die Luft für sauber genug hielt«, wie Bischof Burnet notierte; auch jagte er gern bei Fackelschein. Wenn er allerdings endlich den Mund aufmachte, hätte er ihn vielleicht doch besser halten sollen: Jonathan Swift betrachtete den Herzog als einen »großen Trottel«, und Tom Hearne bemerkte, er sei »ein überaus lüsterner, bösartiger Mann, ein großer Heuchler und sehr schwerer Trinker« gewesen. Es kann nicht einfach gewesen sein, das Amt eines Seelsorgers für einen Mann zu erfüllen, der laut *The Complete Peerage* »allen Ernstes empfahl, alle nicht gemeldeten Priester und Mönche kastrieren zu lassen, um das gemeine Volk der Iren zu Protestanten zu machen«.

Glücklicherweise hielt sich der Herzog nicht lange in seinem Amt, und Charles Cobbe stieg im Anschluß an diese Feuertaufe erstaunlich schnell durch die kirchlichen Ränge auf. 1718 wurde er zum Dekan von Ardagh ernannt, 1720 zum Bischof von Killala, 1727 war er Bischof von Dromore, 1732 Bischof von Kildare und schließlich 1746 Erzbischof von Dublin. Der heutige Landsitz in Newbridge entstand während seines dritten Amtsjahres als Erzbischof, nach einem Entwurf des befreundeten Architekten George Semple – der im gleichen Jahr die St. Patrick's Kathedrale in Dublin mit einem 33 Meter hohen Turm ausstattete.

Im ursprünglichen Zustand war Newbridge ein Bau von klassizistischer Strenge. Die stuckvertäfelte Eingangshalle besaß einen Steinfußboden im Schachbrettmuster und einen Steinkamin mit heraldisch geschmückter Einfassung. Den extravaganten Geschmack seines früheren Schirmherrn, des Herzogs von Bolton, teilte der Erzbischof nicht. 1755 übergab er Newbridge seinem Sohn, Thomas Cobbe, anläßlich dessen Hochzeit mit Lady Elizabeth (Betty) Beresford von Curraghmore *(siehe dort)*, der Schwester des ersten Marquis von Waterford. Die neuen Besitzer beschlossen, Newbridge prächtiger zu gestalten, und wie der überaus großzügige Ehevertrag beweist, fehlte es nicht an Bargeld.

Thomas Cobbe trat die Nachfolge seines Großvaters mütterlicherseits an, des Parlamentsvorsitzenden und ersten Baronets Sir Richard Levinge, und zog ebenfalls ins irische Unterhaus ein. Lady Betty war ihrerseits eine geschätzte Gastgeberin. Mit Entschlossenheit widmeten sie sich dem Ziel, aus Newbridge ein elegantes und beliebtes Haus gesellschaftlicher Gastlichkeit zu machen. Sie begannen mit der Erweiterung des Gebäudes, indem sie den Roten Salon anfügen ließen. Er ist mit über 13 Metern Länge ein überaus beeindruckender Raum, den man durch eine

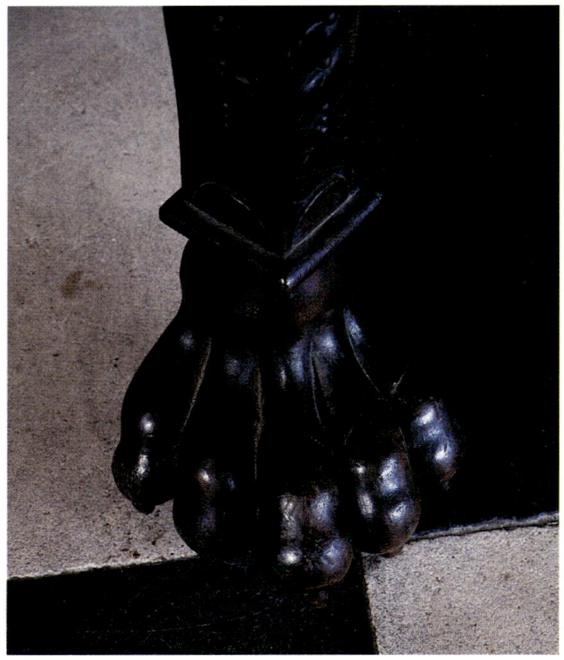

OBEN Detail einer geschnitzten Raubtiertatze an einem irischen Möbelstück.

LINKS Die vertäfelte Eingangshalle mit einem schachbrettartig gefliesten Fußboden aus Portlandstein und walisischem Schiefer. Über der Tür prangt der Kopf eines 1908 erlegten abessinischen Büffels.

RECHTS Auch wenn Newbridge der Öffentlichkeit zugänglich gemacht wurde und verdientermaßen eine beliebte Touristenattraktion geworden ist, so hat sich dort spürbar die Atmosphäre eines privaten Wohnsitzes erhalten – wie auch diese Sammlung von Erinnerungsstücken der Familie Cobbe verdeutlicht.

COUNTRY LIFE
COUNTRY LIFE
COUNTRY LIFE

monumental wirkende Tür mit Ziergiebel und kannelierten korinthischen Halbsäulen betritt. Die herrliche Rokoko-Stuckdecke, wie auch die Stukkatur im Speisesaal des Erzbischofs, sind das Werk des Dubliners Richard Williams – einem Schüler des durch seine Arbeiten in Florence Court *(siehe dort)* bekannten Stukkateurs Robert West.

Der Rote Salon diente dem Ehepaar jedoch nicht nur für gesellschaftliche Anlässe, sondern zugleich als Gemäldegalerie, in der es seine großartige Sammlung Alter Meister ausstellen konnte. Thomas Cobbe und Lady Betty fanden in ihrer Sammelleidenschaft sachkundige Beratung bei Reverend Matthew Pilkington, dem Vikar von Donabate (wo man die Kirchenbank der Familie Cobbe ebenfalls von Williams gestalten ließ). Ein glücklicher Zufall wollte, daß dieser Geistliche zugleich Autor des ersten in englischer Sprache verfaßten Künstlerlexikons war, nämlich *The Gentleman's and Connoisseur's Dictionary of Painters* (1770).

Die im Roten Salon erhaltenen Werke Alter Meister sind wirklich beeindruckend, und »ganz besonders schön ist es, beim Rundgang durch Newbridge festzustellen, daß viele der Schätze hier in Irland entstanden sind«, wie ein heutiger Reiseführer betont. So findet sich zum Beispiel im angrenzenden kleinen Salon ein seltenes Exemplar irischer Tischlerkunst, das sogar dokumentiert ist: ein stattlicher Bücherschrank mit Sekretär aus Mahagoni, den die Cobbes 1764 für 11 Pfund 17 Shilling und 6 Pence erwarben.

Wenngleich der faszinierendste Raum von Newbridge, das Kuriositätenkabinett, auch Gegenstände irischen Ursprungs enthält – wie die 1849 in der Grafschaft Donegal gefundene »bog butter«, die zur Konservierung im Sumpf eingegraben wurde, oder ein 1756 in Dundalk in der Grafschaft Louth gelegtes Straußenei – so

Die Vorderansicht von Newbridge, entworfen im Jahre 1749 von George Semple für seinen Freund, den Erzbischof Cobbe. Der Landsitz untersteht heute einer innovativen Partnerschaft zwischen der Grafschaftsverwaltung von Fingal und den Treuhändern der Cobbeschen Familiensammlungen. Im Rahmen der jüngst durchgeführten Restaurierung wurden auch die im 19. Jahrhundert entfernten georgianischen Fenstersprossen wieder eingesetzt.

OBEN und UNTEN Exotische Vögel beleben die Dachfirste von Newbridge: Die Pfauen (oben) gehören zu dem im Innenhof lebenden Federvieh; der steinerne Falke (unten) ist eines der Wappentiere der Familie Cobbe.

ist er doch im wesentlichen eine bunte Mischung aus Raritäten, die die weltweiten Reisen der Familie Cobbe während der letzten 200 Jahre bezeugen. Als bereits 1790 gegründetes Familienmuseum ist dieses Kabinett in Irland und Großbritannien eine Seltenheit – die nicht minder exzentrische Sammlung von Dunrobin Castle, (siehe *Schlösser und Adelssitze in Schottland)* entstand erst im 19. Jahrhundert.

Die Vielfalt der Kuriositäten übersteigt die Vorstellungskraft: Es finden sich Exemplare einer Schwarzen Hirnkoralle, ein ausgestopfter Bussard, ein indopersischer Spitzhelm, Ziegelsteine aus Babylon, der Schirm eines afrikanischen Häuptlings, eine Wasserpfeife und sogar das mumifizierte Ohr eines ägyptischen Stiers.

Ein weiterer Teil dieser Ausstellung sind Andenken an Lady Betty Beresfords medizinische Experimente, denn sie betätigte sich gern als Heilkundige. Eine mit Vorliebe von ihr verordnete Medizin gewann sie aus einem Kübel »Teerwasser«, dessen Inhaltsstoffe mit knapp 30 Litern Brandy angesetzt wurden. Ihre berühmteste Erfindung war jedoch das Frostbeulen-Pflaster, das sich in England zu einem Verkaufsschlager entwickelte.

Vielleicht spielten auch gesundheitliche Gründe eine Rolle, als Lady Betty ihren Gatten Thomas Cobbe dazu bewegte, Newbridge und seinem neu angelegten naturnahen Landschaftspark (der möglicherweise nach einem Entwurf von Charles Frizell aus Wexford entstanden war) den Rücken zu kehren und in den damals als sehr elegant geltenden englischen Kurort Bath umzusiedeln. Glücklicherweise kehrte jedoch ihr Enkel Charles Cobbe Anfang des 19. Jahrhunderts zurück, um auf Newbridge zu leben und das Anwesen erneut auszubauen.

Charles Cobbe und seine Gemahlin Frances Conway, die Erbin von Morden Park in Surrey, erweiterten die Sammlungen von Newbridge um das Regency-Mobiliar. Es wurde größtenteils von der Dubliner Firma Mack, Williams & Gibton geliefert, die auch 1828 die Vorhänge für den Roten Salon fertigte. Einige Jahre später verkaufte Charles Cobbes zwei der schönsten Gemälde aus diesem Raum – Meisterwerke von Poussin und Hobbema – und tat dies aus durchaus noblen Gründen: Er beabsichtigte, »die erbärmlichen Lehmhütten« seiner Pächter abzureißen und durch annehmbare Häuser zu ersetzen. (Der Hobbema erzielte 3000 Pfund und befindet sich heute im Metropolitan Museum in New York.)

Diese Ausübung christlicher Nächstenliebe bildete in der Tat ein willkommenes Gegengewicht zur herrschenden Meinung über den erblichen Adel, wie Charles Cobbes unverheiratet gebliebene Tochter Frances, eine Reisende, Journalistin und frühe Feministin, sie darstellte. Sie charakterisierte die »bessere« Gesellschaft im Irland des ausgehenden 18. Jahrhunderts mit folgenden Worten:

> [Sie] verbanden einen beachtlichen Sinn für Ästhetik mit Zügen wahrer Barbarei und einen hohen religiösen Anspruch mit einer [solchen] Mißachtung alltäglicher Pflichten und einem Hang zum Glücksspiel und zur Trunksucht, daß ihre Eigenschaften heute [selbst] die weltoffensten Menschen in Schande hüllen würden.

Diese Vorwürfe mögen ihre Berechtigung gehabt haben, doch das heutige Newbridge besitzt eine überaus freundliche Atmosphäre, in der die Gegenwart friedlich neben der Vergangenheit existiert: Nostalgisch ausgestattete Küchen, Waschküchen und Außengebäude vermitteln ein anschauliches Bild des Lebens in einem irischen Landhaus. Unter den Kutschen in den Stallungen befindet sich auch eine prächtige Staatskarosse von 1790 (etwa zur gleichen Zeit entstand der quadratische Hof mit seinem charakteristischen Kopfsteinpflaster), hergestellt für »Black Jack« FitzGibbon, den damaligen Lordkanzler von Irland.

»Black Jack« war berüchtigt für seine abfällige Bemerkung, er wolle »die Iren wie Katzen zähmen«. Es überrascht daher kaum, daß sein Sarg bei seiner Beerdigung mit Katzenleichen beworfen wurde. Die Musterfarm von Newbridge bevölkern hingegen weniger umstrittene Tiere, zum Beispiel Hühner und Schweine. Sie verleihen diesem Schaustück irischen Kulturerbes und Modell partnerschaftlichen Miteinanders einen ausgesprochen anheimelnden Charakter.

13

TULLYNALLY CASTLE

COUNTY WESTMEATH

DIESES HAUS«, schrieb der junge John Betjeman im September 1930 an seinen Freund Patrick Balfour (den späteren dritten Lord Kinross) über den irischen Landsitz, auf dem er sich gerade aufhielt, »ist ein neugotischer Palast aus dem frühen 19. Jahrhundert, der im abgelegensten Teil Irlands liegt. Zur Rechten und zur Linken ragen Rundtürme auf (halte dieses Blatt ins Licht, und du wirst einen von ihnen sehen), Ruinen von Abteien, Ruinen von Burgen, und prähistorische Siedlungen – ich bin im Paradies.«

Betjemans Tochter und Herausgeberin seiner Briefe, Candida Lycett Green, berichtete später, wie dieser »neugotische Palast« namens Pakenham Hall für den angehenden Dichter zur »geistigen Heimat in Irland« werden sollte. (Seine derzeitigen Besitzer, die Schriftsteller Thomas und Valerie Pakenham, gaben dem Familiensitz inzwischen seinen ursprünglichen irischen Namen Tullynally Castle zurück.) Betjemans Gastgeber waren damals Thomas Pakenhams Onkel Edward und seine Tante Christine, sechster Graf und Gräfin von Longford. In jenen Tagen, als man die Dubliner Theater The Gate und The Abbey auch »Sodom und Begorrah« nannte, gehörte das Paar zu den bekannten Persönlichkeiten der irischen Theaterwelt. Thomas Pakenham erinnert sich an seinen Onkel Edward, den Prinzipal des The Gate, als eine »kugelförmige Gestalt von über 150 Kilogramm...; er trug einen Schlapphut, schrieb Theaterstücke, übersetzte aus dem Irischen, Griechischen und Lateinischen und war mit Leib und Seele ein irischer Nationalist«. Der irische Schauspieler Micheál MacLiammóir beschwor in seinen Memoiren ein Bild Edwards herauf, »wie er ins Theater rauscht mit seinem unvermittelten, ansteckenden, meckernden Lachen, mit seiner großartigen Fülle, gehüllt in eine graue Flanellhose und einen umwerfenden Pullover, mit seiner stolz geschwellten Brust, wo sich ... völlig unpassend eine Orchidee ringelte...«.

MacLiammóir erinnerte sich an Edward Longford in Betjemanschen Begriffen – »oh, jolly, jolly tuck shop«, was soviel heißt wie »oh, wunderbarer Bonbonladen« – und Christine Longford beschreibt in ihren unveröffentlichten Memoiren, daß John Betjeman und Edward viele Gemeinsamkeiten hatten. Sie »interessierten sich beide für Kirchen, protestantische Kirchenlieder, Balladen und komische Adlige«, weiß sie zu berichten und kommt zu dem Schluß, Betjeman habe »Edward dreißig Jahre lang mehr Freude geschenkt als jeder andere in seinem Leben«.

Bisweilen ging Betjemans Vorliebe für »Orange Songs« (geistliche Lieder der 1795 gegründeten und nach Wilhelm von Oranien benannten Geheimgesellschaft zur Stärkung des Protestantismus) ein wenig zu weit. Selbst Evelyn Waugh, *enfant terrible*, Literat und ebenfalls zu Gast auf Pakenham, murrte in seinem Tagebuch: »John B. langweilte uns ziemlich mit seinen irischen Adligen und Hymnen der Erweckungsbewegung sowie seiner Begeisterung für jegliche Art von Architektur.« Dennoch ließ die Fröhlichkeit, die John Betjeman und Edward Longford verbreiteten, Pakenham bald zum Inbegriff unterhaltsamer Gastlichkeit auf irischen Landsitzen werden. Waugh schrieb 1961 in seinem Nachruf auf Edward:

> Auf Pakenham habe ich erlebt, was ich sonst nirgends gesehen habe – einen vollkommen nüchternen Gastgeber, der sich im wahrsten Sinne des Wortes vor Vergnügen auf dem Teppich rollte... Sein Butler und das übrige Dienstpersonal schritten derweil würdevoll mit den Tabletts über die kugelförmige Gestalt im samtenen Abendanzug hinweg.

John Betjemans Begeisterung für Pakenham war gewiß nicht gespielt, denn laut seinem Biographen Bevis Hillier inspirierten ihn seine Besuche dort »zu einigen seiner schönsten Gedichte und zu jenem architektonischen Forschungsthema, das ihn am längsten beschäftigte, nämlich das Leben und Werk Francis Johnstons«.

VORHERGEHENDE SEITEN Der »Schwanenhügel«: Blick vom See auf die zinnenbewehrte Fassade von Tullynally, das Sir John Betjeman als »neugotischen Palast« bezeichnete. Rechter Hand ist der neue Wintergarten zu sehen.

UNTEN Im Salon mit seinem geometrischen Deckenschmuck fand manch eine von der Familie Pakenham gegebene Gesellschaft statt.

RECHTS Die riesige Eingangshalle von Tullynally gleicht einem neugotischen Walhalla. Anfang des 19. Jahrhunderts wurde hier eine zentrale Heizungsanlage installiert, die Richard Lovell Edgeworth, ein Nachbar der Pakenhams, entwickelt hatte.

UNTEN Das Wappentier der Pakenhams – ein Adler »mit rotem Kragen« (daher der rote Schal), der »aus einer goldenen Mauerwerk-Krone« heraustritt.

Besagten Architekten hatte der zweite Graf von Longford zwischen 1801 und 1806 zu Rate gezogen, um das vormals kastenförmige georgianische Gebäude zu »gotisieren« und damit »Pakenham Hall House« in »Pakenham Hall Castle« zu verwandeln. Johnston gab dem Haus schlanke, runde Ecktürme und eine zinnenbewehrte Brüstung, die der militärischen Tradition der Familie angemessen war – denn obwohl der heutige Ruhm der Pakenhams auf dem Gebrauch einer Feder beruht, verlieh in früheren Zeiten das Schwert dem Namen seinen Glanz.

Beide Brüder des zweiten Grafen waren Kriegsgeneräle gewesen: Sir Edward Pakenham (der später in New Orleans in Bedrängnis geriet und dessen Leichnam man in Rum einlegte, um ihn zur Bestattung nach Irland überführen zu können) und Sir Hercules Pakenham. Ihre Schwester Kitty heiratete einen weiteren Kriegsherrn – den Herzog von Wellington. Elizabeth Longford, die Gattin des derzeitigen Grafen und Politikers der Labour-Partei (der ebenfalls als Strafrechtsreformer aktiv ist und sich engagiert gegen die Verbreitung von Pornographie einsetzt), hat auch über jenen berühmten Herzog eine Biographie verfaßt.

Das Anwesen von Tullynally kam in den 1650er Jahren durch einen weiteren Militärangehörigen namens Henry Pakenham in den Besitz der Familie – er war Hauptmann einer Dragonertruppe in den Diensten von Oliver Cromwells Parlament. Die Pakenhams waren ursprünglich eine alteingesessene Familie aus East Anglia, hatten jedoch bereits früher Verbindungen zu Irland geknüpft: Henrys

LINKS Thomas Pakenham, preisgekrönter Autor und Oberhaupt der Literatenfamilie Pakenham, in seiner Bibliothek.

UNTEN Schnitzerei eines irischen Tisches im neugotischen Speisesaal. Dargestellt sind nicht etwa die Gesichtszüge eines unbekannten Ungeheuers, sondern die des Feldmarschalls und ersten Grafen Kitchener von Khartoum. Der fünfte Graf von Longford diente unter Kitchener im Burenkrieg – dem Thema eines der Bücher von Thomas Pakenham.

Großvater Edmund hatte zu elisabethanischer Zeit seinem Cousin Sir Henry Sidney, dem Lord Deputy (Königlichen Statthalter) von Irland, als Sekretär gedient. Hauptmann Henrys Sohn, Sir Thomas Pakenham, stieg Ende des 17. Jahrhunderts in den parlamentarischen Rang eines Prime Serjeant-at-Law für Irland auf. 1756 erfolgte dann die Erhebung der Familie in den Adelsstand, als Sir Thomas' gleichnamiger Enkel, der Parlamentsabgeordneter für Longford war, zum Baron Longford ernannt wurde. Seiner Witwe wurde später die Grafenwürde von Longford in einer neuen Erbfolge zugesprochen.

Ihr ältester Sohn Edward, der Titelerbe des Baronats (jedoch nicht der Grafenwürde, da er vor seiner Mutter starb), wurde von Sir John Blaquiere als »annehmbarer Redner und sehr respektabler, gutmütiger Mann« beschrieben. Der Lord Lieutenant (Königliche Statthalter) von Irland in den 1780er Jahren dagegen, der erste Marquis von Buckingham, fand wärmere Worte für Lord Longford: »Er hat sich unermüdlich [für uns] eingesetzt und war uns, gemeinsam mit seinem Bruder T. Pakenham [dem Hauptmann und späteren Admiral Sir Thomas], eine größere Hilfe als irgendeine andere Familie in Irland.«

Zur Zeit Edwards in Pakenham Hall gestaltete Graham Myers, Architekt des Trinity College in Dublin, das Haus neu, das seinerseits einen schlichten Bau aus dem 17. Jahrhundert abgelöst hatte. Das klassizistische Gebäude mit seiner fünfachsigen Fassade erhielt nun ein drittes Stockwerk. Eine Zeichnung von Edwards Onkel George aus dem Jahre 1738 zeigt das frühere Haus, umgeben von einer for-

»Genau so, wie eine Bibliothek sein sollte«: die Bibliothek auf Tullynally war John Betjemans Lieblingsraum. Rechts im Bild, an den Stufen, ist die kürzlich eingebaute Geheimtür zu sehen. Das Porträt des Generalmajors Sir Edward Pakenham (der im Januar 1815 in New Orleans zu Tode kam und dessen Leichnam man in Rum einlegte) erinnert daran, daß das Schwert die Pakenhams einst ebenso berühmt machte wie heute die Feder.

malen Anlage mit Wasserbecken, Kaskaden und Kanälen – die schon bald von der naturnahen Gestaltungswelle der Romantik hinweggeschwemmt werden sollte.

Der romantische Geschmack der Besitzer von Pakenham war im 19. Jahrhundert so stark ausgeprägt, daß Mark Bence-Jones die baulichen Veränderungen treffend als »ein Camelot der Neugotik« bezeichnete. Mit seiner malerischen Silhouette aus Türmen, Türmchen, Zinnen und Torbögen, die in die bewaldeten Hügel der Parklandschaft eingebettet ist, bedeckt Tullynally heute ein größeres Areal als irgendein anderes zinnenbewehrtes Landhaus in Irland. Im Grunde wirkt es weniger wie ein Schloß, als vielmehr wie eine kleine, befestigte Stadt.

Der zweite Graf von Longford (Edwards Sohn, der den Grafentitel von seiner Großmutter erbte) wollte sich mit Francis Johnstons vorerst milder »Gotisierung« nicht zufriedengeben und beauftragte daher in den 1820er Jahren den Architekten James Shiel mit einer kompletten Neugestaltung. Die riesige Eingangshalle erinnerte nun noch stärker an ein neugotisches Walhalla mit kunstvollem Rippengewölbe, während in die Gartenfront ein dreiseitiger Erker eingelassen wurde. Eine der bemerkenswertesten Innovationen des zweiten Grafen war jedoch der Einbau einer zentralen Heizungsanlage, die sein exzentrischer Nachbar Richard Lovell Edgeworth aus Edgeworthstown entwickelt hatte. Edgeworths Tochter Maria (Autorin des Romans *Castle Rackrent*) notierte 1807 in einem Brief »die immense Halle [wird] so gut gewärmt mit heißer Luft, daß die Kinder in ihr von morgens bis abends spielen. Lord L. wiederholte 20mal mit offenbar großer Freude, er habe dies Mr. Edgeworth zu danken«. Wie Mark Girouard in seinem

Artikel über Tullynallys für *Country Life* bemerkte, ist die Eingangshalle bis auf den heutigen Tag der wärmste Raum dieses weitläufigen Gebäudes geblieben.

In den ersten Jahren des dritten Grafen von Longford auf Tullynally sollte sich das Anwesen noch weiter ausdehnen, denn 1839 bis 1842 vergrößerte der allgegenwärtige Architekt Sir Richard Morrison Pakenham ein weiteres Mal. Im Auftrag des unverheirateten Grafen mit dem Spitznamen »Fluffy« fügte Morrison der Eingangsfront einen zweigeschossigen Flügel mit Zinnen und Türmchen an, der der Familie zusätzliche Privaträume bot, und erweiterte die Gartenfront um einen Küchentrakt mit Stufengiebeln. Die große Leistung des Architekten bestand vor allem darin, daß es ihm gelang, die einzelnen Gebäudeteile zu einem homogenen Ganzen zu verschmelzen. Die Verbindung des zinnenbewehrten neuen Traktes mit dem Haus stellte ein hoher achteckiger Turm mit einem Türmchen her, dessen zwei Flügel mit dem Haus den dahinterliegenden Stallhof bildeten. Diesen Hof betrat man durch einen mit Zinnen und Türmchen besetzten Torbogen. J. Rawson Carroll, der als Architekt in der Grafschaft Sligo für Lord Palmerston an dem Landsitz Classiebawn gearbeitet hatte, entwarf 1860 für den jungen vierten Grafen von Longford den Turm an der Ecke des Stallhofs und verlieh Pakenham damit den letzten Schliff.

Der vierte Graf war Unterstaatssekretär im Kriegsministerium der britischen Regierung. Es waren insbesondere die baulichen Veränderungen dieses Grafen aus viktorianischer Zeit, die die Aufmerksamkeit John Betjemans erregten. So war er beispielsweise begeistert vom pfeifenden Klang der Orgel in der Eingangshalle (hergestellt von Henry Bevington in der Londoner Greek Street) oder von der tiefen Küche mit ihren schweren, eisernen Vorrichtungen und Utensilien wie einem Butterfaß oder einem Schneideinstrument für Zitrusfrüchte, das beim Einkochen von Marmelade Verwendung fand. Bevis Hillier meinte einmal, daß Betjeman speziell an Pakenham gedacht haben mochte, als er die Zeilen schrieb: »In einem Landhaus möchte ich nicht nur die Repräsentationsräume sehen, sondern auch die Gänge zum Billardraum, wo die »Spion«-Karikaturen [aus der Zeitschrift *Vanity Fair*] hängen, und die Schlafzimmer, wo ich die Haarbürsten des Besitzers bemerke und welche Art Haaröl er benutzt.« Noch heute ist das stimmungsvolle »Untergeschoß« von Tullynally ein wahres Museum viktorianischer Haushaltswaren.

Betjemans Lieblingsraum in dem großen Haus – wie gewiß auch der jedes anderen Besuchers – war selbstverständlich die Bibliothek. Mark Bence-Jones urteilte: »[Sie] ist genau so, wie eine Bibliothek sein sollte: geräumig und bequem, mit eichenen Bücherregalen bis unter die Decke und mit Fenstern, die nach Süden den Blick über eine idyllische Parklandschaft freigeben.« Vor kurzem entwickelte Thomas Pakenham für diesen Raum eine täuschend echte Geheimtür, die von den Bücherregalen kaum zu unterscheiden ist. Durch sie gelangt man nun in Shiels achteckigen, von einer Gewölbedecke überspannten Speisesaal.

Thomas Pakenham weist gerne darauf hin, daß Evelyn Waugh in diesem Raum den Globus rotieren ließ, um das Ziel seiner Reisen in den 1930er Jahren festzulegen: Abessinien. 25 Jahre später folgte der junge Pakenham Waughs Spuren in jenes Land, das zu diesem Zeitpunkt bereits Äthiopien hieß. Hieraus ergab sich nicht nur Thomas Pakenhams erstes Buch, *The Mountains of Rasselas* (seine Schriften fanden früher den Weg zum Druck als die seiner älteren Schwester Antonia Fraser), sondern auch seine Faszination in bezug auf Afrika, die ihren Niederschlag fand in *The Boer War* und *The Scramble for Africa*. Er veröffentlichte ebenfalls *The Year of Liberty*, einen bewegenden Bericht über die fehlgeschlagene »Große Irische Rebellion« von 1798. Im Jahre 1992 wurde er mit dem angesehenen W.H. Smith Literary Award ausgezeichnet – einem Preis, den bereits sein Onkel einmal erhalten hatte, der große Romanschriftsteller Anthony Powell.

Natürlich verwendete Thomas Pakenham den mit 10 000 Pfund dotierten Literaturpreis für eine Renovierung dessen, was er liebevoll »dieses bröckelnde Haus« nennt. Zu den zahlreichen baulichen Veränderungen zählt der neue Wintergarten in Bananenform, ein heller, luftiger Raum neben dem Küchentrakt. Pakenham

Zwei Ansichten der Wirtschaftsräume im Untergeschoß von Tullynally – ein wahres Museum viktorianischer Haushaltswaren.

erinnert sich an das Jahr 1961, als sein Onkel Edward plötzlich starb und er selbst zum »Besitzer dieser Ansammlung von 80 Räumen, umgeben von 1500 Morgen Land mit Wäldern und Seen« wurde. Glücklicherweise hegte er schon lange eine heimliche Leidenschaft für Irland, denn bereits mit elf Jahren war er »der großen romantischen Anziehungskraft« der Insel begegnet.

»Sie können sich vielleicht vorstellen, was es für mich als Jungen aus einem Vorstadtgarten im Norden Oxfords [wo sein Vater an der Universität lehrte] bedeutete, dieses wunderbare Anwesen zu erkunden«, erzählt er, während er seine Pläne für neue Baumschulen und aufwendige neue Gewässer erläutert. Thomas Pakenham und seine Ehefrau Valerie haben die Lustgärten und Parkanlagen von Tullynally mit großem Einsatz und sehr viel Liebe restauriert und ebenso wie das Schloß der Öffentlichkeit zugänglich gemacht.

Die Gärten umfassen zwei dekorative Seen, einen Weg durch eine Farnkrautpflanzung mit einer Grotte, einen chinesischen Garten, einen ummauerten Garten mit ausgedehnten Blumenrabatten sowie eine Allee mit prächtigen, 200 Jahre alten irischen Eiben. Die beiden Sphingen aus Coade-Stein von 1780, die das Tor zum Küchengarten säumen, liebte John Betjeman ganz besonders. Ein Waldweg führt den Besucher im Kreis um das Anwesen herum und eröffnet eine Reihe schöner Ausblicke.

Für Bäume hegt Thomas Pakenham eine große Leidenschaft: Sein Band *Meetings with Remarkable Trees* (Begegnungen mit außergewöhnlichen Bäumen), der bereits so manchem Betrachter die Augen öffnete, diente als Anregung für eine Fernsehserie, und auf den Ländereien von Tullynally stehen in der Tat einige prachtvolle Exemplare. Während unseres Rundgangs um einen der Seen gleitet wie auf Bestellung ein Schwanenpaar heran – denn der wieder aufgenommene irische Name Tullynally bedeutet schließlich »Schwanenhügel«.

Das »Camelot der Neugotik«: Tullynally nimmt heute ein größeres Areal ein als irgendein anderes zinnenbewehrtes Landhaus in Irland. Die mit Türmen, Türmchen und Zinnen besetzten Gebäude erstrecken sich von den Stallungen (rechts im Bild) bis zu der Seite des Wohnhauses, die dem See zugewandt ist (links).

RUSSBOROUGH
HOUSE OPENING TIMES.
EASTER SUN. & MON. 10.30 - 5.30
APRIL, OCTOBER SUNS. & BANK HOLS. 10.30 - 5.30
MAY, SEPTEMBER MONS. TO SATS. 10.30 - 2.30
SUNS. & BANK HOLS. 10.30 - 5.30
JUNE, JULY, AUGUST DAILY 10.30 - 5.30

14

RUSSBOROUGH

COUNTY WICKLOW

RUSSBOROUGH wurde in den 1740er Jahren von Richard Castle für Joseph Leeson, den späteren ersten Grafen von Milltown, entworfen und ist ein palladianischer Palast mit Blick auf den Poulaphouca-Stausee und die majestätischen Wicklow Mountains – ein Traumgebilde aus Golden-Hill-Granit, das wahrhaft an Perfektion grenzt. Für den Besucher hält Russborough geradezu ein Übermaß an Sinneseindrücken bereit: Die breite Fassade samt ihrer Arkaden und Seitenflügel scheint kein Ende nehmen zu wollen, und im Innern des Hauses gerät der Betrachter ins Schwelgen angesichts der prächtigen Stukkaturen und Kamineinfassungen, der schönen Bodenintarsien und des wirklich verschwenderischen Einsatzes von Mahagoniholz aus San Domingo, ganz zu schweigen von den sagenhaften Kunstschätzen.

Daß sich an diesen Glanzstücken irischer Kultur heute ein breites Publikum erfreuen kann, ist der Großzügigkeit, dem Weitblick und der unerschütterlichen Zuversicht des verstorbenen zweiten Baronets und Philantropen Sir Alfred Beit und seiner Witwe Clementine, geborene Mitford, zu verdanken. Nachdem die Beits Russborough in den 1950er Jahren vor dem Verfall gerettet und hervorragend restauriert hatten, bestückten sie es nach und nach mit der berühmten Beit Collection – einer Gemälde- und Kunstsammlung, in der holländische, flämische und spanische Meisterwerke dominieren, die aber auch eine wunderbare Auswahl englischer, schottischer, italienischer und französischer Gemälde enthält. Das Ergebnis war eine ideale Symbiose: Das herrliche Haus wurde durch die Kunstsammlung noch aufgewertet, und für die Sammlung war es ein Gewinn, in einem so prächtigen Rahmen präsentiert zu werden.

1976 erfüllten sich die Beits ihren Wunsch, eine wohltätige Bildungseinrichtung zu gründen – die Alfred Beit Foundation, durch die Rossborough sich einige Jahre später zu einem Kunstzentrum entwickelte, das der Öffentlichkeit zugänglich gemacht wurde. Oberstes Ziel der Stiftung ist die Erhaltung dieses hervorragenden Beispiels palladianischer Baukunst, damit noch möglichst viele Besucher in den Genuß seiner Schönheit kommen und auch ganz allgemein das öffentliche Interesse an Kunst gefördert wird.

Wie so häufig in Irland ist leider auch im Falle dieses Landsitzes die Geschichte seiner Entstehung und seiner Ausstattung kaum dokumentiert. Man weiß jedoch, daß 1741 Joseph Leeson im Alter von 30 Jahren das Anwesen von einem gewissen John Graydon erwarb. Auf dem Gelände existierte bereits ein Haus, über das allerdings nichts bekannt ist. Leesons Vater, ein Dubliner Brauer und Geschäftsmann, war im selben Jahr verstorben und hinterließ, dem *Gentleman's Magazine* zufolge, ein Vermögen von über 50 000 Pfund, was in jenen Tagen eine ansehnliche Summe darstellte. Der Begründer dieses Familienvermögens war Hugh Leeson gewesen, der Anfang des 17. Jahrhunderts von Northamptonshire nach Irland versetzt und dort vom Soldaten zum Magnaten aufgestiegen war.

Wie es sich für einen Großgrundbesitzer gehörte, wurde Joseph Mitglied des Parlaments und unternahm auch die obligatorische »Grand Tour« – eine Bildungsreise über das europäische Festland. Sir Brinsley Ford, ein anerkannter Historiker auf dem Gebiet der Grand Tour, fand heraus, daß Leeson sich 1744 in Rom von Pompeo Batoni porträtieren ließ. Er stellte außerdem fest, daß im darauffolgenden Jahr Horace Mann in einem Brief an Horace Walpole die Kaperung der *Augustus Caesar* durch die Franzosen erwähnte, die dabei »Waren im Wert von 60 000 Pfund sowie zahlreiche Skulpturen, Bilder usw., die einem reichen Iren namens Mr. Leeson gehören« erbeutet hatten. (Die im *Gentleman's Magazine* erwähnten 50 000 Pfund dürften demnach sogar eher zu niedrig angesetzt gewesen sein.)

Diese Schätze, die vermutlich später zurückgewonnen wurden, waren für Leesons »vornehmes neues Haus [bestimmt], das seiner Vollendung entgegensieht«, wie ein Chronist im Jahre 1748 berichtete. Nach einer Einschätzung John Cornforths für die Zeitschrift *Country Life* waren die Bauarbeiten wohl nicht vor Mitte der 1750er Jahre abgeschlossen, nachdem Joseph Leeson (mit seinem gleichnamigen Sohn) 1751 abermals Rom besucht hatte. Es war das Jahr, in dem Leesons Architekt, Richard Castle, auf einem anderen von ihm umgestalteten Anwesen unvermittelt starb: Carton war der Sitz der »führenden Familie« Irlands, der FitzGeralds, Grafen von Kildare, die bald darauf die Herzogswürde von Leinster erlangen sollten.

Richard Castle (oder Cassels), der aus dem deutschen Städtchen Kassel in Hessen stammte, hatte als führender Vertreter des irischen Palladianismus die architektonische Nachfolge von Sir Edward Lovett Pearce angetreten. Nach Meinung des Ritters von Glin hatte Castle zumindest eine Idee von Pearces palladianischer Villa in Bellamont Forest, Grafschaft Cavan, übernommen (die dieser um 1730 für

VORHERGEHENDE SEITEN Das Tor zum Paradies: der palladianische Torbogen am Eingang zu Russborough. Der Landsitz wurde in den 1740er Jahren von Richard Castle für Joseph Leeson (den späteren ersten Grafen von Milltown) entworfen und im 20. Jahrhundert durch die Alfred Beit Foundation der Öffentlichkeit zugänglich gemacht.

UNTEN Der Blick auf die Eingangsfassade zeigt links des Haupthauses einen der eindrucksvollen Säulengänge. Insgesamt erstreckt sich die Südfront über eine Breite von 213 Metern.

RECHTS Eine Nahaufnahme des Eingangs aus seitlicher Sicht.

UNTEN Blick aus der Empfangshalle auf die zum Eingang führende Treppe und die Umgebung des Anwesens vor der malerischen Kulisse der Wicklow Mountains.

seinen Onkel, den Lordrichter Coote, errichten ließ und die kürzlich von dem Designer John Coote aus Australien makellos restauriert wurde): Es war die Idee, den mit einer Balustrade begrenzten oberen Treppenabsatz durch ein Laternenfenster zu erhellen.

Castle (der ebenfalls das auf der anderen Seite der Wicklow Mountains gelegene Powerscourt entwarf) wurde Beobachtungen des Ritters von Glin zufolge außerdem von den architektonischen Kupferstichen in William Adams *Vitruvius Scotius* beeinflußt. So finden sich zum Beispiel in Russborough Nachahmungen der geschwungenen Kolonnaden von Hopetoun House (siehe *Schlösser und Adelssitze in Schottland*).

John Cornforth hält es seinerseits für möglich, daß Castle auch durch Castle Howard inspiriert wurde (siehe *Schlösser und Adelssitze in England und Wales*). »Wenn man die Kraft und Dramatik von Vanbrughs Entwurf einmal außer acht läßt«, bemerkte er in *Country Life*, »erhält man einen Eindruck von Ausdehnung und Wuchtigkeit, der dem auf Russborough gleicht.« Doch so herrlich dieser Landsitz auch ist, weist sein Entwurf doch einen leichten Makel auf, der möglicherweise zu seinem außergewöhnlichen Reiz beiträgt: Wie Cornforth treffend feststellte, ist das Kernstück der Anlage, nämlich der Mittelbau der Vorderansicht, »nicht kühn und ausdrucksvoll genug, um die Aufmerksamkeit des Betrachters zu fesseln... dies führt in der Regel dazu, daß der Blick [wie bei einem Tennisspiel] ständig von einer Seite zur anderen über den Vorhof wandert, hin- und hergerissen von den prächtiger gestalteten, nach innen gewölbten Kolonnaden«.

Im Innern des Gebäudes präsentiert sich die imposante Halle mit einer gewaltigen Kamineinfassung aus schwarzem Kilkenny-Marmor und einer Decke, die jener ähnelt, die Castle für Leinster House in Dublin (das heutige Parlamentsgebäude) entwarf. Eine marmorne Tischplatte, die vermutlich aus Rom stammte, war bis vor kurzem das einzige noch von Leeson erworbene Stück in Russborough. Doch mit bemerkenswertem kriminalistischen Gespür gelang es inzwischen Sir Alfred Beit,

LINKS Den Großen Salon und bedeutendsten Raum in Russborough schmückt eine Stuckdecke, die den Gebrüdern Francini oder Lafranchini zugeschrieben wird. Die Wände sind mit Genueser Samt aus dem 19. Jahrhundert bespannt, die Kandelaber aus dem 18. Jahrhundert entwarf Falconnet. Der Boden ist mit Einlegearbeiten verziert, und die Gemälde aus dem 16. und 17. Jahrhundert stammen von niederländischen und flämischen Künstlern.

RECHTS Eine Ecke der Kamineinfassung im Großen Salon, die von Thomas Carter d. J. stammt.

UNTEN Detail eines von Falconnet geschaffenen Kandelabers auf dem Kaminsims im Großen Salon.

die vier ovalen Meeresszenen von Joseph Vernet aufzuspüren, die früher den Salon links der Halle schmückten. Er erwarb sie von einem amerikanischen Börsenmakler, und so zieren sie heute wieder die Wände in den Stuckrahmen, die ursprünglich eigens für sie angefertigt wurden, und zwar höchstwahrscheinlich nach 1751.

Hinter der Halle liegt der bedeutendste Raum des Landsitzes: der Große Salon mit seiner unübertrefflichen Stuckdecke, die den Gebrüdern Francini oder Lafranchini zugeschrieben wird. Die beiden italienischen Stukkateure arbeiteten ebenfalls auf den Landsitzen Carton und Castletown in der Grafschaft Kildare. Putten, die die Symbole der vier Jahreszeiten und der vier Elemente tragen, tanzen unter zarten Girlanden den Viertelstab entlang, umgeben von einer Fülle an Voluten und Blattornamenten. Die Gebrüder Lafranchini schmückten vermutlich auch den Musiksaal mit seiner flach gewölbten Kassettendecke sowie den alten Speisesaal, der heute als Bibliothek dient.

Der Stil der Stukkatur im Treppenhaus deutet ganz offensichtlich auf einen anderen Urheber hin, denn sie wirkt in geradezu spektakulärem Maße übertrieben und ist kaum noch als Rokoko zu bezeichnen. Der Chronist Mr. Sibthorpe beurteilte sie nüchtern als »die Wahnvorstellung eines Verrückten« und war überzeugt, daß es sich bei dem fraglichen Verrückten um einen Iren handelte. Doch aller Kritik zum Trotz wirkt die wilde Überschwenglichkeit überaus belebend und erheiternd – und ist zudem ausgesprochen fotogen.

Ein Verrückter war Joseph Leesons unverheirateter Ältester keinesfalls, auch wenn Sir Herbert Croft ihn in seinem 1780 erschienenen Werk *The Abbey of*

LINKS Das Tapisserie-Zimmer mit seiner Tonnengewölbedecke trägt diesen Namen aufgrund eines Wandteppichs im Soho-Stil, der um 1720 von John Vanderbank in London gefertigt wurde. Das Bett und die passenden Möbel stammen ebenfalls aus London und wurden 1794 von Wilsons of the Strand hergestellt. Die Kunstschätze der Beit-Sammlung unterstreichen die architektonische Schönheit von Russborough.

RECHTS Die Überschwenglichkeit der im Rokokostil gehaltenen Stukkatur im Treppenhaus verschlägt dem Besucher den Atem.

UNTEN Die vier Stuckrahmen des Salons wurden eigens für die Meeresszenen geschaffen, die der erste Graf von Milltown bei Joseph Vernet in Auftrag gegeben hatte. Die Gemälde wurden später verkauft, kehrten jedoch durch den Einsatz Sir Alfred Beits, des zweiten Baronet, nach Russborough zurück.

Kilkhampton als »unverbesserlichen Einfaltspinsel« bezeichnete. Joseph Leeson junior, der seinen Vater nach Rom begleitet hatte, erbte nach dessen Tod im Jahre 1783 die Würde des Barons und des Viscount Russborough sowie den 1763 neu geschaffenen Titel des Grafen von Milltown, und auch der Landsitz Russborough fiel ihm zu. Die dritte Gemahlin und Witwe von Joseph senior, Elizabeth French, starb übrigens erst hochbetagt im Jahre 1842 – einhundert Jahre nachdem ihr Gemahl mit dem Bau Russboroughs begonnen hatte.

Die Leesons residierten das ganze 19. Jahrhundert über auf Russborough, und erfreulicherweise wurden in der viktorianischen Ära mit einer Ausnahme kaum Änderungen an den mittlerweile unmodern gewordenen palladianischen Stilelementen vorgenommen: Die ursprünglichen Glasschienen wurden durch die zu jener Zeit üblichen Spiegelglas-Scheiben ersetzt (im Zuge der Restaurierung durch Sir Alfred und Lady Beit in den 1950er Jahren wurden die Glasschienen jedoch wieder eingefügt). Auch die nachfolgenden Grafen von Milltown lebten recht zurückgezogen auf dem Anwesen, obwohl immerhin der sechste Graf, ein Politiker geringer Bedeutung, 1883 in der Zeitschrift *Vanity Fair* mit einer »Spion«-Karikatur bedacht wurde.

Als dessen unverheirateter Bruder, der siebte Graf, 1891 starb, ruhte der Titel zunächst, auch wenn es in einer Seitenlinie der Familie einen Erben zu geben schien. Die Witwe des sechsten Grafen, eine geborene Lady Geraldine Stanhope und Tochter des fünften Grafen von Harrington, lebte bis 1914 auf Russborough. Zu jener Zeit war die Gemäldesammlung der Familie bereits der irischen Nationalgalerie überlassen worden, und die Schenkung aus dem Jahre 1902 sollte nicht die einzige Verbindung zur Nationalgalerie bleiben: 1986 vermachte Sir Alfred Beit, der dem Direktorium der Galerie angehörte, dem Museum einen Teil der Beit-Sammlung. Man könnte Russborough demnach heute als eine »Zweigstelle« der Nationalgalerie betrachten.

1931 entschloß sich der Neffe des sechsten Grafen von Milltown, Sir Edmund Turton, der ein erster Baronet, Parlamentsabgeordneter und Großgrundbesitzer im

englischen Yorkshire war (sein Schwiegervater, Sir Spencer Ponsonby Fane, war ein Mitbegründer des I Zingari Cricket Club und errichtete den Pavillon auf dem Lord's Cricket Ground in London), die Verbindung der Familie Leeson zu Russborough abzubrechen und den Besitz zu veräußern. Damit schien die Zukunft des Landsitzes zunächst ungewiß, doch glücklicherweise erschien Oberst Denis Daly, ein Sproß der Dalys von Dunsandle in der Grafschaft Galway, und übernahm die nicht eben einfache Aufgabe, das Anwesen in einer schwierigen Zeit zu erhalten.

1937, als sich Russborough noch in Dalys Besitz befand, sah Alfred Beit in einem Artikel der Zeitschrift *Country Life* Fotografien des Landsitzes. Er war tief beeindruckt von seiner Schönheit, und da er sich gerade mit Unterstützung von Lady Colefax ein Haus in den Gartenanlagen des Londoner Kensington Palace einrichtete, beschloß er, die dortige Bibliothek mit einer Nachbildung der Kaminverkleidung des Speisesaals von Russborough ausstatten zu lassen.

Beit bewahrte die Erinnerung an Rossborough im Herzen, und als er 15 Jahre später bei einem Aufenthalt in Südafrika erwog, sich vielleicht dort niederzulassen, sah er das Haus seiner Träume in *Country Life*: Es war zum Verkauf angeboten. Ohne zu zögern, erwarb er es umgehend per Telegramm.

Südafrika spielte eine zentrale Rolle in der Familiengeschichte der Beits, denn Sir Alfreds gleichnamiger Onkel (der wie Russboroughs Architekt Castle ursprünglich aus Deutschland stammte) war als Freund und Partner Cecil Rhodes' einer der sogenannten »Randlords«. Mit der Schürfung von Diamanten und Gold im Rahmen eines Unternehmens, das später zu De Beers wurde, brachte er es zu einem enormen Vermögen. So entwickelte sich die Beit-Sammlung, die Alfred senior in den 1890er Jahren begründet und Sir Alfreds Vater (Otto Beit) erweitert hatte, zu einer der bedeutendsten Kunstsammlungen des 20. Jahrhunderts – einer Sammlung, die einen eigenen Bildband verdient hätte – und Russborough sollte ihr einen angemessenen Rahmen verleihen.

1930 erbte der junge Alfred die Baronetswürde und die Sammlung, die er mit großem Ideenreichtum noch erweitern sollte. Im darauffolgenden Jahr zog er als Abgeordneter ins britische Unterhaus ein. Seine Gattin Clementine Mitford und er galten als »das schönste Paar Londons«, als sie sich in die irische Insel verliebten – und Irland erwiderte ihre Sympathie. Über die legendäre Gastfreundschaft auf Russborough schrieb Desmond Guinness in *Great Irish Houses and Castles*: »Die Gäste entstammten nicht nur den Kreisen der feinen Gesellschaft, sondern auch der Welt der Künstler und Intellektuellen... Kenneth Clark, Peter Quennell, Christopher Sykes [der Onkel des Fotografen dieses Bandes], Gaston Palewski, Charles de Noailles und Diana Cooper konnte man dort antreffen.«

Selbst zwei größere Diebstähle konnten die Entschlossenheit der Beits, für Russborough und Irland ihr möglichstes zu tun, nicht dämpfen. Dem ersten Einbruch im Jahre 1974 fielen 19 Gemälde, darunter ein Goya und ein Vermeer zum Opfer, und das Ehepaar Beit wurde tätlich angegriffen. Die Bilder konnten jedoch innerhalb eines Monats wieder aufgespürt werden. 1986 verschwanden dann bei einem Kunstraub – der seinerzeit als der einträglichste bezeichnet wurde, den die Welt je gesehen hatte – 18 Bilder, von denen vier für die Nationalgalerie bestimmt waren. Bei der weltweiten Suche wurden im Laufe der Zeit die meisten von ihnen wieder ausfindig gemacht, und erfreulicherweise tauchten einige noch vor Sir Alfreds Tod im Jahre 1994 wieder auf.

Ein Jahr zuvor hatte die Präsidentin von Irland, Mary Robinson, ihn und seine Gattin zu Ehrenbürgern Irlands ernannt. Eine Anerkennung, die diesen beiden von Gemeinsinn geprägten Kunstmäzenen, die der Nachwelt den schönsten Landsitz Irlands schenkten, in höchstem Maße gebührte.

Anklänge an Hopetoun House: Die in den Nischen aufgestellten Statuen verleihen der geschwungenen Ostkolonnade zusätzlichen Glanz.

15

CASTLE WARD

COUNTY DOWN

CASTLE WARD, das heute dem National Trust untersteht, ist berühmt für seine widersprüchliche Architektur: Die eine Seite des hochgeorgianischen Hauses entstand im klassizistischen, die andere hingegen im neugotischen Stil. Der kuriose Zwiespalt ist ein Ergebnis der geschmacklichen Differenzen des damaligen Eigentümers Bernard Ward (eines örtlichen Parlamentsabgeordneten und späteren ersten Viscount Bangor) und seiner Gemahlin Lady Anne, die offenbar auch in vielen anderen Bereichen keine Einigung erzielen konnten.

So amüsant und ungewöhnlich dies auch sein mag, gebührt der stärkste erste Eindruck doch der Lage des Anwesens hoch über Strangford Lough, dem schönsten unter den großen nordirischen Gewässern. Wohin man auch sieht, fällt der Blick auf eine weitläufige Landschaft von Wäldern, Feldern, Lustgärten und Seen – einschließlich des kunstvoll angelegten Teichs mit seinem hübschen palladianischen Pavillon. Unten, am Ufer des Lough, steht Audley's Castle, nicht nur als malerischer Blickfang, sondern als ein Beispiel der zahlreichen befestigten Wohntürme dieser Gegend.

Auch das ursprüngliche Castle Ward war einer dieser Türme am Rande des Lough; nicht weit entfernt ist er noch erhalten. Wahrscheinlich entstand er um 1610, erbaut von Nicholas Ward, einem ehemaligen Schreiber, Revisor und Generalvermesser der Landvermessungsbehörde, der später zum Stellvertretenden Generalinspektor der Ländereien aufstieg. Den Grundbesitz, der einst *Carrick na Sheannagh* (Fuchsfelsen) hieß, hatte bereits Nicholas' Vater, Bernard Ward aus Cheshire, dem Grafen von Kildare abgekauft.

Im weiteren Verlauf des 17. Jahrhunderts dehnten die Wards von Castle Ward ihre Besitztümer weiter aus und etablierten sich in der Grafschaft Down als einflußreiche Familie. Der Bernard Ward jener Tage übte das Amt des High Sheriff (Obersten Friedensrichters) der Grafschaft aus, ließ sich jedoch im Jahre 1690 im Großen Gerichtssaal von Downpatrick auf einen wüsten Streit mit Jocelyn Hamilton von Tollymore ein. Die beiden begaben sich unverzüglich zur Ruine der alten Abtei, um dort die Angelegenheit auf höchst unübliche Weise zu regeln: Der Friedensrichter feuerte mit seiner Pistole auf Hamilton und verletzte ihn tödlich, doch der Sterbende stieß mit seinem Schwert »so beherzt zu«, daß seine Waffe den Gegner bis zum Heft durchbohrte.

Der Sohn des Friedensrichters, Michael Ward, wuchs hernach in gesundem Respekt vor den guten Sitten heran und wurde Richter am obersten Gericht, der King's Bench. Er war außerdem ein einfallsreicher Geschäftsmann, dessen größtes Interesse dem Handel mit Leinen – der den wesentlichsten Industriezweig Ulsters darstellte – und der Verbesserung der Landwirtschaft galt. Zeitgenössischen Berichten seiner Gäste zufolge legte der Besitzer von Castle Ward auch größten Wert auf die landschaftliche Gestaltung seines Anwesens. Ein Landvermessungsgutachten erwähnt »ansehnliche Verbesserungen an Parks, Gärten und Kanälen [sowie] eine Entenfalle und großflächige Anpflanzungen«. Der rechteckige Teich, »Temple Water«, entstand ebenfalls in dieser Zeit; der Pavillon wurde allerdings erst später von Lady Anne, der Schwiegertochter des Richters, hinzugefügt.

Der Richter hat wohl auch den alten Turm erweitert oder möglicherweise ganz in der Nähe auf dem niedrigen Gelände am Ufer des Lough ein neues Haus gebaut. Nach seinem Tod im Jahre 1759 begab sich sein Sohn und Nachfolger, Bernard Ward, schon bald daran, ein neues Castle Ward in besonders schöner Lage hoch oben auf dem Hügel entstehen zu lassen. Die Wahl des architektonischen Stils sollte ihm allerdings noch einigen Kummer bereiten.

Bernard Ward hatte nämlich von seinem verstorbenen Freund Robert Hawkins Magill von Gill Hall (das angeblich das meistumspukte Haus Irlands ist) nicht nur den Parlamentssitz übernommen, sondern auch dessen Witwe, Lady Anne, die Tochter des ersten Grafen von Darnley, geheiratet. Nach einem Besuch im August 1763 deutete Mrs. Delany die bestehenden Schwierigkeiten an:

> Mr. Ward läßt gerade ein stattliches Haus errichten, doch die landschaftliche Umgebung ist von solch außergewöhnlicher Schönheit, daß es ein Jammer wäre, es nicht umsichtig zu gestalten. *Er* wünscht es sich geschmackvoll, während *Lady Anne Ward's* Vorstellungen so grillenhaft sind, daß ich an ihrem Urteil zweifle. Falls sie nicht *zuviel* des Guten tun, *können* sie den Ort nicht verderben, denn er besitzt von Natur aus jeden Vorzug, den man sich nur wünschen kann.

Das Porträt Bernard Wards von Francis Cotes (1767), das heute im Salon des Landsitzes zu sehen ist, läßt keinen Zweifel an der Art seines Geschmacks: In der Hand hält er einen Bauplan des neuen Hauses, auf dem man deutlich den herkömmlichen klassizistischen Stil erkennt. Die »grillenhafte« Lady Anne hingegen bevorzugte deutlich die Neugotik. Als Kompromiß entstand in der Folge eines der ungewöhnlichsten Bauwerke Irlands.

Zumindest in bezug auf die äußere Erscheinung setzte Mr. Ward offenbar seine Vorstellungen durch, denn nicht nur die ursprüngliche Eingangsfront ist klassizistisch, sondern auch die seitlichen Ansichten des Gebäudes. Bei näherer Betrachtung behauptet sich die Neugotik lediglich in den liebenswert kauzigen Details der Gartenfassade: der »Eselsrücken«-Form der Fensterbögen, den Zinnen und den überaus eigentümlichen Fialen. Das Innere bietet indes ein anderes Bild: Während sich nämlich der Ehemann an den dorischen Säulen der Eingangshalle erfreute und mit dem Treppenhaus im klassizistischen Stil einen Vorstoß bis in die Gebäudemitte sicherte, stehlen die neugotischen Interieurs seiner Gattin auf der Gartenseite diesen ersten Eindrücken zweifellos die Schau.

So sind zum Beispiel die Decken des Salons und des Boudoirs äußerst ungewöhnlich. Mark Girouard verglich in *Country Life* die Decke des Salons mit einem »gigantischen Halma-Spielbrett einschließlich Figuren«. Die Decke des Boudoirs erzeugt ihrerseits unverhohlene Heiterkeit durch eine Unzahl üppig gebauschter Rundungen, die an vom Wind aufgeblähte Zelte erinnern.

Etwas nüchterner erläutert Lord William Gordon in einem Brief an Bernard Ward aus dem Jahre 1764, daß die Fächergewölbe von Castle Ward – ganz wie die von Arbury Hall in Warwickshire (dem Sitz der FitzRoy Newdegates, Viscounts Daventry) – der Kapelle König Heinrichs VII. in Westminster Abbey nachempfunden waren:

VORHERGEHENDE SEITEN Castle Ward liegt auf einer bewaldeten Anhöhe hoch über dem Strangford Lough. Das Anwesen wurde in den 1760er Jahren von Bernard Ward, dem späteren ersten Viscount von Bangor, errichtet und besitzt jeweils eine klassizistische und eine neugotische Fassade, da der Bauherr und seine Gemahlin sich in so mancher Hinsicht nicht einigen konnten.

RECHTS Der klassizistische Eingangsbereich mit Blick ins Treppenhaus. Die dorischen Säulen zur Rechten sind eine Arbeit aus Stuckmarmor; das Parkett ersetzte im 19. Jahrhundert den ursprünglichen Intarsienboden aus Eiche und Mahagoni.

UNTEN Ein Ausschnitt der liebenswert rustikalen Stuckarbeiten der Eingangshalle, die wahrscheinlich 1828/29 von einer Gruppe von Stukkateuren aus dem nahegelegenen Dorf Dundrum ausgeführt wurden. Für die Darstellung einiger Gegenstände überzog man die echten Objekte mit Gips – eine hilfreiche und zeitsparende Technik. Die Stuckarbeiten an der Decke sind im Vergleich sehr viel kunstvoller und verraten die erfahrene Hand der Dubliner Stukkateure vor 1775.

OBEN Ein Detail der Blattgoldverzierung im Salon. Die Papiertapete stammt aus dem 19. Jahrhundert.

LINKS Der Salon: eines der drei neugotischen Interieurs in Castle Ward. In der Mitte rechts, hinter dem Klavier, steht ein italienischer Kabinettschrank aus dem 17. Jahrhundert, der mit Intarsien aus Schildpatt, Elfenbein und Ebenholz geschmückt ist. Das darüber plazierte Porträt zeigt Richter Michael Ward, den Vater des ersten Viscount Bangor.

> Ich hinterließ in England die Anweisung, Lady Anne Zeichnungen vom Dach der Kapelle Heinrichs des Achten [*sic*], sowie ein chinesisches Bett & einen Tempel zu senden, die ihre Ladyschaft hoffentlich erhalten hat & ich werde auch die Glasmalereien nicht vergessen...

Die Decke des Boudoirs ist dennoch – zumindest in ausgeführter Form – kaum geeignet, religiöse Gefühle wachzurufen.

Die Bauzeichnung des Landsitzes, die Bernard Ward auf seinem Porträt hält, verrät leider nicht den Namen des offensichtlich anpassungsfähigen Architekten. Es heißt, man fand ihn entweder in Bath (wie auch die Steine für den Bau des Hauses) oder aber in Bristol. Mark Girouard mutmaßt, es könne James Bridges oder Thomas Paty gewesen sein, die beide aus Bristol stammten und beide in der Lage waren, zwischen klassizistischem und neugotischem Stil zu wechseln.

Das Handbuch des National Trust weist darauf hin, daß die klassizistischen Elemente des Gebäudeäußeren und des Treppenhauses große Ähnlichkeit mit dem Musterbuch Abraham Swans (*Collection of Designs*, 1757) aufweisen, einem Werk, das sich noch heute in der Bibliothek befindet. Da die Neugotik noch eine gewisse Zeit brauchte, bis sie die Irische See überquert hatte, könnte die Anregung zur gotischen Gestaltung wohl auf Inverary Castle zurückzuführen sein, das die Wards 1754 besuchten: Das schottische Schloß war von dem palladianischen Architekten Roger Morris für den dritten Herzog von Argyll »gotisiert« worden (siehe *Schlösser und Adelssitze in Schottland*).

Der Bau von Castle Ward scheint fast zehn Jahre gedauert zu haben, denn als Sir James Caldwell sich dort im Herbst 1772 aufhielt, war es »noch immer nicht

RECHTS Ein Blick auf die außergewöhnliche neugotische Ausstattung des Boudoirs. Obwohl sie der Kapelle Heinrichs VII. in Westminster Abbey nachempfunden wurde, erinnern ihre üppig gebauschten Rundungen eher an vom Wind aufgeblähte Zelte.

ganz fertig«, obwohl die Familie bereits darin wohnte. Die Beschreibung der Tafelfreuden lag Sir James offenbar mehr am Herzen als die Architektur: »[Ein] ausgezeichnetes Diner, eingangs Forelle blau, Rinderlende zum Schluß, Suppe in der Mitte, ein Pastetchen an jeder Seite und vier kleine Häppchen an den Ecken...« Immerhin bezeichnete er Castle Ward als »den schönsten Ort in diesem Königreich« und notierte, daß der Fußboden der Empfangshalle »mit Einlegearbeiten aus Eiche und Mahagoni... gewürfelt ist und durch Reiben mit Bienenwachs so glatt gehalten wird, daß man jederzeit Gefahr läuft, darauf auszurutschen«.

Obwohl der Gastgeberin und dem Gastgeber ein bemerkenswerter architektonischer Kompromiß gelungen war, konnten sie in ihrem Privatleben kein Übereinkommen erzielen. Das überlieferte Fragment eines Briefes von Lady Anne (oder Lady Bangor, seit ihr Gemahl 1770 in den Stand eines Barons erhoben worden war) vermittelt einen Eindruck ihrer Entfremdung:

> Ich muß wiederholen, was ich, wie ich glaube, bereits zwanzigmal gesagt habe: Daß ich mir nicht vorstellen kann, daß ein Ehemann oder irgend jemand sonst das Recht hat, eine Frau zu tyrannisieren [oder] daß es ihre Pflicht ist, die Behandlung zu ertragen, der ich ausgesetzt war, wenn keinerlei Hoffnung auf eine Besserung besteht.

Eine Dienstbotenklingel.

LINKS Der Trocken- und Bügelraum der viktorianischen Wäscherei in einem Außengebäude aus dem späten 18. Jahrhundert. Die ausgestellten Wäschestücke sind aus Leinen.

RECHTS Ring frei zur nächsten Runde im Frühstückszimmer: Ein Boxkampf der Eichhörnchen in fünf Akten. Dieses bizarre Beispiel viktorianischer Präparierkunst ist nahezu identisch mit dem Arrangement, das der Tierpräparator William Hart auf der Weltausstellung von 1851 zeigte.

Die neugotische Fassade: Ihre Fenster mit »Eselsrücken«, Zinnen und Fialen entsprachen dem Geschmack der Hausherrin, Lady Anne.

Ob Tyrann oder nicht, Bernard Ward wurde kurz vor seinem Tod im Jahre 1781 zum Viscount ernannt. Castle Ward und die Adelstitel gingen auf seinen unverheirateten Sohn Nicholas über, der zuvor Parlamentsabgeordneter für Bangor gewesen war. Während seiner Zeit als Politiker hatte er die Aufmerksamkeit des Geschichtsschreibers Sir John Blaquiere erregt, der über ihn schrieb, er sei »mehr als nur ein halber Idiot, [und] man muß ein Auge auf ihn haben«. Diese Einschätzung sollte sich in der Tat bewahrheiten, und zu guter Letzt endete Nicholas Ward in einer geschlossenen Anstalt. Castle Ward wurde daraufhin zum Zankapfel einer Serie von Familienstreitigkeiten, in deren Zuge man das ursprüngliche Inventar entfernte. Im Vermessungsgutachten des Jahres 1837 hieß es schließlich, das Anwesen sei »völlig verkommen«.

Zu dieser Zeit hatte jedoch Nicholas Wards Neffe, der dritte Viscount Bangor, bereits begonnen, die Dinge in die Hand zu nehmen. Sein Sohn, der vierte Viscount, trug sich mit dem Gedanken, an dem Haus umfangreiche Veränderungen im viktorianischen Stil vornehmen zu lassen. Glücklicherweise wurden diese Pläne allerdings nie ausgeführt, mit Ausnahme einer neuen Vorhalle, die 1870 angebaut wurde, als man den Haupteingang vom Südwesten auf die Ostseite verlegte. Die alte Eingangshalle mit ihrer Rokoko-Stukkatur, in der sich Musikinstrumente mit Gartengeräten zu Girlanden verbinden, wurde in einen Musiksaal umgewandelt.

Ebenfalls aus der viktorianischen Ära und der Zeit des vierten Viscount Bangor stammt die bizarrste Attraktion des Anwesens: der »Eichhörnchen-Raum«. Hier

Die klassizistische Vorderansicht: Die Steine für den Bau des Hauses stammten aus Bath, der kompromißbereite Architekt vermutlich ebenfalls.

stehen fünf Vitrinen mit ausgestopften Eichhörnchen, die einen sorgfältig choreographierten Boxkampf austragen. Der Tierpräparator William Hart war auf solch muntere Anthropomorphismen spezialisiert und zeigte auf der Weltausstellung von 1851 ein ähnliches Arrangement.

Dreißig Jahre nach der Weltausstellung trat Hauptmann Henry Ward als fünfter Viscount Bangor die Nachfolge seines unverheirateten Bruders an. Die Werke seiner ersten Gemahlin Mary King, einer begabten Künstlerin, sind in einer Ausstellung im alten Billardraum im Untergeschoß zu bewundern – und dies ist nur eine der einfallsreichen neueren Attraktionen, die Castle Ward zu bieten hat, seit der National Trust das Anwesen übernahm.

Als der sechste Viscount Bangor und Präsident des nordirischen Senats 1950 starb, akzeptierte die Regierung Castle Ward als Teilzahlung der anfallenden Erbschaftssteuern und übergab es dem National Trust im Rahmen einer Stiftung. Im Stallhof, der mit dem Haus durch einen unterirdischen Gang verbunden ist, befindet sich ein »viktorianisches Freizeitzentrum«, in dem sich Kinder mit Kostümen der viktorianischen Ära verkleiden und mit beliebten Spielzeugen jener Zeit vergnügen können. In der Wäscherei kann man nicht nur die alten Maschinen bewundern, sondern auch jene Leinenstoffe, mittels derer die Wards einst ihr Vermögen erwarben. Der Rundturm des alten Castle Ward steht heute im Wirtschaftshof neben einem Sägewerk und der jüngst restaurierten Mühle. Die bunte Mischung fügt sich auf Castle Ward zu einem bezaubernden Szenario zusammen.

16

CLANDEBOYE

COUNTY DOWN

DIE MARQUISE von Dufferin und Ava – die als Malerin unter dem Namen Lindy Guinness bekannt ist – hat es wunderbar verstanden, den Zauber von Clandeboye mit dem Pinsel einzufangen. Ihr erster Eindruck des romantisch gelegenen Landsitzes, den sie 1962 als junges Mädchen besuchte, ist ihr in lebhafter Erinnerung geblieben; heute ist sie seine Herrin.

Sie berichtet, wie sie damals »überwältigt und staunend« die beiden ungewöhnlichen Eingangshallen durchquerte. Der Urgroßvater ihres zukünftigen Gatten, der viktorianische Prokonsul und erste Marquis von Dufferin und Ava, hatte sie eigens für die erstaunliche Sammlung von Erinnerungsstücken aus seiner Zeit als Paladin des britischen Imperiums bauen lassen. Die Marquise erinnert sich, wie sie am nächsten Morgen aus dem Fenster ihres Schlafzimmers »Rom« (der erste Marquis hatte die Räume nach Orten benannt, an denen er einst stationiert war) auf eine »herrliche Landschaft aus ineinandergreifenden Grüntönen [blickte], die zu einem See hinunterführte. Es war unbeschreiblich schön: tief über dem Boden hängende Streifen irischen Nebels ließen nur gewisse Teile der Landschaft deutlich sichtbar werden; der über dem See schwebende Dunst wirkte wie ein japanisches Aquarell«.

Lady Dufferin pflanzt leidenschaftlich gern neue Bäume an, und ihr verstorbener Gemahl vergrößerte ebenso unermüdlich die Sammlungen des Hauses. Dennoch, so versichert sie, sei das heutige Clandeboye im wesentlichen noch immer so, wie der erste Marquis es geschaffen habe. »Jeder Teil dieses Hauses und des Anwesens ist erfüllt von seiner Energie und seiner Liebe zu diesem Ort, mit ihnen verwirklichte er seine Träume«, heißt es in ihrer Beschreibung des Landsitzes für die Ulster Architectural Heritage Society, die sich mit dem architektonischen Erbe dieser Provinz befaßt. »Ich stelle mir gern vor, wie er als Generalgouverneur von Kanada oder als Vizekönig von Indien während langwieriger Sitzungen und Verhandlungen in Gedanken auf seinen irischen Landsitz zurückkehrte und verstohlen sein Notizbuch mit Ideen zu bestimmten Verbesserungen oder architektonischen Phantasiegebilden zur Unterbringung seiner stetig wachsenden Sammlung von Büchern und Gegenständen füllte.«

Diese Phantasien wurden keineswegs immer umgesetzt. Neben verworfenen Plänen zu einem elisabethanischen Palast (von William Burn) und einem französischen Schloß (von Benjamin Ferrey), gibt es Entwürfe für eine phantastische Anlage im Baronialstil von William Henry Lynn. Zweifellos verwirklichte Lord Dufferin jedoch genug seiner architektonischen Träume, um den schlichten georgianischen Familiensitz in ein großartiges Herrenhaus zu verwandeln.

Wie Lindy Dufferin bemerkt, sind bereits die beiden Eingangshallen ein ideales Beispiel für die »romantische Vision« des ersten Marquis. Sir Harold Nicolson gab in seinem Buch *Helen's Tower* (1937) eine Beschreibung der Ehrfurcht einflößenden und das britische Empire beschwörenden Interieurs seines Onkels, die unübertrefflich ist, auch wenn sich einige Details geändert haben mögen:

> Die Stufen, die hinunter zur Eingangstür führten, wurden flankiert von einer doppelten Reihe von Eisstöcken aus Schottland und aus Kanada; manche von ihnen trugen Silberplaketten, die an Curling-Triumphe in Inverary oder Montreal erinnerten. Links von diesen unhandlichen Spielzeugen stand ein gigantischer Block aus ägyptischem Granit, in den eine Abbildung der kuhhäuptigen Hathor graviert war und die Ibis-Kartusche von Tutmosis I. Auf der Oberseite dieses rosafarbenen Monolithen balancierte ein ausgestopfter, erstaunt dreinblickender Nashornkopf... Die dahinterliegende Wand... war mit einem Drahtnetz

VORHERGEHENDE SEITEN Die Ostfassade von Clandeboye, vom gegenüberliegenden Ufer des Teiches aus gesehen.

RECHTS Die Innere Halle: Der erste Marquis schuf die beiden Hallen aus der Spülküche und der Küche des alten Landgutes Ballyleidy, das er mit seinem ausgeprägten Sinn für Romantik in Clandeboye umbenannte.

UNTEN Willkommen in meiner Welt: Gleich an der Eingangstür ist die romantische Vision des viktorianischen Prokonsuls und ersten Marquis von Dufferin und Ava unübersehbar. Die äußere Halle beherbergt eine überwältigende Mischung aus Eisstöcken, Tigerfellen, präparierten Bären, antiken Kunstobjekten und Waffen.

bespannt, an dem verschiedene Dolche, Entermesser, Pistolen, Lanzen, Eisbesen und eine Sammlung von... Fliegenwedeln befestigt waren...

Ein indianisches Fruchtbarkeitssymbol hatte es Nicolson besonders angetan (»im großen und ganzen ein freundliches Untier«), einen riesigen, ausgestopften Grizzly fand er allerdings etwas bedrohlich. Beide sind nicht mehr anzutreffen.

Die geräumige Galerie, in der die Atmosphäre des frühen 19. Jahrhunderts noch erhalten ist. Damals gestaltete der Architekt R. A. Woodgate, ein Schüler Sir John Soanes, das Gebäude neu.

Die zwei neuen Hallen, die innere und die äußere, entstanden aus der alten Spülküche und der Küche, und die ursprüngliche Eingangshalle wurde durch Herausbrechen der Trennwand zum angrenzenden Arbeitszimmer in eine Bibliothek verwandelt. Das Ergebnis ist, so Nicolson, »einer der angenehmsten Räume auf Erden«. Sein Interieur verbindet auf beste irische Art Vornehmheit mit Ungezwungenheit, denn bei all ihren ausgewogenen Proportionen und klassischen Zügen – in die Bücherschränke sind die Namen griechischer Gottheiten in vergoldeten Lettern eingraviert – ist der Bibliothek von Clandeboye eine warme, gemütliche Atmosphäre zu eigen, in der man sich wie zu Hause fühlt. Lindy Dufferin hat in einem Bild des Raumes zur Weihnachtszeit diese Stimmung sehr schön getroffen, und auch David Hockney ließ sich von der Bibliothek von Clandeboye zu einem Gemälde anregen.

John Betjeman, der mit Lindy Dufferins Schwiegervater (dem vierten Marquis von Dufferin und Ava) seit der gemeinsamen Zeit in Oxford befreundet war und zum erstenmal in den 1920er Jahren nach Clandeboye kam, entwickelte eine besondere Vorliebe für die Bibliothek. Er war begeistert von der Geheimtür, die sich hinter Buchattrappen verbarg mit Titeln wie *Humorous Versicles* (Lustige Bläschen) oder *The Lost Poems of Sappho* (Die verschollenen Verse der Sappho).

Ein Vorgänger Betjemans als britischer Hofdichter, der große Alfred Tennyson, hatte ebenfalls eine Verbindung mit Clandeboye, denn er schrieb für den ersten Marquis ein Gedicht, das dem oberen Raum der türmchenbesetzten *folly* des Landguts gewidmet ist, die erst kürzlich restauriert wurde. Sie ist als *Helen's Tower* bekannt und wurde 1862 nach Entwürfen Burns errichtet zu Ehren der Mutter des ersten Marquis und Enkelin des Dramatikers Richard Brinsley Sheridan. Tennysons Verse besingen die Liebe zwischen Mutter und Sohn:

> Helens Turm, hier stehe ich
> Und herrsche über Land und Meer.
> Des Sohnes Liebe baute mich,
> Der Mutter Liebe trage ich in gold'nen Lettern, sehet her.

Der Architekturhistoriker Gavin Stamp äußerte allerdings die Vermutung, daß Helens Turm, der auf William Burns Plänen als »Wildhüter-Turm« bezeichnet wird, ursprünglich nicht als Tribut an die Mutter gedacht war, sondern vielmehr ein Teil umfangreicher Baumaßnahmen, mittels derer Lord Dufferin während der

Detail einer Schnitzerei an einem irischen Mahagonitisch in Clandeboye.

OBEN »Einer der angenehmsten Räume auf Erden«, so beschrieb Sir Harold Nicolson die Bibliothek seines Onkels, des ersten Marquis von Dufferin. Sie entstand nach Entfernen der Trennwand zwischen der früheren Eingangshalle des alten Hauses und dem Arbeitszimmer.

LINKS Ein Blick durch den Bogen der Galerie in das Treppenhaus mit seiner doppelten oder »imperialen« Stufenflucht. William Henry Lynn schmückte in den 1860er Jahren für den ersten Marquis die ursprüngliche Architektur von Woodgate mit kunstvollen Dekorationen.

großen Hungersnot die Arbeitslosigkeit bekämpfte. Er sei jedenfalls, so Stamp, nicht nur zum Symbol für Clandeboye geworden, sondern für die ganze Provinz Ulster: 1921 errichtete man in Frankreich eine Kopie des Turms zum Gedenken an die im Ersten Weltkrieg gefallenen Soldaten aus Ulster.

Clandeboye liegt unmittelbar am südlichen Ufer des Belfast Lough. So wird Helens Turm vielleicht tatsächlich das letzte Gebäude der Heimat gewesen sein, das die Männer auf dem Weg in die Schlacht sahen (von den Soldaten der Ulster-Division, die auf dem Landgut Clandeboye ausgebildet worden waren, starben allein 5000 am ersten Tag der Schlacht an der Somme im Juli 1916).

Die Vorfahren des ersten Marquis von Dufferin und Ava, die Blackwoods, waren wie so viele Siedler in Ulster Nachkommen einer schottischen Familie. Sie pachteten Anfang des 17. Jahrhunderts das Landgut Ballyleidy von der ortsansässigen Grundbesitzerfamilie Hamilton, den Viscounts Claneboye (*sic*) und Grafen von Clanbrassill. Später erwarben sie das Landgut und wurden selbst zu einflußreichen Grundbesitzern der Grafschaft. Robert Blackwood konsolidierte das Familienvermögen, indem er nacheinander zwei Erbinnen heiratete; die erste, Joyce Leeson, war eine Schwester des ersten Grafen von Milltown, dem Erbauer von Russborough *(siehe dort)* in der Grafschaft Wicklow. 1763 wurde Robert der Titel eines Baronet verliehen. Seinem Sohn, Sir John Blackwood, dem zweiten Baronet,

LINKS und UNTEN Zwei Ansichten des in jüngster Zeit in Apfelgrün neu gestalteten Speisesaals in Clandeboye. Das Paar ionischer Säulen im Stile Sir Richard Morrisons wurde in den 1950er Jahren so bemalt, daß es den Eindruck einer grauen Scagliola-Arbeit erweckt. Der Kamin aus dem 18. Jahrhundert wurde 1960 eingesetzt, und auch der französische bestickte Teppich ist ein Neuzugang. Das Porträt über dem Kamin zeigt den ersten Marquis von Dufferin mit dem himmelblauen Band des St.-Patrick-Ordens.

gelang eine noch vorteilhaftere Heirat: Er ehelichte Dorcas Stevenson, die Erbin eines großen Teils des ursprünglichen Hamilton-Besitzes in dieser Gegend, einschließlich Claneboye. Darüber hinaus profitierte Sir John von einem der Wahlbezirke, die sich fest in den Händen der Hamiltonschen Familie befanden (*pocket boroughs*), nämlich Killyleagh, das einen Parlamentsabgeordneten stellte. Als überzeugter Liberaler ließ sich der Baronet allerdings nicht zu einer politischen Schachfigur reduzieren. Er blieb ein erklärter Gegner der politischen Einheit mit Großbritannien, und Sir Alfred Lyall schrieb, er sei »immun gewesen gegen die Avancen der Regierung, seine Unterstützung mit einem Adelstitel zu erkaufen«. Es heißt, daß ein Abgesandter aus Dublin Castle bei Tisch Sir Johns Geschirr inspizierte und bemerkte: »Ihr Wappen ist wirklich hübsch, mit einer [Adels]Krone sähe es allerdings noch schöner aus.« Sir John erwiderte: »Das Motto *Per vias rectas* [Auf geradem, rechtem Wege] muß Ihnen entgangen sein.«

Nach Sir Johns Tod im Jahre 1799 akzeptierte seine Witwe letztendlich doch die Baronie von Dufferin und Claneboye als Anerkennung dafür, daß ihr Sohn James die Einheit mit Großbritannien unterstützte. James, der zweite Lord Dufferin, wurde von Lyall als »ein cholerischer, aber gutherziger Gentleman« beschrieben, »dem man Mut und Menschlichkeit nachsagt«. Er entschied, daß das Landgut Ballyleidy dringend und gründlich überholt werden mußte.

An der Stelle des früheren quaderförmigen Baus aus dem 18. Jahrhundert mit den später angesetzten, eingeschossigen Flügeln entstand zwischen 1800 und etwa 1820 das spätgeorgianische Gebäude im eleganten klassizistischen Stil, so wie wir es – ungeachtet der extravaganten Zusätze des ersten Marquis – heute noch sehen. Der zweite Lord Dufferin beauftragte als Architekten einen Schüler Sir John Soanes namens R. A. Woodgate, der bereits auf Baronscourt *(siehe dort)* gearbeitet hatte.

Peter Rankin wies darauf hin, daß die Ostfassade von Clandeboye mit ihrem erkerbesetzten Salon im Zentrum weitgehend der Ostfassade von Soanes Baronscourt (von 1794) entspricht. Hinter der Zimmerflucht aus kleinem Salon, Salon und Speisesaal entlang dieser Front befand sich ein eindrucksvolles Treppenhaus mit einer »imperialen« Treppe mit doppelter Stufenführung.

RECHTS Die Schlafräume in Clandeboye erhielten (mit gelegentlichen örtlichen Abweichungen) ihre Namen nach den Orten, an denen der erste Marquis im Laufe seiner Diplomatenkarriere tätig geworden war. Auf der Tafel sind An- und Abreise der Gäste einer kürzlich veranstalteten Party verzeichnet.

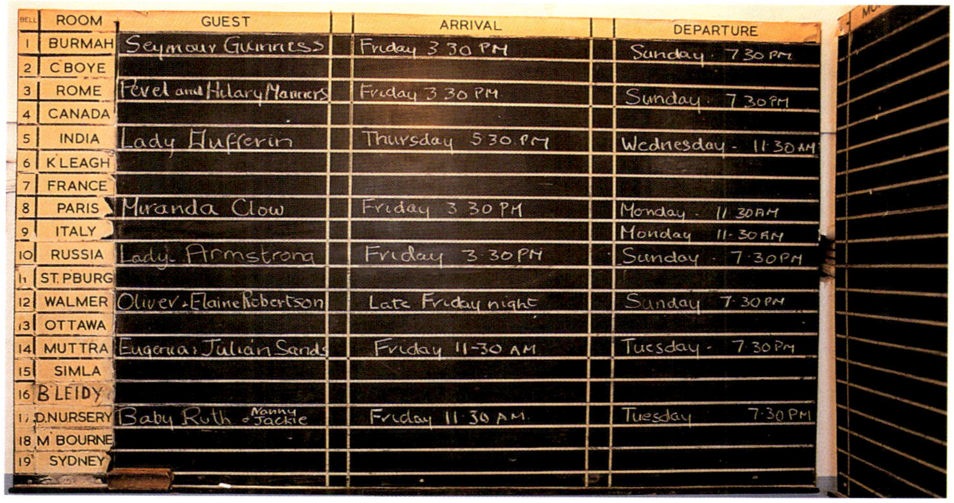

UNTEN Das Schlafzimmer »Frankreich« (ursprünglich ein Ankleideraum), das der erste Marquis im Jahre 1862 mit Kopien der »schicklicheren pompejischen Fresken« für seine junge Braut Hariot Rowan Hamilton aus Killyleagh dekorieren ließ.

Woodgate starb bereits 1805 in jungen Jahren, und Sir Richard Morrison mag an der Fertigstellung des Hauses beteiligt gewesen sein. So besitzt zum Beispiel der Salon, wie Mark Bence-Jones beobachtete, »eine für 1820 typische Decke mit schlichten Kassetten«. Kaum nennenswerte Veränderungen wurden unter den nächsten beiden Lords Dufferin in Ballyleidy (wie es noch immer hieß) vorgenommen. Lyall zufolge besaß der dritte Lord »die wunderbare Fähigkeit, schwere Zechgelage ohne das geringste Anzeichen körperlicher oder geistiger Beeinträchtigung durchzustehen«. Den vierten Lord hielt Mrs. Ward für einen »echten Seemann, aufrichtig und offen, die Ehrenhaftigkeit in Person und der gütigste Mensch, der mir je begegnet ist«.

Im Jahre 1841 trat schließlich sein einziger Sohn, der 15jährige Frederick, das Erbe des Titels und der Ländereien an. Er schwärmte für Sir Walter Scotts romantische Werke und änderte den Namen des Hauses von Ballyleidy in das poetischere Clandeboye, außerdem wollte er die Architektur des Landsitzes großartiger gestalten. Die Hallen in Clandeboye spiegeln sogar in gewisser Weise den Eklektizismus von Scotts Hallen in Abbotsford (siehe *Schlösser und Adelssitze in Schottland*) wider. Letzten Endes war es gewiß kein Nachteil, daß der erste Marquis von Dufferin und Ava – den zusätzlichen Titel durfte Frederick ab 1888 tragen – weder das Geld noch die Zeit fand, all seine Pläne zu verwirklichen. Statt dessen lebte er seine Bauleidenschaft zum Teil in Kanada und in Indien aus.

Der erste Marquis war in jeglicher Hinsicht ein großer Mann. Der erste Graf von Cromer, der mit ihm in Ägypten arbeitete, schrieb über ihn: »Er besaß ausgesprochen große staatsmännische Qualitäten, politische Weitsicht und literarische Fähigkeiten.« Lady St. Helier zeichnete uns in ihren unterhaltsamen Memoiren wiederum ein menschlicheres Bild dieser faszinierenden Persönlichkeit: »Er besaß all die besten Eigenschaften eines Iren, und als Freund kam ihm keiner gleich. Er war ungeheuer belesen, und seine Kenntnisse über Literatur, Malerei und Musik waren schier grenzenlos; dabei war ihm niemand zu unbedeutend oder von zu niedrigem Stande – er war zu jedermann freundlich.«

Es scheint sehr angemessen, daß sich diese innere Größe in den großartigen Elementen widerspiegelt, die Clandeboye ihm zu verdanken hat: den beiden Eingangshallen, der Bibliothek, dem zusätzlichen Erker des kleinen Salons, den pompejischen Fresken eines Schlafzimmers im ersten Stock, der Kapelle und dem Bankettsaal in den Nebengebäuden, Helens Turm und den überall anzutreffenden Kuriositäten, aber auch in der landschaftlichen Gestaltung des Anwesens.

Daß Clandeboye heute dennoch nicht die Atmosphäre eines Mausoleums besitzt, verdankt es vor allem Lindy Dufferin und ihrem verstorbenen Gatten Sheridan, dem fünften (und letzten) Marquis und Mitbesitzer der Londoner Kasmin Art Gallery – und ebenfalls Sheridans Mutter Maureen, der Marquise von Dufferin und Ava, die den Landsitz durch die schweren Zeiten nach dem Zweiten Weltkrieg brachte. Ihr Gemahl, der vierte Marquis, fiel 1945 bei einem japanischen Angriff in Burma, ganz in der Nähe der alten Hauptstadt Ava, deren Namen sein Großvater einst in den Adelstitel aufnahm. Sein Freund John Betjeman setzte ihm ein Denkmal mit dem Gedicht *In Memoriam of Basil, Marquess of Dufferin and Ava*: »Humorvoll, rückhaltlos loyal –/ mein gütiger Freund mit den schweren Lidern«.

Maureen rettete Clandeboye aus der Verschuldung und beauftragte in den 1950er Jahren den Innenarchitekten Felix Harbord mit der Restaurierung des Hauses. Er entwarf die überdachte Wageneinfahrt im amerikanischen Kolonialstil und schmückte die schlichte Eingangsfassade mit vier weißen dorischen Säulen. Maureen war eine gefeierte Gastgeberin, die ihren Gästen gern ungewöhnliche Streiche spielte. So verkleidete sie sich zum Beispiel als ungeschicktes Dienstmädchen und schüttete den Gästen Getränke über den Schoß oder forderte sie auf, die Toilette aufzusuchen.

Ein nicht ganz so heiteres Bild von Clandeboye vermittelt uns Maureens älteste Tochter, die verstorbene Caroline Blackwood, in ihrem Roman *Great Granny Webster*. Dort erscheint das Haus als »Dunmartin Hall«: »Es galt schon als Luxus, wenn jemand es schaffte, wenigstens in einem torfbraunen Rinnsal ein Bad nehmen

Die heutige Südfassade war ursprünglich die Eingangsfront. Im Rahmen der baulichen Veränderungen unter dem ersten Marquis von Dufferin verlegte man den Eingang an die Westseite.

zu können.« Die Gestalt der Lady Dunmartin basiert ganz offensichtlich auf Basils exzentrischer Mutter, geborene Brenda Woodhouse, die sich selbst für eine »Feenkönigin« im Stile Elisabeths I. hielt.

Auch der gegenwärtigen Schloßherrin fehlt es nicht am Sinn für Romantik, und dennoch bleibt sie mit beiden Beinen auf dem Boden. Lindy Dufferin ist seit langem eine treibende Kraft im modernen Ulster. Clandeboye ist das Zuhause der Conservation Volunteers; die junge Organisation von Umweltschützern hat in ganz Ulster Umweltschutzprogramme angeregt, einschließlich des Jahrtausend-Projekts »Woodland Trust«, im Rahmen dessen Stadtgebiete mit Bäumen bepflanzt werden. Der Landsitz dient auch als Basis des Prince's Trust (einer Stiftung des Prince of Wales zur Förderung benachteiligter Jugendlicher) und des National Vocational Qualification Centre for Ulster (das sich mit der beruflichen Ausbildung befaßt). Diese und verschiedene andere Projekte, wie ein Golfplatz, ein Hotel und ein preisgekröntes Restaurant, haben auf dem Landsitz weitere Arbeitsplätze geschaffen.

In Übereinstimmung mit den Plänen des Landschaftsarchitekten James Frazer, der einst für den ersten Marquis tätig war, restauriert Lindy Dufferin die Gartenanlagen. Zu ihren Geniestreichen gehört ein Immengarten und ein schönes Bienenhaus im Stil des frühen 19. Jahrhunderts. Im Hause hat sie die Interieurs einfühlsam renoviert und spezielle Räume eingerichtet, die den Gemälden ihres Mentors Duncan Grant, einem Künstler des Bloomsbury-Kreises, und den von ihrem Gatten Sheridan gesammelten Bildern der indischen »Company School« gewidmet sind.

Von ihren Malexpeditionen kehrt sie mit Notizbüchern heim, die – wie schon zu Zeiten des ersten Marquis – überquellen mit Plänen für Clandeboye. Sie selbst meint dazu: »Es ist ein Haus der Träume und des Zaubers, das meine Gedanken füllt, und je älter ich werde, um so größer wird die Freude daran.« Eine Freude, die überaus ansteckend wirkt.

17

CASTLETOWN

COUNTY KILKENNY

AUFGRUND der segensreichen »Renaissance der Restaurierung«, die die irischen Adelssitze zum Anbruch dieses neuen Jahrtausends erleben, hätte man dieses Buch ohne weiteres füllen können mit Aufnahmen von Gerüsten, Arbeitern mit Schutzhelmen und Handwerkern, die ihre traditionellen Arbeiten verrichten. Stellvertretend für diese Entwicklung in der Geschichte der irischen Architektur und Gesellschaft soll in diesem Band jedoch zumindest ein solches Projekt vorgestellt werden: Castletown in der Grafschaft Kilkenny, wo Mr. und Mrs. George Magan uns freundlicherweise einen Einblick in ihr vielversprechendes Restaurierungsvorhaben gewährten.

Castletown wird mitunter auch Castletown »Cox« genannt – eine Anspielung auf seinen Erbauer Michael Cox, den Erzbischof von Cashel, der den Landsitz zur Blütezeit der georgianischen Architektur errichten ließ. Mit dieser Bezeichnung soll eine Verwechslung mit Castletown »Conolly« in der Grafschaft Kildare, dem ältesten und größten palladianischen Landsitz Irlands, vermieden werden. Obwohl Castletown »Conolly« berühmter ist, gibt es doch viele, die Castletown »Cox« für »Irlands schönsten Landsitz« halten, wie der Ritter von Glin in einem Artikel für die Zeitschrift *Country Life* über den Architekten Davis Duckart bemerkte.

Auch Castletown »Conolly« wird gerade von Grund auf renoviert; zum Zeitpunkt unseres Besuchs war es nur mit Schutzhelm zu betreten, und Fotoaufnahmen des Hauses, das sich jetzt im Besitz der Behörde für öffentliche Bauvorhaben befindet und mit Hilfe öffentlicher Gelder überholt wird, waren leider ausgeschlossen. Hingegen erfolgt die Restaurierung von Castletown »Cox« durch die alte Tradition privater Schirmherrschaft.

George Magan ist Handelsbankier und entstammt einer alteingesessenen irischen Großgrundbesitzerfamilie, die in der Chronik *Burke's Irish Family Records* erwähnt wird. Den alten irischen Namen ihres ursprünglichen Familiensitzes in der Grafschaft Westmeath, *Umma-More*, wählte Georges Vater, Brigadier William Magan, als Titel für ein bemerkenswertes Buch, das sich mit der Geschichte Irlands auseinandersetzte. Der Brigadier veröffentlichte ebenfalls eine Schilderung seiner irischen Kindheit in dem Fuchsjagdgebiet im südlichen Teil der Grafschaft Westmeath, dem er später als Master of Hounds (der Jagdreiter, der die Hundemeute dirigiert) vorstand.

Nach dem Tod des Vaters faßte Brigadier Magan 1967 den schweren Entschluß, Killyon Manor in der Grafschaft Meath mit allem, was von dem einst beachtlichen Grundbesitz der Familie übriggeblieben war, zu verkaufen. (In seiner Glanzzeit hatte er über 12 000 Hektar landwirtschaftlicher Nutzflächen umfaßt.) Dies bestärkte George Magan in dem Vorsatz, seiner Familie eines Tages wieder zu einem vornehmen irischen Landsitz zu verhelfen, und 1991 bot sich die Gelegenheit, einen der architektonisch bedeutsamsten palladianischen Paläste Irlands, das Meisterstück Davis Duckarts, zu erwerben.

Nach dem Kauf des Hauses konnte er auch noch das gut 200 Hektar große Herz des Grundstücks dazugewinnen. Der Perfektionist Magan beschloß, sich für die umfassende Instandsetzung Zeit zu nehmen, damit sie hundertprozentig gelänge – selbst heute, acht Jahre nach dem Kauf, bleibt noch einiges zu tun, bis die Restaurierung des Gebäudeinneren vollendet ist. Die Außenrenovierung, einschließlich der Parkanlagen, ist indes so gut wie abgeschlossen.

Zu seiner Unterstützung bei diesem gewaltigen Projekt engagierte George Magan ein ganzes Team talentierter Fachleute: einen Projektmanager, mehrere Architekten, Baugutachter, Fachberater für historische Bauten, Handwerker und Kunsthandwerker, Bauingenieure sowie einen zuverlässigen Stab ortsansässiger Bauunternehmer und Arbeiter. Er hatte auch das Glück, hervorragende Leute für die Verwaltung des Grundstücks und die Pflege der Gartenanlagen verpflichten zu können. Für die Gestaltung der neuen formalen Gärten wandte sich Magan an die Marquise von Salisbury. (Ihre Großeltern, Oberst W. H. und Lady Eva Wyndham-Quin, wohnten Anfang des 20. Jahrhunderts in Castletown, bis der Oberst von einem Cousin die Grafenwürde von Dunraven erbte und den im Tudorstil gehaltenen Landsitz Adare Manor in der Grafschaft Limerick übernahm, der heute als Hotel dient.) Der Plan zur landschaftlichen Gestaltung des Anwesens sah die Anpflanzung von 80 000 Bäumen vor – hiermit war die Zahl der zu fällenden Bäume, die einst zu dicht ans Haus gepflanzt worden waren und mittlerweile die Sicht auf die Architektur versperrten, mehr als ausgeglichen.

Die Magans wollten die herrliche Lage des Anwesens vor der Gebirgskulisse betonen und auf diese Weise auch Davis Duckarts großartige Komposition von Haus, Arkaden und Kuppeldächern voll zur Geltung bringen. Der Park wurde dementsprechend umgestaltet, der See geschlämmt, ein verdeckter Grenzgraben gebaut, die Gartenanlagen nivelliert und der französische Garten, den ursprünglich Lady Salisburys Großvater angelegt hatte, an einen anderen Platz verlegt. Ein neuer, ummauerter Garten wird derzeit geplant, und Georges Mutter Maxine kann bei seiner Gestaltung ihrer Leidenschaft frönen.

George Magan hebt besonders hervor, daß das Motto sämtlicher Restaurierungsarbeiten auf Castletown lautet: »Keine Erneuerung, sondern vielmehr Instandsetzung«. Ob im Außen- oder Innenbereich, an den Seitenflügeln mit ihren

VORHERGEHENDE SEITEN und OBEN Zwei Ansichten von Castletown zeigen das von Arkaden und Pavillons flankierte Haupthaus aus der Perspektive der neugestalteten Parkanlagen. Der 1767 von Erzbischof Cox nach Plänen von Davis Duckart errichtete Landsitz wird durch die derzeitigen Besitzer, Mr. und Mrs. George Magan, von Grund auf renoviert.

RECHTS Blick auf eine der Arkaden und den angrenzenden Pavillon mit Kuppeldach sowie die Blumenrabatten im Vorhof. Die schuppenförmigen Schieferplatten der Kuppeln wurden jüngst sorgfältig restauriert.

Arkaden oder bei den Pavillons – es wurden keine Mühen gescheut. Das verwitterte Mauerwerk wurde von Grund auf verjüngt, die Dächer und Fenster wurden renoviert und die Energieversorgung vollständig ersetzt (der Heizungsraum im Keller ist nun auf dem neuesten Stand der Technik und gleicht dem Kontrollraum eines hochseetüchtigen Passagierschiffs). Auch das Prunkstück der Innenausstattung, das Rokoko-Stuckwerk des Stukkateurs Patrick Osborne aus Waterford, erhält wieder seinen ursprünglichen Glanz.

Was an der Instandsetzung des Anwesens besonders beeindruckt, ist die erstaunliche Liebe zum Detail, die große Sorgfalt, mit der gearbeitet wird, und die hohe Qualität, die als Maßstab gesetzt wird. Es ist sehr aufschlußreich, zu erfahren wieviel Sachkenntnis und handwerkliches Können sich in Irland noch immer findet, sobald sich die Gelegenheit zu erstklassiger Arbeit bietet. Hier werden all jene Lügen gestraft, die da behaupten, heutzutage seien keine wirklich guten Handwerker mehr zu bekommen – die guten Handwerker von heute sind besser denn je.

Bei unserem Besuch konnten wir beispielsweise beobachten, wie auf traditionelle Weise Stuckmörtel für Ausbesserungsarbeiten mit Ziegenhaar versetzt wird, und im Obergeschoß sahen wir Handwerker, die mit Feuereifer Wände aus Lattenwerk und Putzmörtel nach der gleichen komplizierten Methode rekonstruierten, wie es ihre Kollegen bereits vor Jahrhunderten taten.

In seinen Anfängen bildete das in der Nähe von Carrick-on-Suir gelegene Anwesen Castletown einen Teil des riesigen Grundbesitzes der einflußreichen »altenglischen« Familie Butler, die seit 1328 die Grafenwürde von Ormonde innehatte und von ihrem Schloß in Kilkenny über einen Besitz herrschte, der in seiner Größe schon eher einem Königreich entsprach. Die Familie besaß in der Tat pfalzgräfliche Rechte über die benachbarte Grafschaft Tipperary, deren Grenze in der Nähe des Anwesens Castletown verläuft. Der zwölfte Graf von Ormonde, der im Bürgerkrieg den englischen König Karl I. unterstützt hatte, wurde zum Herzog ernannt und ging aufgrund seiner Klugheit und seiner Integrität als Vizekönig von Irland unter König Karl II. als »der Große Herzog von Ormonde« in die Geschichte ein. Von seinem Enkel, dem jakobitischen zweiten Herzog (der in Mackys *Characters* beschrieben wird als »einer der großzügigsten, vornehmsten und unerschrockensten Männer, die es je gab, wenn auch viel zu gutmütig«), wurde Castletown an den Anwalt Sir Richard Cox aus Dunmanway in der Grafschaft Cork zunächst vermietet und schließlich verkauft. Sir Richard wurde 1703 zum Lordkanzler von Irland ernannt und drei Jahre später zum Baronet erhoben.

Sir Richard war der Vater von Michael Cox, dem Erzbischof von Cashel (der den heutigen Landsitz erbaute). Jedoch verlief die Erbfolge nicht ganz so geradlinig, da Sir Richard Castletown anscheinend an Edward Cooke aus Cookestown verkauft oder untervermietet hatte. Als Cooke 1751 starb, fiel das Haus dennoch an Michael Cox (Sir Richards fünften und jüngsten Sohn) – denn er war gleichzeitig der Witwer von Cookes Schwester Anne.

Der Erzbischof scheint den beim irischen Klerus verbreiteten Hang zu sportlichen Wettkämpfen gepflegt zu haben, denn er ließ auf dem Anwesen eine Rennbahn anlegen. Er war außerdem als Genießer üppiger Tafelfreuden bekannt. Dorothea Herbert hinterließ uns eine denkwürdige Beschreibung:

> Einmal gab es zum Abendessen einen köstlichen Truthahnbraten mit einer bemerkenswerten Selleriesauce, der allein für seine Exzellenz bestimmt war, denn er war ein großer Feinschmecker. Mr. Hare [der Leiter der Schule, die Dorotheas Brüder besuchten] bat um eine Portion von dem Truthahn. ›Pah! Pah! Guter Mann‹, sagte der Erzbischof, ›essen Sie Rindfleisch, essen Sie Rindfleisch, Sir!‹ Mr. Hare antwortete ihm freimütig, Rind- und Hammelfleisch könne er jederzeit zu Hause bei seinen Söhnen essen, doch als Gast seiner Exzellenz würde er Truthahn mit viel Sauce bevorzugen. Der Erzbischof war schon ein seltsamer Kauz. Er war überaus sparsam und blies häufig die Wachskerzen bereits aus, bevor auch nur die Hälfte seiner Gesellschaft gegangen war. Die

Die Arbeit in Castletown geht voran: Hier wird das Stuckwerk erneuert. Die Gesamtkosten der Originalstukkatur beliefen sich seinerzeit auf 696 Pfund, 10 Shilling und 5 Pence und sind in einer noch erhaltenen Rechnung detailliert aufgeführt.

Ein Gerüst im Treppenhaus dient bei der Restaurierung der Wände als Arbeitsplattform.

OBEN Detail einer typischen Schnitzerei des irischen Mobiliars.

RECHTS In einem der Pavillons mit Kuppeldach ist Hallenmobiliar für formelle Anlässe aus dem Besitz der Familie Magan ausgestellt.

UNTEN Ein Ausschnitt des Wappens der Familie Magan: ein Wildschweinkopf, »borstig und mit Hauern bewaffnet«. Der darunter genannte Wahlspruch lautet: *Virtute et probitate.*

> Geistlichen erzitterten, wenn er ihnen zunickte, und bei seinen Besuchen entgingen nur wenige seiner scharfen Kritik. Er liebte das Kartenspiel über die Maßen, geriet dabei jedoch so sehr in Rage, daß kaum jemand eine Partie mit ihm wagen wollte...

Es mag wohl sein, daß der Erzbischof »überaus sparsam« war, und doch beauftragte er Davis Duckart mit dem Bau eines vornehmen Hauses, das nach Meinung des Ritters von Glin Elemente des Petit Trianon und des Buckingham House von William Winde aufweist. Duckart – oder vielmehr Daviso de Arcort – ist eine mysteriöse Gestalt, ein Baumeister französisch-italienischer Herkunft, der Mitte des 18. Jahrhunderts nach Irland gekommen war und um 1780-85 starb. Neben seiner Arbeit auf Castletown ist er möglicherweise auch für die mit Arkaden versehenen Seitenflügel von Florence Court *(siehe dort)* in der Grafschaft Fermanagh verantwortlich.

Die Seitenflügel des Anwesens weisen ebenfalls Arkaden auf, enden aber zusätzlich in hübschen Pavillons mit achteckigen Kuppeldächern. (Die schuppenförmigen Schieferplatten sind inzwischen restauriert worden.) Das Haupthaus besteht aus Sandstein und unpoliertem Kilkenny-Marmor, wobei die Steine sehr fein behauen sind, um besonders klare Konturen zu erzielen. Das korinthische Motiv der beiden Hauptfassaden setzt sich in der Halle fort, in der es außer einer steinernen Kamineinfassung mit Termen auch eine Art Raumteiler gibt, dessen kannelierte korinthische Säulen aus leicht poliertem Kilkenny-Marmor bestehen – jenem luxuriösen

LINKS Eine prächtige Türeinfassung mit unterbrochenem Ziergiebel und feinem Schnitzwerk.

RECHTS Die Bibliothek liegt im Zentrum der Gartenfront.

Material, das typisch für die Architektur dieses Anwesens ist. Die Halle, der Speisesaal und das Treppenhaus zeigen an den Wänden aufwendig dekorierte Stuckfelder. Die Gesamtkosten der prächtigen Stuckarbeiten sind in einer noch erhaltenen, detaillierten Rechnung aufgeführt und beliefen sich demzufolge auf 696 Pfund, 10 Shilling und 5 Pence.

Die Gartenfront schmückte der Erzbischof mit seinem Wappen, das mit dem seiner zweiten Gemahlin, die ebenfalls Anne hieß, verbunden ist. Jene zweite Anne war die Tochter des Parlamentsabgeordneten für Youghal, James O'Brien, und Enkelin des dritten Grafen von Inchiquin. Sie starb 1746 im Kindbett, doch glücklicherweise überlebte ihr Sohn, und so blieb Castletown – weitgehend unverändert – bis zur Mitte des folgenden Jahrhunderts im Besitz der Familie Cox. Danach ging das Anwesen auf Oberstleutnant William Villiers-Stuart über (einen jüngeren Sohn der auf Dromana in der Grafschaft Waterford ansässigen Familie), der die Erbin des Michael Cox von Castletown, Katherine, zur Frau nahm.

Es war ihr Sohn Henry, ebenfalls ein Oberst, der den Landsitz 1909 an die Wyndham-Quins veräußerte. Nachdem die Wyndham-Quins den Park mit Skulpturen ausgestattet hatten, ging Castletown bis zum Ende der 1920er Jahre in den Besitz von Generalmajor Edmund Blaque und dessen Gemahlin Kathleen, Tochter des Admirals Lord Beresford (»Charlie B« von Curraghmore, *siehe dort*) über. »Charlie Bs« berühmte Jagd-Tätowierung hätte den Erzbischof zweifellos beeindruckt und natürlich auch den Sohn und Erbfolger der Blaques, Charles, der Master der Kilmaganny Harriers war (einer Hundemeute für die Hasenjagd).

Charles Blaque verkaufte Castletown 1976, und die Zukunft des Hauses war ungewiß. Doch drei Jahre später erwarb es Ulli de Breffny, die Witwe Brian de Breffnys, der ein bekannter Autor zum Thema irischer Architektur, Ahnenforschung und Kultur gewesen war.

Nach einem wechselhaften Jahrhundert scheint die Zukunft dieses außergewöhnlich eleganten Landsitzes gesichert zu sein. Das Anwesen wird durch George und Wendy Magan in vorbildlicher Weise restauriert, und die an dieser Stelle gezeigten Aufnahmen der Instandsetzungsarbeiten sind vielleicht ein Indiz dafür, daß für die irischen Landsitze ein neues Goldenes Zeitalter angebrochen ist.

18

Bantry House

COUNTY CORK

BANTRY HOUSE, jener tief in Irlands Südwesten versteckte Palast mit seiner herrlichen Lage und der barocken Pracht lohnt selbst die weiteste Anreise. Der weitläufige Familiensitz der Shelswell-Whites, die bereits seit dem 17. Jahrhundert auf Bantry residieren, liegt an einem Steilhang hoch über dem südlichen Ufer des natürlichen Hafens der Bucht von Bantry. Hat man im italienischen Garten hinter dem Gebäude erst die 100 Stufen der »Himmelsleiter« erklommen, fühlt man sich in der Tat wie auf dem Dach der Welt. Hier bietet sich dem Auge eine der schönsten Aussichten ganz Europas: im Vordergrund die Skulpturen der Gartenanlagen und das Schloß, dahinter Bantry Bay und am Horizont die Gebirgskette der Caha Mountains. 1946 waren die Eigentümer dieses Landsitzes die ersten Grundbesitzer der Britischen Inseln, die ihr Anwesen der Öffentlichkeit zugänglich machten.

Über die ganze Bucht verstreut liegen kleine Inseln mit Namen wie »Hog« (Schwein), »Rabbit« (Kaninchen) oder »Horse« (Pferd) und nicht zuletzt das unwiderstehliche »Lousy Castle« (Lausige Burg). Das größte dieser Eilande, »Whiddy«, ist von der Seite der Bucht, an der Bantry liegt, nicht zu sehen – was inzwischen allerdings kaum zu bedauern ist, denn heute befindet sich dort ein Hafen für Öltanker. Im späten 17. Jahrhundert jedoch wählte die Familie White gerade Whiddy für ihren ersten Wohnsitz in dieser Umgebung. Sie entstammten der Seitenlinie einer Kaufmanns- und Bürgermeisterdynastie aus Limerick, die nach den Ausführungen Terence de Vere Whites in *Burke's Irish Family Records* sehr wohl Nachfahren jener Familie White gewesen sein könnten, die in der gleichen Stadt zu mittelalterlichen Zeiten eine bedeutende Rolle gespielt hatte.

Mitte des 18. Jahrhunderts gelang es Richard White, einem zunehmend wohlhabenderen Grundbesitzer, das damals Blackrock genannte Anwesen zu erwerben, auf dem heute Bantry House steht. Die Familie Hutchins (später Hutchinson) hatte es damals bereits seit einem Jahrhundert von den Annesleys, den Grafen von Anglesey, gepachtet. Für das Jahr 1750 ist belegt, daß ein Samuel Hutchinson auf dem Grundstück »ein gutes Haus« besaß. Es ist anzunehmen, daß es sich dabei um den Kern des heutigen Bauwerks handelte: das quaderförmige, dreigeschossige und fünfachsige Gebäude, das im Zentrum der gegenwärtigen Fassade von Bantry liegt.

VORHERGEHENDE SEITEN Die Bibliothek von Bantry House ist ein über 18 Meter langer, mit korinthischen Säulen unterteilter Raum. Sie wurde um die Mitte der 1860er Jahre anstelle des Wintergartens eingerichtet und bildete den Abschluß der aufwendigen Neugestaltungen, die der zweite Graf von Bantry an Haus und Gärten durchführte. In diesem herrlichen Raum werden regelmäßig Konzerte gegeben, und der musikinteressierte Besucher ist aufgefordert, auf dem Bluthner-Flügel zu spielen.

LINKS Blick aus einem der Fenster im ersten Stock über die Bucht von Bantry zum Gebirgszug der Caha Mountains. Im Vordergrund die Gartenbalustrade und verschiedene Skulpturen.

UNTEN Fliesen aus Pompeji, die in den Fußboden der äußeren Halle eingelassen sind. Der Viscount Berehaven und spätere zweite Graf von Bantry galt als großer Kunstkenner und erwarb sie 1828. Er verwandelte Bantry in einen Palast im Stil des Barock.

White muß das Anwesen bereits vor 1763 erworben haben, denn John Cornforth weist in *Country Life* darauf hin, daß der Besitzer zu diesem Zeitpunkt bereits Umbaumaßnahmen durchführte. Cornforth mutmaßt, daß die erforderlichen Geldmittel zumindest teilweise aus einträglichen Schmuggelgeschäften gestammt haben mögen, ungeachtet des hohen Ansehens der Familie von Richards Gemahlin Maria, die ganz der Tradition der irischen Kirche verpflichtet war.

Ihr Sohn Simon erlangte als Anwalt eine Zulassung an englischen Gerichten, übte diesen Beruf jedoch nicht aus. Immerhin schickte er seinen Sohn, der ebenfalls Richard hieß, zur schulischen Ausbildung nach Harrow, wo dieser sich bei einem Aufstand gegen den Direktor hervortat. Sein Hang zur Rebellion gehörte allerdings Ende 1796 der Vergangenheit an, wie ein Vorfall belegt, der nicht nur das Geschick Richard Whites und seiner Familie entscheidend bestimmen sollte, sondern zugleich den Verlauf der gesamten europäischen Geschichte.

Im Dezember jenes Jahres stach nämlich in Brest eine französische Armada in See, um Wolfe Tone und die »Vereinigten Iren« bei der Befreiung Irlands von der britischen Vorherrschaft zu unterstützen. Etwa 50 Kriegsschiffe brachten 15 000 Soldaten an die Küste der Grafschaft Cork, doch Verständigungsprobleme der Schiffe und widriges Wetter versprengten den Großteil der Flotte. Dennoch lagen

Das Treppenhaus in Bantry House. Dieser Landsitz war der erste der Britischen Inseln, der regelmäßig der Öffentlichkeit zugänglich gemacht wurde. Aufgrund der hier ausgestellten Schätze bezeichnete man ihn bald als »die Wallace-Sammlung Irlands«.

am Weihnachtsabend 19 Schiffe mit 6500 Mann an Bord vor der Insel Bere in der Bucht von Bantry und ankerten, bereit zum Landgang am kommenden Tag.

Überrascht über ihre Ankunft schickte Richard White eine Pinasse hinaus, um festzustellen, ob die Schiffe freundliche Absichten hegten. Das Boot und die zehnköpfige Besatzung verschwanden spurlos. Beunruhigt informierte White das britische Hauptquartier in Cork, mobilisierte die Kavallerie von Bantry und stellte dem Militär sein Haus zur Verfügung. Ein General dankte ihm später »für all Ihre Freundlichkeit – Wildbret, Hasen, Waldschnepfen, Jakobsmuscheln, Austern und alles übrige«. Einige Tage lang herrschte eine gespannte Atmosphäre – doch dann kamen heftige Ostwinde auf und trieben die Schiffe aufs offene Meer hinaus.

Es sollte allerdings nur eine Atempause sein. Der Wind drehte, und zu Beginn des neuen Jahres 1797 ging ein Dutzend französischer Schiffe bei Whiddy Island

LINKS Das dramatischste Interieur des Anwesens ist der Speisesaal, den zwei offizielle Porträts von König Georg III. und Königin Charlotte dominieren. Diese Kopien der Gemälde von Allan Ramsay wurden dem ersten Grafen von Bantry als Geschenk überreicht. Die Rahmen sind mit kunstvollen Schnitzereien verziert.

RECHTS Ein Detail der Schnitzereien am Fuße des Spiegels über einem der Kamine in der Bibliothek. Der Kaminvorsprung ist mit bemalter Seide im Stil Ludwigs XIV. bespannt.

vor Anker, um auf eine neue Chance zu warten. Ein einfallsreicher Händler begab sich an Bord und verkaufte den Franzosen Nahrungsmittel. Auf die Frage, wie groß die an Land zur Verteidigung bereitstehenden Truppen seien, gestattete er sich eine leichte, typisch irische Übertreibung: In der Umgebung von Bantry stünden etwa 20 000 Mann unter Waffen – tatsächlich waren es 400.

Dies konnten die inzwischen schwer seekranken Invasoren nicht verkraften. Sie machten auf der Stelle kehrt und ließen nur eine ausgediente Fregatte zurück, *La Surveillante*, die heute ein irisches Nationaldenkmal ist. Zum 200. Jahrestag der »französischen Armada« im Jahre 1996 richtete man in den giebel- und kuppelgeschmückten Stallungen auf Bantry eine Ausstellung aus, die auch ein Modell der Fregatte zeigte. Zu sehen war ebenfalls ein Bild des in seiner Kajüte fluchenden Wolfe Tone, der später voller Enttäuschung seinem Tagebuch anvertraute: »Dabei waren wir so nah, daß wir einen Zwieback hätten an Land werfen können.«

Richard White war der Held des Tages und wurde als gefeierter Bezwinger der französischen Flotte zum Baron Bantry ernannt. Etwa zur gleichen Zeit, ganz gewiß jedoch im Jahre 1799 nach seiner Hochzeit mit Lady Margaret Hare (der Tochter des ersten Grafen von Listowel), scheint Lord Bantry Umbauten an Bantry House vorgenommen zu haben, einschließlich der Errichtung des Nordflügels.

Im Jahre 1800 wurde Lord Bantry in den Stand eines Viscount erhoben, dem 1816 der eines Grafen folgte. Später zog er es offenbar vor, sich in seiner Jagdhütte im knapp 13 Kilometer entfernten Glengariff einzurichten, denn bereits lange vor seinem Tod im Jahre 1851 übergab er den Landsitz Bantry seinem ältesten Sohn, der einstweilen den Höflichkeitstitel eines Viscount Berehaven trug.

Lord Berehaven erwies sich als Kunstsammler großen Stils. Er unternahm ausgedehnte Reisen über das europäische Festland, und im Laufe der 1840er Jahre verwandelte er den bis dahin recht bescheidenen Familiensitz in einen Palast mit einer vierzehnachsigen Fassade, so wie wir ihn heute kennen. Das Innere des Hauses stattete er mit einer so bemerkenswerten Sammlung von Kunstschätzen aus, daß Bantry als »die Wallace-Sammlung Irlands« gerühmt werden sollte.

Die Interieurs beeindrucken durch ihre gelassene, träumerische Atmosphäre, die nicht einer gewissen Theatralik entbehrt. So erscheint beispielsweise der Rosen-Salon als eine schwelgerische Vision aus Aubusson-Tapisserien (die für Marie Antoinette angefertigt wurden), und im angrenzenden Zimmer finden sich noch weitere herrliche Gobelins. An Dramatik kaum zu übertreffen ist allerdings der Speisesaal, eine wahre Orgie aus Königsblau und vergoldetem Blattwerk, mit einem Raumteiler aus Marmorsäulen, die das korinthische Motiv der gewaltigen roten Ziegelpilaster an den Außenwänden wieder aufnehmen. Den Raum – man möchte fast sagen, das Bühnenbild – beherrschen zwei offizielle Porträts von König Georg III. und Königin Charlotte. Es sind Kopien der berühmten Studien von Allan Ramsay, die dem ersten Grafen von Bantry als Geschenk überreicht wurden – extravagant gerahmt mit atemberaubenden Schnitzereien.

Nachdem Lord Berehaven als zweiter Graf von Bantry die Nachfolge angetreten hatte, ließ er den italienischen Garten mit seinen Balustraden und Statuen anlegen. Die derzeitigen Besitzer, Egerton und Brigitte Shelswell-White, haben die Gartenanlagen jüngst restauriert, wobei sie von verschiedenen Seiten (insbesondere der Europäischen Gemeinschaft) mit großzügigen Zuwendungen unterstützt wurden. Dieser sehr exotische Garten mit seiner subtropischen Vegetation gedeiht in dem in der Regel milden Klima des Golfstroms prächtig – die schlechten Erfahrungen der französischen Armada mit dem hiesigen Wetter stellen die sprichwörtliche Ausnahme dar. Das Ehepaar Shelswell-White legte seiner Restauration des Gartens alte Fotografien zugrunde, die um 1870 entstanden waren, wenige Jahre nach dem Tod des zweiten Grafen.

Der Grafentitel von Bantry erlosch 1891 mit dem kinderlosen vierten Grafen, dessen Neffe Edward Leigh den Landsitz erbte. Dieser Sohn der Schwester entstammte väterlicherseits einer alteingesessenen Familie aus Cheshire und nahm den zusätzlichen Familiennamen White an. Als Anfang der 1920er Jahre das einzige Hospital der Stadt Bantry während der Unruhen niederbrannte, bot Edward Leighs Witwe den im Pflegedienst tätigen Nonnen des »Convent of Mercy« Bantry House vorübergehend als Ersatz an. Die nach Süden gerichtete, sonnendurchflutete Bibliothek des zweiten Grafen mit ihrer doppelten Reihe korinthischer Säulen und der Kassettendecke wurde damals zur Kapelle geweiht.

1926 trat die couragierte älteste Tochter, Clodagh, ihr Erbe an und heiratete noch im gleichen Jahr Geoffrey Shelswell, der den Familiennamen White übernahm. Nach einigen Jahren in Afrika und im Nahen Osten, wo Geoffrey in der britischen Kolonialverwaltung arbeitete, kehrte die Familie zu ihrem geliebten Bantry zurück. Während des Zweiten Weltkriegs diente das Haus der irischen Armee, diesmal jedoch nicht als Krankenstation, sondern als Quartier für die Soldaten.

Nach Abzug des Militärs im Jahre 1945 traf Clodagh die mutige Entscheidung, das Haus der Öffentlichkeit zugänglich zu machen und damit die Zukunft des Herrenhauses zu sichern. Im Laufe der Jahre konnten sich inzwischen Tausende von Besuchern an seiner informellen, überaus gastfreundlichen Atmosphäre erfreuen – musikinteressierte Gäste werden stets ermutigt, den Bluthner-Flügel in der Bibliothek auszuprobieren. In diesem beeindruckenden Raum mit einer Länge von über 18 Metern, der in den 1860er Jahren einen Wintergarten auf der Gartenseite ersetzte, werden regelmäßig Konzerte gegeben. Clodaghs Sohn und Erbe, Egerton Shelswell-White, ist selbst begeisterter Posaunist.

Nach dem Tod seiner Mutter im Jahre 1978 kehrte Egerton aus Alabama zurück, wo er als Lehrer gearbeitet hatte, und übernahm die Verwaltung von Bantry. Abgesehen von finanziellen Mitteln des Heritage Council erhielt er ebenfalls Subventionen aus dem sogenannten »Bantry-Paket« (Geldern, die die irische Regierung der Region Bantry bereitstellte, als die Betreiber des Tankerhafens auf Whiddy Island ihre Anteile an die Irish National Petroleum Corporation verkauften), und mit Hilfe dieser Zuschüsse restaurieren Egerton Shelswell-White und seine Ehefrau Brigitte sehr einfühlsam das Anwesen. Brigittes besonderes Interesse galt dabei den Gärten, denen kürzlich auch das Restaurationsprojekt der Europäischen Gemeinschaft, »Great Gardens of Ireland«, zugute kam.

Die oberen Stockwerke des Westflügels, wie auch der gesamte östliche Trakt, wurden nach 1945 nicht mehr genutzt. Ende der 1980er Jahre wurden sie jedoch restauriert und als Gästezimmer umgestaltet. Die Shelswell-Whites gehören der Vereinigung »Hidden Ireland« (Verborgenes Irland) an, einem Zusammenschluß privater Besitzer von Kulturdenkmälern, die traditionelle Landhaus-Gastlichkeit anbieten. Allen Glücklichen, denen ein Aufenthalt in Bantry vergönnt ist – und es ist ein Erlebnis, das man sich wirklich nicht entgehen lassen sollte – steht ein privater Speisesaal und ein Salon zur Verfügung, ja sogar ein Billardraum. Problematisch ist nur, daß man nie wieder gehen möchte. Bantry ist ein Paradies, dessen Zauber seine Bewohner und Besucher gleichermaßen in Bann schlägt und immer wieder an diesen Ort zurückkehren läßt.

LINKS Das Kuppeldach über den Stallungen. Der steinerne Storch ist das Wappentier der Familie White.

UNTEN Auf dem Dach der Welt: Der atemberaubende Ausblick von der sogenannten »Himmelsleiter« im italienischen Garten auf die Gartenfront des Schlosses.

19

LISSADELL

COUNTY SLIGO

LISSADELL, Sitz der Baronets Gore-Booth in der Sligo Bay am Fuße des Ben Bulben, erlangte im 20. Jahrhundert Berühmtheit. Der Dichter W. B. Yeats, der nicht weit von hier lebte, schwärmte von dem Anwesen (»Das Licht des Abends, Lissadell, die großen Fenster öffnen sich nach Süden«), das außerdem das Elternhaus von Constance de Markievicz war, die für Irlands Unabhängigkeit kämpfte und als erste Frau ins britische Unterhaus gewählt wurde. Das Gut war ebenfalls Gegenstand eines Skandals, als der Vorwurf laut wurde, Sir Michael Gore-Booth (der siebte Baronet) habe während seiner Vormundschaft dort Mißwirtschaft getrieben. Bei allem Ruhm und aller Umstrittenheit ist die Bedeutung der Architektur des Hauses aus dem frühen 19. Jahrhundert jedoch meist übersehen worden: Edward McParland bezeichnete es in *Country Life* immerhin als »den schönsten klassizistisch-griechischen Landsitz Irlands«. Und auch die behutsame Renovierung, mit der Sir Josslyn Gore-Booth (der derzeitige Besitzer und gleichermaßen gebildete wie tatkräftige neunte Baronet) Lissadell auf das 21. Jahrhundert vorbereitete, verdient die angemessene Aufmerksamkeit.

»Das Geheimnis ist, herauszufinden, wie man das Gebäude zu seinem vorrangigen Zweck – nämlich dem eines Wohnhauses – nutzen und gleichzeitig der Öffentlichkeit Zutritt gewähren kann, ohne dabei die Architektur zu gefährden«, erklärt Sir Josslyn. »In meinen Augen ist dies eine faszinierende Aufgabe.«

Er erarbeitete ein Konzept, demzufolge zwei eigenständige Wohnungen im Obergeschoß geschaffen werden, während die wichtigsten der Öffentlichkeit zugänglichen Räume im Erdgeschoß weitgehend unangetastet bleiben – die Halle und die Galerie (die Yeats einst als das »großartige Wohnzimmer, hoch wie eine Kirche« beschrieb) erfreuen sich allerdings nach Erneuerung der Oberlichter einer besseren natürlichen Beleuchtung, und das intimere Erkerzimmer (mit den »großen Fenstern«, die Yeats unsterblich machte) soll künftig wieder seiner ursprünglichen Bestimmung als Bibliothek dienen.

Dank Sir Josslyns praktischer Planung wird die Privatwohnung seiner Familie im Obergeschoß wunderbare Ausblicke bieten, sei es Richtung Süden über die Sligo Bay auf Knocknarea und die Ox Mountains, oder ostwärts auf den Ben Bulben. Die Räume im Erdgeschoß mußten seit einiger Zeit auf diesen Vorzug verzichten, denn das Gebäude war dicht mit Bäumen umpflanzt; während unseres

Besuchs in Lissadell waren Sir Josslyn und sein hervorragender Gutsverwalter Nicholas Prins jedoch bereits damit befaßt, das Grün zu lichten.

Diese »Öffnung« der landschaftlichen Umgebung des Hauses wird gewiß eine neue Würdigung der architektonischen Qualitäten Lissadells bewirken, denn die arkadische Szenerie war zweifellos ein ursprünglich eingeplantes Kontrastmoment zur schlichten Strenge des Hauses. Wie Dr. McParland treffend bemerkte, tritt Lissadell einer solchen Romantik »nicht mit gotisierender Dramatik, sondern mit attischer Zurückhaltung« entgegen. Der Architekt des Hauses, Francis Goodwin, war sich ganz gewiß dieser Wirkung bewußt. »Die Umgebung«, notierte er in seinem Buch *Domestic Architecture* (1833/34), »bietet eine derart überwältigende Kombination aus Gebirgsszenerie und Wasser, daß Worte kaum eine adäquate Vorstellung von dem vielfältigen Zauber dieser malerischen Landschaft vermitteln können.«

Das frühere Haus von Lissadell war ein Bauwerk aus dem 18. Jahrhundert mit geschwungener Erker-Fassade. Es stand noch näher am Meer, und zwar direkt am Ufer der Drumcliff Bay, an der Allee, die zum heutigen Landsitz führt. In den 1830er Jahren wurde es abgerissen, etwa zu der Zeit, als das neue Gebäude bezugsfertig wurde.

Im Jahre 1597/98 wurde ein Kommandeur einer Kavallerietruppe namens Paul Gore unter dem Befehl Lord Mountjoys nach Irland versetzt. Er heiratete eine Nichte Thomas Wentworths, des Grafen von Strafford, und ließ sich in der Grafschaft Donegal nieder, wo man ihm im Jahre 1622 einen irischen Baronatstitel und ein Stück Land verlieh. Sir Paul und seine Gemahlin hatten sechs Söhne und sieben Töchter, und im Laufe der Zeit etablierten sich seine Nachkommen in den umliegenden Grafschaften: Fermanagh, Leitrim, Mayo und Sligo, wo sein vierter Sohn, Sir Francis Gore, das kaum fünf Kilometer von Lissadell entfernte Ardtermon Castle an der Küste entweder errichtete oder übernahm. Sir Pauls ältester Sohn wurde der Ahnherr der heute erloschenen Grafenfamilie von Ross – die nicht zu verwechseln sind mit den Grafen von Rosse auf Birr Castle. Von einem weiteren Sohn Sir Pauls stammten die Grafen von Arran und die Lords Harlech ab. Gemeinsam stellten sie 1753 nicht weniger als neun Mitglieder des irischen Unterhauses, bekannt als die »Neun Gores«.

Der Namenszusatz Booth kam hinzu, als Sir Francis Gores Enkel Nathaniel Letitia Booth heiratete, die Erbin Humphrey Booths, eines der Honoratioren Sligos unter Cromwell, dessen Familie schon lange in Salford und Manchester im Nordwesten Englands einen bedeutenden Rang einnahm. Während sich Ardtermon Castle in Nathaniels Besitz befand, ereignete sich ein Unglück, bei dem das Gebäude vollkommen ausbrannte. Dieses damals als Lissadell bekannte, nicht erhaltene Haus mit der Erkerfassade muß von Nathaniels Sohn Booth erbaut worden sein, der 1760 zum Baronet ernannt wurde.

Der zweite, ebenfalls Booth genannte Baronet erbte die ausgedehnten Ländereien der Familie in der zunehmend industrialisierten Umgebung Manchesters,

VORHERGEHENDE SEITEN Der Salon mit den korinthischen Säulen und ungewöhnlichen Kamineinfassungen, in die Spiegel und eine Uhr eingearbeitet sind. Zur Rechten ein Modell von Lissadell, dem »schönsten klassizistisch-griechischen Landsitz Irlands«. Sir Robert Gore-Booth, der vierte Baronet, ließ ihn Anfang der 1830er Jahre nach Entwürfen von Francis Goodwin erbauen.

OBEN Ein Detail der schmiedeeisernen Arbeiten im Treppenhaus. Die Kalksteinblöcke aus Kilkenny wurden so geschliffen, daß sie wie Marmor aussehen.

LINKS Die südliche und östliche Fassade von Lissadell sind Musterbeispiele der Steinmetzkunst. Im Zentrum der Südfassade befindet sich der Runderker, den der Dichter W. B. Yeats, ein Freund und Nachbar der Familie Gore-Booth, unsterblich machte: »...die großen Fenster öffnen sich nach Süden.«

»Das großartige Wohnzimmer, hoch wie eine Kirche«, so beschrieb Yeats die in einer Apsis endende Galerie von Lissadell, in der sich dorische Halbsäulen und ionische Säulen gegenüberstehen. Rechts im Bild Sir Josslyn Gore-Booth, der gegenwärtige Baronet, der den Landsitz einer behutsamen Restaurierung unterzieht.

ein Umstand, der noch entscheidende architektonische Konsequenzen für Lissadell haben sollte. Es war jedoch nicht dieser Baronet, der dem Familiennamen den Zusatz Booth anfügte – möglicherweise empfand er selbst »Sir Booth Gore-Booth« als ein wenig übertrieben – sondern sein Bruder, der 1804 den Titel erbte und somit zum dritten Baronet, Sir Robert Gore-Booth, wurde.

Während der zweite Baronet ein aufwendiges Junggesellenleben in Bath und London führte, lebte Robert Booth über 60 Jahre lang in Abgeschiedenheit auf Lissadell und kümmerte sich um den Besitz seines älteren Bruders. Doch kaum hatte er die Nachfolge angetreten, heiratete er und verschaffte den Landgütern einen Erben. Er starb, als sein ältester, nach ihm benannter Sohn neun Jahre alt war. Der junge Sir Robert bereiste als vierter Baronet das europäische Festland und entwickelte ein lebhaftes Interesse an klassischer Architektur. Sir Josslyn, der gegenwärtige Baronet, vermutet, daß der vaterlose Sir Robert in architektonischen und auch anderen Fragen stark vom ersten Viscount Lorton beeinflußt wurde, einem jüngeren Sohn des zweiten Grafen von Kingston. Der Viscount hatte 1810

OBEN Das Treppenhaus mit seiner säulengeschmückten Galerie. Diverse Jagdtrophäen, Netze und andere Gerätschaften tragen zu Lissadells besonderem Charakter bei.

RECHTS Der Speisesaal, auf dessen Pilastern Casimir Markievicz Mitglieder der Familie und der Dienerschaft porträtierte. Markieviczs Gattin, die berühmte irische Freiheitskämpferin Constance Gore-Booth, findet man neben ihrer Schwester Eva in dem Gemälde über dem Kamin.

in der Nachbargrafschaft Roscommon das herrliche klassizistische Haus von Rockingham nach den Entwürfen des großen John Nash erbauen lassen.

Sir Robert heiratete Lord Lortons Tochter Caroline, die im Kindbett starb. Gemäß Sir Josslyns Theorie war der junge Witwer so beeindruckt vom Palast seines Schwiegervaters, daß er beschloß, ein ähnliches Haus zu errichten – wenn auch mit weitaus kleinerem Budget. Es gibt in der Tat deutliche Parallelen zwischen den Gebäuden: Das unglücklicherweise 1957 vom Feuer verwüstete und anschließend abgerissene Rockingham war Nashs einziges ganz und gar klassizistisches Bauwerk in Irland, und das 1830 (zwei Jahre nach Caroline Gore-Booths Tod) begonnene Lissadell sollte das letzte in diesem Stil erbaute Landhaus Irlands sein. Keines der beiden Gebäude hatte rückwärtige Anbauten oder Dachkammern, so daß hier wie dort die Quartiere für das Dienstpersonal im Souterrain untergebracht waren und einen unterirdischen Zugang besaßen. Insbesondere aber wiesen beide Häuser eine eindrucksvolle, ab dem ersten Treppenabsatz gegabelt verlaufende (»imperiale«) Treppe auf sowie eine zentrale, durch Oberlicht erhellte Galerie; außerdem befand sich bei beiden das Hauptschlafzimmer im Erdgeschoß.

Die Gebäude waren jedoch vom Stil her keineswegs identisch. Sir Roberts Architekt Francis Goodwin war seinerseits ein fähiger Klassizist, der bereits in Manchester und Salford stattliche Rathäuser geschaffen hatte, die Sir Robert von seinen Besuchen auf den Landgütern der Boothschen Familie in Nordwestengland

bekannt gewesen sein dürften. Dr. McParland erwähnt in diesem Zusammenhang, daß der vertiefte, viergliedrige ionische Stil des Portikus von Goodwins Bau in Manchester auch in der Galerie von Lissadell in Erscheinung tritt. Bis 1833 war Lissadell jedenfalls bei einem Kostenaufwand von etwa 11 000 Pfund so gut wie fertig.

Auf den ersten Blick könnte man meinen, daß die hellenistische Strenge der Architektur ein wenig zu weit getrieben worden sei. An einem nassen, stürmischen Tag kann man Yeats verstehen, der einmal in nicht ganz so romantischer Stimmung das weitgehend schmucklose Äußere des Gebäudes als »grau, kantig und kahl« beschrieb. Sobald jedoch das magische Licht Westirlands auf die klaren Linien des örtlichen Kalksteins fällt, auf jenes Musterbeispiel der Steinmetzkunst, dann kommt die asketische Schönheit des Anwesens voll zur Geltung.

Auch im Innern des Hauses erwarten den Besucher besondere Freuden, darunter die verschwenderisch gestalteten Marmorkamine im ägyptischen Stil. Die über zwei Stockwerke aufragende Halle präsentiert eine dramatische Kombination dorischer und ionischer Säulenordnungen, und das Treppenhaus ist ein wahres Glanzstück aus Kilkenny-Marmor. Entlang der gewaltigen Galerie stehen sich dorische Halbsäulen und ionische Säulen gegenüber, und zu guter Letzt verdeutlicht der Billardraum Goodwins Vorliebe für geometrische Stuckverzierungen.

In seinem Band *The North-West of Ireland* (1862) beschreibt Henry Coulter, wie es Sir Robert gelungen sei, ein »wildes, trist und armselig anzuschauendes« Areal in »eines der schönsten und bestbewirtschafteten Landgüter des Vereinigten Königreichs« zu verwandeln. Sir Henry Gore-Booth, der fünfte Baronet, führte die landwirtschaftlichen Neuerungen seines Vaters weiter. Als verständnisvoller Grundbesitzer, der durchaus selbst mit Hand anlegte, nahm seine Beliebtheit sogar

LINKS und RECHTS In Lissadell bietet sich selbst die Abstellkammer für herrlich stimmungsvolle Studien an – ein Aspekt des Anwesens, den Sir Josslyn Gore-Booth trotz aller Bemühungen, das Haus den Bedürfnissen des 21. Jahrhunderts anzupassen, weiterhin zu bewahren sucht.

während der Agrarunruhen der 1880er Jahre keinen Schaden. Nicht nur das Segeln und Angeln, sondern auch die Erforschung der Arktis zählte zu seinen Leidenschaften. Yeats notierte nach einem Besuch auf Lissadell im Winter 1894/95, Sir Henry denke »an nichts anderes mehr als an den Nordpol«.

Sir Henrys kuriose Sammlung ausgestopfter Vögel und anderer Stücke, wie der Schädel eines Butzkopf-Wals oder Walroßzähne, gehört zu den unvergeßlichen Attraktionen eines Rundgangs in Lissadell. Den nachhaltigsten Eindruck hinterläßt jedoch meist der Speisesaal, dessen Pilaster von Casimir Markievicz mit lebensgroßen Porträts bemalt wurde. Der selbsternannte »Graf« hatte Constance Gore-Booth, Sir Henrys älteste Tochter, um die Jahrhundertwende in Paris kennengelernt, wo beide Kunst studierten; 1900 heirateten sie. Constance begegnet man auch (in Gesellschaft ihrer Schwester Eva) auf Sarah Pursers eindringlichem Doppelporträt zweier Mädchen im Wald, das ebenfalls im Speisesaal hängt.

Markieviczs Wandbilder in auffallend slawischem Stil stellen nicht nur Familienmitglieder dar, sondern auch den Förster von Lissadell, den Wildhüter und den legendären, exzentrischen Butler Kilgallon, der den Geschichten von Somerville und Ross zu entspringen scheint. In seinem Buch *Life in An Irish Country House* berichtet Mark Bence-Jones über einen unglücklichen Vorfall des Jahres 1913, als die erstaunten Brüder Stafford-King-Harman, die für einen – ihrer Meinung nach – dreitägigen Besuch von Rockingham herübergekommen waren, bereits nach einer Nacht von dem eigenmächtig handelnden Kilgallon auf den Heimweg geschickt wurden. Möglicherweise hatte einer der jungen Männer Kilgallons Mißfallen erregt, als ihm bei seiner Ankunft auf Lissadell der Fehler unterlief, Sir Josslyn Gore-Booth, den sechsten Baronet, für den Butler zu halten.

Sir Josslyns Schwester Caroline wiederum fand höchstes Vergnügen daran, sich in der Verkleidung einer jungen Bettlerin von der Dienerschaft vertreiben zu lassen. Wie Yeats treffend bemerkte, waren die Gore-Booths »eine sehr angenehme, freundliche und begeisterungsfähige Familie, immer bereit, neue Ideen und neue Dinge aufzugreifen«. Constance Gore-Booth begeisterte sich für den irischen Nationalismus. 1916 nahm sie aktiv am Osteraufstand teil und wurde hierfür zum Tode verurteilt, später allerdings zur Zwangsarbeit begnadigt. In der ersten republikanischen Verwaltung bekleidete sie die Position des Arbeitsministers, wurde jedoch während des Bürgerkriegs von den Streitmächten des Freistaates erneut ins Gefängnis geworfen. Bei ihrem Begräbnis im Jahre 1927 säumten in Dublin 300 000 Menschen den Weg des Trauerzugs.

Ungeachtet des großen Beitrags, den diese Volksheldin zur Bildung des neuen Irlands leistete, und ungeachtet der aufgeklärten Art und Weise, in der ihr Bruder die Familiengüter verwaltete (galt er doch als der erste Grundbesitzer, der die politische Notwendigkeit akzeptierte, seinen Pächtern ihr Land zu den in der Land-Akte von Wyndham festgelegten Bedingungen anzubieten), hinterließ Sir Josslyns Tod eine bedauerliche Lücke. Sir Michael, der den Titel erbte und siebter Baron wurde, hatte sich nie wieder von einem in Cambridge erlittenen Nervenzusammenbruch erholt, und sein jüngerer Bruder Hugh, der daraufhin die Besitztümer verwalten sollte, kam 1943 auf Leros zu Tode. Der Landsitz fiel nun unter die Vormundschaft des Kanzleigerichts, und Sir Josslyns Witwe und zwei ihrer Töchter wurden in einen Rechtsstreit um seine Verwaltung verwickelt. 1968 mußte schließlich die große Farm, die den wesentlichen Teil des Landbesitzes ausmachte, an die staatliche Ländereikommission verkauft werden.

Glücklicherweise gehören all diese Unannehmlichkeiten, die so wenig zu Lissadells Schönheit passen wollen, inzwischen der Vergangenheit an. In Anerkennung der Bedeutung als Touristenattraktion hat die Baubehörde Sir Josslyn bei der Renovierung des Anwesens großzügig beratende Hilfe geleistet, während die Behörde für Denkmalpflege die systematische Erneuerung der Bleiplatten und Stützbalken des Daches subventionierte. Die behutsame Restaurierung des Herrenhauses und seiner Ländereien durch den derzeitigen Besitzer verspricht, diesen außergewöhnlich stimmungsvollen Ort zu neuem Leben zu erwecken, ohne ihn dabei seiner Poesie zu berauben.

OBEN Ein Blick vom Dach in südlicher Richtung über die Bucht von Sligo nach Knocknarea.

RECHTS Sir Josslyn schließt das gewaltige, mit Ziernägeln beschlagene Tor der Wageneinfahrt. Der von Goodwin geschickt entworfene Anbau schützt eintreffende Besucher vor Regen und den rauhen Winden der Atlantikküste.

20

Mount Stewart

COUNTY DOWN

DIE GARTENANLAGEN von Mount Stewart, die ihre üppige Vegetation dem milden Klima der Halbbinsel Ards verdanken, genießen selbst in Fachkreisen hohes Ansehen und erwecken den Eindruck, als gäbe es sie schon seit Generationen. Um so überraschter ist der Besucher, wenn er erfährt, daß erst die Mutter der gegenwärtigen Schloßherrin, Lady Mairi Bury, sie entwarf. In der Tat ist vieles, was heute auf Mount Stewart zu bewundern ist, jener Mutter zuzuschreiben. Edith, Marquise von Londonderry, war die Gattin des siebten Marquis (der Anfang der 1930er Jahre der britischen Regierung als Luftfahrtminister angehörte) und eine überaus bemerkenswerte Persönlichkeit.

In dem von ihr verfaßten Führer durch den knapp 40 Hektar großen Park erinnert sich Edith Londonderry, wie sie bei ihrem ersten Besuch auf dem Anwesen »das Haus und die Umgebung als den feuchtesten, düstersten und traurigsten Ort« empfand, an dem sie je einen Winter verbracht hatte. Nachdem ihr Gatte jedoch 1921 in der ersten Regierung Nordirlands das Amt des Bildungsministers übernommen hatte, begann sie hier zu leben und entdeckte »was an Mount Stewart wirklich wichtig und außergewöhnlich ist«: sein Klima, das sich als äußerst vorteilhaft für solche Pflanzen, Bäume und Sträucher erwies, die gewöhnlich nur im Treibhaus gedeihen. Die Bäume, die bis dahin das Haus verdunkelt hatten, mußten weichen, und es entstand einer der schönsten Gärten der Britischen Inseln. Er umfaßt einen »Shamrock«-Garten, der dem Wahrzeichen Irlands (weißem Klee) gewidmet ist, einen Senkgarten sowie Gärten im italienischen und spanischen Stil, einen See und die sogenannte Dronten-Terrasse.

Die Skulpturen dieser Terrasse erinnern an den exklusiven Freundeskreis Lady Londonderrys, der unter dem Namen »die Arche« bekannt war, weil jedes der Mitglieder nach einem Tier oder Fabelwesen benannt wurde. Ramsay MacDonald war demnach »Hamish the Hart« (der Hirsch), Winston Churchill »the Warlock« (der Hexenmeister), der erste Viscount Hailsham »the Wild Boar« (das Wildschwein, weil sein Familienname Hogg an *hog*, das Schwein, erinnerte), der Historiker H. Montgomery Hyde »Montgomery the Mole« (der Maulwurf). Die legendäre Gastgeberin selbst war bekannt als »Circe the Sorceress« (die Zauberin Circe).

Auch im Innern des Hauses sorgte Circes Zauberkraft für Veränderung. Die Innenausstattung war seit den Umbauten der 1830er Jahre, die William Vitruvius

Morrison im Auftrag des dritten Marquis von Londonderry vorgenommen hatte, weitgehend unangetastet geblieben. Mit gewagten Farben (der Salon erhielt lachsrosa Wände) und raffinierter Beleuchtung durch ungewöhnliche Lampen, die sie zum Teil während einer Chinareise im Jahre 1912 erworben hatte, schuf Lady Londonderry eine elegante und heitere Atmosphäre im Stil der 20er Jahre. In den frühen 50er Jahren nahm sie in vielen Räumen eine farbliche Umgestaltung vor.

Lady Londonderrys angenehm eklektischer Geschmack kommt besonders gut im Salon zum Ausdruck, wo von ihr gesammelte Möbelstücke – wie eine niederländische Eichenvitrine, spanische und italienische Tische aus Walnußholz und ein französischer Schreibtisch aus der Zeit Louis-Philippes – in unbeschwerter Eintracht zusammenstehen. Die aufklappbare Platte eines englischen Spieltisches aus Walnußholz (frühes 18. Jahrhundert) ist auf der Innenseite mit einer von Edith Londonderry gefertigten *Gros-* und *Petit-point*-Arbeit bespannt, die eine Ansicht der Westfassade und des Gartens von Mount Stewart zeigt.

Der mittlere Raum auf der Gartenseite, der früher eine Halle mit Galerie war, wurde vertäfelt und in einen Rauchsalon umgewandelt. Dieses gemütliche, recht dicht möblierte und ausgestattete Zimmer erinnert stark an die 1930er Jahre. Hier befindet sich auch Julian Barrows reizendes Porträt von Lady Mairi Bury und ihrem Kakadu. Lady Mairi, die jüngste Tochter der Londonderrys, erbte von ihrem Vater die Leidenschaft fürs Fliegen und ließ sich zur Pilotin ausbilden. Ihrem Vater, dem siebten Marquis, hätte größere Anerkennung gebührt als ihm zuteil wurde für das, was er als britischer Luftfahrtminister geleistet hatte: die Erhaltung des Grundstocks der Royal Air Force trotz der herrschenden Abrüstungspolitik, die Einrichtung einer Kommission zur Entwicklung der Radartechnik und die Förderung der beiden Flugzeugtypen Hurricane und Spitfire, die dazu beitragen sollten, die große Luftschlacht um England zu gewinnen.

Nach Meinung des Historikers H. Montgomery Hyde, der sich eingehend mit der Familiengeschichte der Londonderrys befaßte, wäre es angemessen gewesen, »Charley« Londonderry fast auf eine Stufe mit seinem berühmten Vorfahren, dem zweiten Marquis, zu stellen: Er ging unter dem Namen Castlereagh in die Geschichte ein, weil er als Irlandminister den Aufstand von 1798 niederschlug, drei

VORHERGEHENDE SEITEN Die Nordfassade von Mount Stewart wird von einem hohen ionischen Portikus dominiert, der tief genug ist, um als Wageneinfahrt zu dienen. Die elfachsige Fassade, die zur Eingangsfront wurde, entstand durch einen Umbau in den 1830er Jahren, mit dem der dritte Marquis von Londonderry den Architekten William Vitruvius Morrison betraute.

OBEN Eine Ecke des Rauchsalons mit einem Aquarell von Clifford, das die Mutter von Lady Edith Londonderry, Lady Florence Leveson-Gower, im Jagdkostüm auf Blankney in Lincolnshire zeigt, dem Familiensitz ihres zukünftigen Gatten, Harry Chaplin. Lady Florence war die ältere Tochter des dritten Herzogs von Sutherland, auf dessen schottischem Schloss Dunrobin Castle Lady Edith Anregungen für die Gartenanlagen von Mount Stewart fand.

LINKS Der behagliche, mit Mobiliar und Zierrat reichlich bestückte Rauchsalon war vor dem großen Umbau eine Innenhalle mit Galerie. Das Porträt über dem Kamin ist ein Werk Philip de Lázlos und zeigt Edith, Marquise von Londonderry (»die Zauberin Circe«), deren Gatte, der siebte Marquis, in den 1930er Jahren Luftfahrtminister in der britischen Regierung war.

Den geräumigen Salon schuf William Vitruvius Morrison um 1835. Die beiden ionischen Säulenreihen umgrenzen das Areal, wo sich in dem früheren Haus aus dem 18. Jahrhundert (Mount Pleasant) der Salon befand. Der Raum wurde von Lady Edith Londonderry umdekoriert und bot ihren Gesellschaften einen stilvollen Rahmen.

Jahre später die Unionsakte in die Wege leitete und als britischer Außenminister die Strategie vorgab, mit der Napoleon besiegt und der Friedensschluß in Wien nach britischen Vorstellungen durchgesetzt werden konnte.

In Mount Stewart wird dem großen Politiker mit dem Castlereagh-Zimmer und den beim Wiener Kongreß benutzten Empire-Stühlen, die jetzt im Speisesaal stehen, ein ehrendes Andenken bewahrt. Wie Charley Londonderry hatte auch Castlereagh seine Kritiker, ungeachtet der Meinung des berühmten Herzogs von Wellington, der ihm »einen klaren Verstand, hervorragende Begabungen und feste Grundsätze« bescheinigte, »wie ich sie bei keinem anderen je erlebt habe«. Daß Castlereagh in der Tat ein Mann mit Grundsätzen war, kam in seinem staatsmännischen Kommentar zur Niederlage Napoleons zum Ausdruck: »Es ist nicht unsere Aufgabe, Trophäen zu sammeln, sondern die Welt wieder in friedliche Bahnen zu lenken.«

Selbst der klatschsüchtige Chronist Charles Greville mußte dem »würdevollen und beeindruckenden« Castlereagh zugestehen, daß er höfliche Umgangsformen

OBEN Nach den ursprünglichen, von George Dance entworfenen Plänen war das Castlereagh-Zimmer der Speisesaal. Die furnierten Bücherschränke (die mit Attrappen gefüllt sind) stammen wahrscheinlich aus der Werkstatt des Tischlers John Ferguson und sind wohl aus der alten Bibliothek (die heute Lady Londonderrys Salon ist) hierher versetzt worden, als Morrisons neuer Speisesaal in den 1820er Jahren fertiggestellt war. Die Büste Castlereaghs auf dem Tisch ist von Joseph Nollekens.

RECHTS Die monumentale Haupthalle von Mount Stewart ist ein Achteck mit paarweise angeordneten ionischen Säulen, deren Bemalung grünen Marmor imitiert. Durch eine Glaskuppel oberhalb der Galerie fällt Tageslicht in den Raum. Das klassische Interieur ist vermutlich ein Gemeinschaftswerk von William Vitruvius und Sir Richard Morrison, und erinnert an die für die Familie Coote entworfene Rotunde mit Kuppeldach in Ballyfin. Die Standbilder schuf Lawrence Macdonald 1856 in Rom. Im Jahre 1961 wurde der Raum von Lady Mairi Bury farblich neu gestaltet.

LINKS Der Raum im ersten Stock des Tempels der Winde, der 1782–85 von James »Athenian« Stuart für den ersten Marquis von Londonderry gebaut wurde. Die Stuckdecke stammt von William Fitzgerald und der Intarsienboden von John Ferguson. Die Intarsien spiegeln das Muster der Decke wider – eine architektonische Finesse, die sich auch in dem von George Dance gestalteten Musiksaal im Haupthaus findet.

RECHTS Der Tempel der Winde ist ein achteckiges Banketthaus, das von »dem Athener« Stuart als Hommage an den Turm des Andronikos von Kyrrhos in Athen (Turm der Winde) entworfen wurde.

Die Wendeltreppe im Tempel der Winde, der als das schönste Gartenhaus Irlands gilt.

besaß und in Gesellschaft äußerst liebenswürdig war. »Sein hervorragendster Charakterzug war sein Mut, der sich durch Besonnenheit und Entschlossenheit auszeichnete«. Dies hinderte Castlereagh jedoch nicht daran, sich mit seinem politischen Gegner George Canning zu duellieren (er schoß ihm in den Oberschenkel) und 1822 sein Leben auf tragische Weise zu beenden, indem er sich, durch Überarbeitung psychisch und physisch erschöpft, die Kehle durchschnitt.

In seiner Kindheit war Castlereagh – damals schlicht Robert Stewart – knapp dem Tode entronnen, als er beim Segeln in den tückischen Gewässern des Strangford Lough nahe Mount Stewart kenterte und zu ertrinken drohte. Doch der Zufall wollte es, daß Roberts aufmerksamer Hauslehrer das Unglück beobachtete: Er stand zufällig am Aussichtspunkt des »Tempels der Winde«, der kurz zuvor auf einer östlich des Hauses in den See hineinragenden Anhöhe errichtet worden war und einen hervorragenden Ausblick bot.

Der Tempel ist ein achteckiges Banketthaus. Er wurde von dem bedeutenden Wegbereiter des Klassizismus, James »Athenian« (der Athener) Stuart, als Hommage an den Turm des Andronikos von Kyrrhos in Athen (besser bekannt als »der Turm der Winde«) errichtet und gilt als das schönste Gartenhaus Irlands. Anfang der 1780er Jahre wurde der Tempel für Robert Stewarts Vater, der ebenfalls Robert hieß und Parlamentsabgeordneter für die Grafschaft Down war, gebaut. (Sein Vater wiederum, ein wohlhabender Leinenhändler namens Alexander Stewart, hatte 1744 das Anwesen gekauft, das damals noch Mount Pleasant hieß.) Nach dem Tode Castlereaghs schlug man vor, den Tempel in ein Mausoleum umzuwandeln, doch Charles (der dritte Marquis von Londonderry), der mit dem verstorbenen Halbbruder auf Mount Stewart eine Jugend voller Abenteuer verbracht hatte, wollte – zu Recht – nichts davon wissen:

> Ich lehne die Idee entschieden ab... Ich halte ganz und gar nichts davon, einen Tempel, der für Frohsinn und Ausgelassenheit errichtet wurde, in eine Grabstätte zu verwandeln. Das Gebäude eignet sich ausschließlich als ein Refugium im Park, das der Lustbarkeit dient.

Der Vater der beiden, der 1789 zum Baron von Londonderry geadelt wurde, stieg weiter auf, zunächst zum Viscount Castlereagh, dann zum Grafen und schließlich (in Anerkennung des von seinem älteren Sohn geleisteten Staatsdienstes) zum ersten Marquis von Londonderry. Eine Zeitlang trug er sich mit dem Gedanken, das Haus seines Vaters nach Entwürfen von James Wyatt umzubauen, doch schließlich ließ er in den 1780er Jahren nur einen temporären Seitenflügel an der Westseite von Mount Pleasant (wie das Anwesen seinerzeit noch hieß) errichten. Etwa 20 Jahre später wurde dieser Gebäudeteil durch den heutigen Westflügel ersetzt, den der Londoner Architekt George Dance entwarf.

Die Intarsien der Türen, der halbhohen Wandtäfelung und der Böden im Westflügel stammen von John Ferguson, der auch am Tempel der Winde mitgewirkt hatte. Weitere dekorative Elemente aus der Zeit des Umbaus durch den Architekten George Dance sind drei fein ausgearbeitete Stuckdecken – insbesondere die des achteckigen Musiksaals – sowie das elegante Treppenhaus mit der Glaskuppel, die Tageslicht einfallen läßt: Dieses Interieur ist aus rein architektonischer Sicht das bemerkenswerteste Element der Innenausstattung von Mount Stewart.

Der Charakter des übrigen Hauses spiegelt den Zeitgeschmack der 1820er und 1830er Jahre wider, angepaßt an die ästhetischen Vorstellungen der ein Jahrhundert später darin lebenden Generation. Der dritte Marquis von Londonderry, der als »Soldaten-Marquis« bekannt wurde und zwei Duelle überlebte, heiratete die reiche Frances Anne Vane-Tempest. Sie war die Erbin des Kohlemagnaten Sir Henry Vane-Tempest von Wynyard in der englischen Grafschaft Durham und wurde von Benjamin Disraeli (der sie als »halb Rüpel und halb große Dame«

OBEN Ein Blick auf die Südfront des Hauses und den von Lady Edith Londonderry angelegten italienischen Garten, der sich über die gesamte Hauslänge erstreckt. Bei der Gestaltung der Fassade haben die Villen Gamberaia und Farnese Pate gestanden. Der Eingang zur Rechten wird von zwei Dronten bewacht.

UNTEN Die Arche bildet den Mittelpunkt der Dronten-Terrasse. Lady Edith Londonderrys Freundeskreis wurde als »Arche« bezeichnet, weil jedes Mitglied nach einem Tier oder Fabelwesen benannt war.

Die mythische Menagerie von Mount Stewart.

beschrieb) als Marquise von Deloraine in seinem Roman *Sybil* verewigt. Durch die Heirat zu Geld gekommen, begab sich der Soldaten-Marquis Ende der 1820er Jahre daran, mit fachmännischer Hilfe seitens William Vitruvius Morrison das Anwesen auszubauen. Das Ergebnis der aufwendigen Umgestaltung war eine neue, elfachsige Eingangsfront mit einem gewaltigen, von vier ionischen Säulen getragenen Portikus und einer Dachbalustrade. Die nicht minder eindrucksvolle neue Gartenfassade zierte ebenfalls ein einstöckiger Portikus mit paarweise angeordneten ionischen Säulen. Morrisons Glanzstück im Gebäudeinnern ist die monumentale Haupthalle, der Lady Mairi Bury 1961 einen recht gewagten neuen Anstrich verlieh. Der hohe, über zwei Stockwerke aufragende Raum ist durch ionische Säulenreihen gegliedert und wird von einer Galerie umspannt. Weitere ionische Säulen finden sich in dem geräumigen Salon, der einen großartigen Rahmen für Edith Londonderrys Gesellschaften abgegeben haben muß und eine wunderbare Aussicht auf die von ihr angelegten Gärten im italienischen und spanischen Stil bietet.

Dem dritten Marquis von Londonderry wurde mit dem Scrabo-Turm auf dem Anwesen ein Denkmal gesetzt. Sein Sohn ließ den Turm auf einem Hügel errichten. Er machte als vierter Marquis von sich reden, als er die Familientradition des Duellierens fortführte. *The Complete Peerage* vermerkte:

> Im Juni 1838 wurde [dem Marquis] in einem Duell bei Wormwood Scrubs von Monsieur Gérard de Melcy, dem Gemahl der berühmten Opernsängerin Grisi, das Handgelenk durchschossen. Der Viscount [Castlereagh] hatte der Sängerin zuvor, ohne von ihr in irgendeiner Weise ermuntert worden zu sein, seine Liebe erklärt.

Im weiteren Verlauf des 19. Jahrhunderts nahm die Familie wieder ihren Platz im öffentlichen Leben ein, als der sechste Marquis zum Vizekönig von Irland ernannt wurde. Er und seine Gemahlin Theresa waren frühe Verfechter des Ulster-Unionismus. Theresa war eine perfekte Gastgeberin und vermochte einflußreiche Politiker für ihre Sache zu gewinnen. Als einen »geschickten jungen Anwalt aus Dublin, der nützlich sein könnte«, beschrieb sie Edward Carson, als er zum ersten Mal nach Mount Stewart kam.

Im Juli 1903 empfingen die Londonderrys den englischen König Eduard VII. und Königin Alexandra auf Mount Stewart. Eine örtliche Zeitung schwärmte:

> Auf treue Herzen kann die Krone bau'n
> In unserer Stadt in der Grafschaft Down ...
> Der Landesherr sei mit Dank bedacht
> Weil er König und Königin zu uns gebracht
> Drum Londonderry für sein Bestreben
> Rufen wir zu: Hoch soll er leben!

Das Königspaar pflanzte symbolisch zwei schöne Rotbuchen, die noch heute vor der Nordseite des Hauses stehen. Im Gästebuch notierte Königin Alexandra: »Ein wunderschöner Ort, aber sehr feucht.«

Die ersten Eindrücke der Schwiegertochter der Londonderrys, Edith, waren seinerzeit ähnlich gewesen. Doch später sollte sie den Ort schätzen lernen und seine Schönheit in einer Weise hervorheben, daß er inzwischen von allen geschätzt wird. Bis zu ihrem Tod im Jahre 1959 arbeitete sie unermüdlich in den von ihr angelegten Gärten, die sie dem National Trust zum Geschenk machte. Ihre Tochter Lady Mairi Bury (die später das Haus dem Trust übergab) erinnert sich, daß ihre Mutter häufig für eine Gärtnerin gehalten wurde, die dem Dienstpersonal angehörte. Lady Londonderry nahm diese Verwechslungen jedoch nicht übel, denn auf Mount Stewart sind Gäste schon immer sehr willkommen gewesen. Es ist sowohl Lady Mairi – die hier weiterhin wohnt und ihr eigenes Gut bewirtschaftet – als auch dem National Trust zu danken, daß diese freundliche, zwanglose Atmosphäre auch weiterhin die Schönheit des Ortes vervollkommnet.

21

CALEDON

COUNTY TYRONE

DIE NACHWELT ist mit dem Werk des großartigen Regency-Architekten John Nash nicht eben freundlich umgegangen. Einige seiner Fingerübungen im Burgenstil sind zwar erhalten (zum Beispiel Lough Cutra in der Grafschaft Galway, das man in den 1960er Jahren durch Restauration vor dem drohenden Verfall rettete), doch seine schönsten klassizistischen Entwürfe sind entweder ganz verschwunden, wie Rockingham in der Grafschaft Roscommon, oder ihre Innenausstattung wurde entfernt. Um so wichtiger sind Nashs glücklicherweise erhaltene Arbeiten in Caledon, dem prächtigen, bislang kaum gewürdigten Landsitz der Alexanders, Grafen von Caledon.

Nach Meinung Christopher Husseys von *Country Life* kann man Caledon als den für Nash beispielhaftesten Landsitz der Britischen Inseln ansehen. Husseys Kollegin, die Möbelexpertin Margaret Jourdain, hielt es für das »am vollständigsten erhaltene Haus, das in dem vom Prinzregenten und seinem Architekten gegen Ende des Napoleonischen Krieges bevorzugten Stil ausgestattet wurde«.

Die nachfolgende Generation von Architekturhistorikern betonte jedoch ihrerseits, daß Nashs prunkvolle Umbauten im Auftrag des zweiten Grafen von Caledon keinesfalls überbewertet werden dürften im Vergleich zu dem eher zurückhaltenden klassizistischen Stil des weniger bekannten Thomas Cooley, der 1779 mit dem ursprünglichen Bau des heutigen Gebäudes für den »Nabob« James Alexander begann. Alexander war in Indien zu erheblichen Reichtum gelangt und wurde später mit dem Titel eines ersten Grafen von Caledon geehrt. Hussey pries die herrliche, von Nash entworfene Bibliothek in Caledon mit ihrer Kassettenkuppel, den korinthischen Säulen in porphyrfarbenem Scagliola und dem wundervollen Regency-Mobiliar als »den vielleicht besterhaltenen unter allen großen, von Nash entworfenen Räumen, mit Ausnahme von Buckingham Palace«. Doch selbst über dieses Interieur bemerkte Alistair Rowan in seinem Band *North-West Ulster* der Reihe *The Buildings of Ireland* nur trocken: »[Sie ist] grandios, läßt jedoch die Feinheit von Cooleys Werk vermissen.«

Wie Professor Rowan ebenfalls herausstellt, ist das jetzige Gebäude aus der spätgeorgianischen bis Regency-Zeit wahrscheinlich bereits das vierte Herrenhaus auf dem Landgut. Zu der Zeit, als Caledon sich im Besitz der Familie O'Neill befand, war es unter dem Namen Kinard bekannt und aufgrund der Lage oberhalb des Flusses Blackwater von militärisch-strategischer Bedeutung. Damals stand dort eine alte Burganlage, die im frühen 17. Jahrhundert einer Festung weichen mußte. Nach der Schlacht von Benburb und der endgültigen Zerschlagung des O'Neillschen Ulster-Aufstandes im Jahre 1646 wurde sie erstürmt und eingenommen. Im Anschluß an die Konfiszierungen unter Cromwell errichteten dann die Hamiltons aus Schottland dort ihr Haus, und gaben dem Landsitz in Erinnerung an ihre alte Heimat den Namen Caledon.

Dieses Gebäude aus dem späten 17. Jahrhundert beschrieb der fünfte Graf von Orrery im Jahre 1738 als »alt, niedrig und nicht sehr groß, obwohl es viele Räume hat«. Durch seine Hochzeit mit der Hamilton-Erbin Margaret war Caledon gerade in seinen Besitz gelangt. Er erbte außerdem noch die Grafschaft Cork von der auf Lismore *(siehe dort)* ansässigen Linie der Familie Boyle. Lord Orrery betätigte sich als Literat, stieß allerdings auf geteilte Meinungen. So hielt ihn Dr. Johnson für einen »schwächlichen Mann... Seine Konversation war wie seine Schriften, gepflegt und elegant, aber kraftlos. Er strebte nach mehr, als er mit seinen Fähigkeiten erreichen konnte, und war bemüht, als ein besserer Redner, besserer Schriftsteller und besserer Denker zu erscheinen, als er wirklich war«. Andererseits war Orrery mit Jonathan Swift befreundet und mit Mrs. Delany, der großen Botanikerin und Reisenden, die über ihn äußerte, er sei »von sehr sanftem Benehmen und ungeheuer höflich«.

Ebendiese Qualitäten kamen ihm sicherlich bei der Eroberung einer ungeheuer reichen Erbin zugute. Die kaum zu Übertreibungen neigende *Complete Peerage* behauptete gar, Miss Margaret Hamilton von Caledon habe damals »eines der größten Vermögen in ganz Europa« besessen. Lord Orrery, der laut Mrs. Delany »große Freude am Bauen und am Gärtnern« hatte, spielte wohl mit dem Gedanken, ein neues Haus an einer anderen Stelle des Landgutes zu errichten, scheint aber letztendlich seine Energien auf die Landschaftsgestaltung konzentriert zu haben. Von seinen Rokoko-Gärten auf Caledon ist allerdings nur das bizarre Beinhaus geblieben, dessen Säulen und Bögen mit Knochen verblendet sind, die angeblich aus der Abfallgrube eines O'Neillschen Aufständischen-Lagers stammten.

VORHERGEHENDE SEITEN John Nashs prächtige, kuppelgedeckte Bibliothek in Caledon ist ein Anbau aus dem Jahre 1812 für den zweiten Grafen von Caledon, der die Büchersammlung Bischof Percys erworben hatte. Percy war Autor der Schrift *Reliques of Ancient English Poetry*. Die korinthischen Säulen sind eine porphyrfarbene Scagliola-Arbeit.

RECHTS Detailansicht einer männlichen Figur, die eine Seite des klassizistischen Kamins im Salon schmückt. Das aus römischem Zement modellierte und steinähnlich bemalte Hochrelief der Kamineinfassung veranlaßte Christopher Hussey zu der Vermutung, es stamme von der Hand Richard Westmacotts, der auch die Kamine in Castle Coole schuf.

OBEN und LINKS Zwei Ansichten des Salons. Thomas Cooley entwarf ihn ursprünglich als Eingangshalle des 1779 für den »Nabob« Alexander neu erbauten Hauses im klassizistischen Stil. Die Säulen sind eine gelbe Scagliola-Arbeit; der Stuck über der Tür zum Ovalen Salon zeigt ein Sphingenpaar im Adamschen Stil. Das vergoldete Mobiliar stammt aus der Regency-Zeit.

LINKS Ein Blick quer durch das Haus von der Inneren Halle aus, die 1833 während der abschließenden Umbauten entstand. Damals wurde der Eingang vom Norden in den Osten verlegt und Thomas Cooleys ursprüngliche Eingangshalle zum Salon umgestaltet.

UNTEN Eine Dienstbotenklingel. Vor dem Ersten Weltkrieg gab es in Caledon eine dreizehnköpfige Dienerschaft.

Leider ist die Eremitage schon lange verschwunden, aber nach Mrs. Delanys Beschreibung der Gärten muß sie ein bezaubernder Ort gewesen sein:

> ...etwa ein Morgen Land – ein Eiland, bepflanzt mit der ganzen Vielfalt an Bäumen, Sträuchern und Blumen, die in diesem Lande wachsen, eine Fülle schmaler, sich windender Pfade, allenthalben geschmückt mit kleinen Sitzen und Bänken. In der Mitte findet sich die aus Baumwurzeln errichtete Klause eines Einsiedlers. Der Fußboden ist aus Kieselsteinen gepflastert; es gibt dort eine aus Matten gefertigte Ruhebank und kleine hölzerne Schemel, einen Tisch und darauf ein Manuskript, ein Paar Augengläser, eine Lederflasche; und aufgehängt in verschiedenen Winkeln ein Stundenglas, ein Wetterglas und verschiedene mathematische Geräte, ein Bord mit Büchern, eines mit hölzernen Tellern und Schalen, ein weiteres mit irdenem Geschirr, kurz gesagt, alles, was man sich als Bedarf eines Eremiten vorstellen mag. Vier kleine Gärten umgeben dieses Haus: ein Obstgarten, ein Blumengarten, ein Heilkräutergarten und ein Küchengarten. Nie zuvor habe ich diese hübsche Idee so überaus gut verwirklicht gesehen.

Edmund, der Sohn des Grafenpaares und spätere siebte Graf von Cork und Orrery, erwies sich jedoch als alles andere als ein Eremit. Will man Sir Henry Crofts

OBEN Im Ovalen Salon schuf Nash durch den phantasievollen Einsatz von vergoldeten Papiersilhouetten und Stuckfriesen ein prunkvolles Regency-Interieur.

gewagtem Roman *The Abbey of Kilkhampton* aus dem Jahre 1780 glauben, so hat er sich »den schlimmsten Ausschweifungen hingegeben«. Verstärkt wird dieser Eindruck noch durch seine Abbildung im *Town and Country Magazine* in den berüchtigten »*tête-à-tête*-Porträts« von Adeligen und ihren Mätressen. Schließlich gab der sündige Graf englischen Fleischtöpfen den Vorzug gegenüber der idyllischen Waldlandschaft Ulsters und veräußerte Caledon im Jahre 1778 an den »Nabob« Alexander.

Der neue Besitzer, ein jüngerer Sohn des Ratsherrn Nathaniel Alexander, war ein Kaufmann aus Londonderry, der mit seinem in Indien angehäuften Vermögen nach Irland zurückgekehrt war. Alles in allem verwandte er die atemberaubende Summe von rund 600 000 Pfund auf den Erwerb irischen Landbesitzes, einschließlich der Gemeinde Newtownards in der Grafschaft Down. Konservativ bis aufs Mark, unterstützte er als überzeugter Tory und Parlamentsabgeordneter für Londonderry entschieden die Einheit mit England. 1790 wurde er in den Adelsstand erhoben und zum Baron Caledon ernannt, 1797 zum Viscount und 1800 zum Grafen von Caledon.

Er ließ sich als Grundbesitzer auf Caledon nieder und beauftragte umgehend Thomas Cooley mit der Errichtung einer eleganten klassizistischen Villa auf einer eingeebneten Hügelkuppe inmitten der Parklandschaft. Kurz zuvor hatte Cooley den Bau der Königlichen Börse in Dublin vollendet, und später sollte er in der gleichen Stadt gemeinsam mit dem großen James Gandon die Four Courts errichten. Cooley entwarf für Caledon ein zweigeschossiges Haus mit einem Ziergiebel über dem vorspringenden Mittelteil der nördlichen Eingangsfront und einem Runderker im Zentrum der südlichen Gartenfassade.

Die noch heute im Erdgeschoß rechts und links des Runderkers auf der Gartenseite zu bewundernden Fenster sind in Irland als »Wyatt-Fenster« bekannt. Mark Bence-Jones bemerkte Ähnlichkeiten zwischen Cooleys Innenaufteilung in Caledon und derjenigen, die er nach ursprünglichen Entwürfen von James Wyatt für den ersten Lord Rossmore in Mount Kennedy in der Grafschaft Wicklow ausführte. Cooleys Eingangshalle, der heutige Salon, erhielt eine raumteilende Reihe gelber, dorischer Scagliola-Säulen und Stuckarbeiten im Adamschen Stil. Der dorische Fries und das zentrale Deckenmedaillon scheinen laut Professor Rowan nach 1780 entstanden zu sein. Sie können allerdings kaum Nashs Werk sein, auch wenn der Kamin dieses Raums wahrscheinlich von ihm stammt.

Auch andere Teile von Cooleys Innenausstattung in Caledon sind erhalten, etwa das schmiedeeiserne Geländer im Treppenhaus und die gefächerten Fensterläden und Türen mit dem Fries aus goldenen Delphinen im Ovalen Salon – vor allem aber das herrliche Boudoir mit seinen Stuckarbeiten im »Harlekin«-Stil und den Medaillons von Angelica Kauffmann, die dem Raum, in Professor Rowans Worten, »eine der schönsten klassizistischen Decken Irlands« geben. Die apfelgrüne, chinesische Tapete hatte der Nabob möglicherweise selbst aus dem Orient mitgebracht.

LINKS Das Boudoir mit den Stuckarbeiten im »Harlekin«-Stil, den Medaillons von Angelica Kauffmann sowie flötenden und lyraspielenden Nymphen auf der Kamineinfassung. Alistair Rowan schrieb über dieses Interieur, es habe »eine der schönsten klassizistischen Decken Irlands«. Die chinesische Papiertapete aus dem 18. Jahrhundert brachte der Nabob Alexander vermutlich selbst aus dem Orient mit.

RECHTS Die im Sonnenlicht verblichenen Möbel in einer Ecke eines Korridors.

Nach dem Tode Alexanders im Jahre 1802 trat sein einziger Sohn Du Pre das Erbe an. In Caledon nannte man ihn »den Gouverneur«, da er 1806 mit Abtretung des Kaps der Guten Hoffnung an Großbritannien zum ersten Gouverneur jener südafrikanischen Kolonie ernannt wurde. Der dortige Caledon River zeugt noch heute von Du Pres fünfjährigem Aufenthalt in der Kolonie. Wie Christopher Hussey in *Country Life* bemerkt, könnte die als *stoep* bekannte attraktive Veranda der holländischen Kolonialhäuser in Afrika den Wunsch des Gouverneurs nach jenem Säulengang beflügelt haben, den John Nash in Caledon errichtete.

Nashs Kolonnade aus ionischen Säulenpaaren erstreckt sich über die gesamte Länge der von Cooley entworfenen Eingangsfront und mündet jeweils in einen kuppelgedeckten, vorspringenden Pavillon. Die Kuppeln und das Stuckgemisch für diesen Gebäudeteil wurden 1808 aus London eingeschifft, die Säulen und das Glas für das Kuppelfenster der Bibliothek im westlichen Pavillon folgten im nächsten Jahr. 1810 beliefen sich die Kosten von Nashs Umbauten bereits auf 10 000 Pfund. John Pringle, der Bevollmächtigte des Gouverneurs, kommentierte: »Was die Dekoration anbetrifft, sind wir [John Nash] völlig ausgeliefert.«

Nicht nur schuf Nash mit der Bibliothek eines der überzeugendsten Interieurs in ganz Irland, er verwandelte auch den prächtigen Ovalen Salon in einen Triumph des Regency-Stils dank phantasievoll eingesetzter, vergoldeter Papiersilhouetten und Stuckverzierungen. Der Gouverneur, der ein erfahrener Kunstkenner war, erwarb Bischof Percys Büchersammlung und bereiste zum Ankauf von Kunstwerken das europäische Festland. Begleitet wurde er auf diesen Reisen von seinem Schwiegervater, dem dritten Grafen von Hardwicke, dessen Tochter Catherine von ihm Tyttenhanger in Hertfordshire erbte.

1825 gab der Gouverneur seine Einwilligung zu dem alten Vorschlag Nashs, das Anwesen mit einem Mansardengeschoß auszustatten, und acht Jahre später erteilte er Thomas Duff von Newry den Auftrag, den Haupteingang von Norden nach Osten zu verlegen. Das Ergebnis waren eine überdachte Wageneinfahrt mit ionischen Säulen vor der Ostfassade und eine neue Eingangshalle mit angrenzender, kuppelgedeckter Innenhalle in achteckiger Form. Cooleys ursprüngliche Eingangshalle auf der Nordseite wurde in einen Salon umgewandelt.

Als der Gouverneur 1839 starb, ergriff seine Pächter in dem Modellstädtchen Caledon, das er so wohlwollend erneuert und erweitert hatte, aufrichtige Trauer. In einer Festrede aus dem Jahre 1835 lobten sie bereits die »Freigiebigkeit, Großherzigkeit und Güte«, die sich in seinem Handeln zeigte. Inglis notierte 1834 in seinem Band *Ireland*: »Lord Caledon erfüllt das Ideal, das sich [jeder Pächter] wünscht – er ist ein wirklich guter Landedelmann.« In einem Nachruf des *Journal of the Georgian Society* hieß es: »Das Verhältnis zu seinen Pächtern war überaus gut; er baute ihnen hervorragende Katen... und scheute keine Kosten, um den Ort zu verbessern.« Demnach hatte er die monumentale Säule, die ihm zu Ehren an den Toren des Landguts errichtet (und 1973 von einer Bombe zerstört) wurde, voll und ganz verdient.

Ein eindrucksvolles Bild des aufwendigen Lebens in Caledon zu spätviktorianischer und edwardianischer Zeit – mit eigener Wäscherei und Molkerei, Wildhütern in dunkelgrünen Jacken, Pförtnern mit kokardengeschmückten Hüten, sowie einer dreizehnköpfigen Dienerschaft – vermittelt Nigel Nicolsons Biographie *Alex: The Life of Field Marshal Earl Alexander of Tunis* (1973). »Alex« war der dritte Sohn des vierten Grafen von Caledon. Von einer Reise in den Wilden Westen brachte er einige Wapiti-Hirsche und Schwarzbären mit heim, um den Park interessanter zu gestalten. Der hohe Kriegsherr erinnerte sich gern an seine wunderbare Kindheit auf Caledon, an »glorreiche, glückliche Tage« voller Abenteuer in der freien Natur, und an einen ganz bestimmten Morgen, als er früh aus dem Haus geschlichen war und den unvergeßlichen Anblick »des Vollmondes im Kampf mit dem Licht der Dämmerung« bestaunte, der ihn später zum Malen inspirierte.

Eric, der fünfte Graf von Caledon und liebenswert exzentrische Bruder des Feldmarschalls, richtete sich in nur einem einzigen Raum des großen Hauses ein. Bei seinem Tod Ende der 1960er Jahre gingen Adelstitel und Landsitz auf seinen

Die höhlenartigen Kellergewölbe von Caledon. Ein unterirdischer Tunnel verbindet wie in Castle Coole das Wohnhaus mit den Stallungen.

RECHTS Ein Detail des Ziergiebels über der Nordfassade mit dem Wappen der Alexanders, Grafen von Caledon. Auch die beiden Träger des Schildes, eine Meerjungfrau und ein Elefant, fehlen nicht.

Neffen Denis Alexander über. Damals begann eine schwarze Ära in Ulsters Geschichte, doch der sechste Graf machte sich unverzagt daran, das während der 70jährigen Herrschaft seines Onkels Eric in tiefen Schlaf versunkene Caledon zu neuem Leben zu erwecken. Das Haus mußte Terroranschlägen standhalten, und so nahe der Grenze zur irischen Republik blieb die Sicherheit auch weiterhin ein Problem. Dennoch begann man mit Restaurierungsarbeiten.

Seit Denis' Tod in den 1980er Jahren setzt sein Sohn Nicholas, der siebte Graf von Caledon, die großartige Arbeit fort. Als Lord Lieutenant (Königlicher Statthalter) der Grafschaft Armagh stand er bisher voll und ganz in der Familientradition der Alexanders, die immer schon öffentliche Ämter bekleideten. Außerdem engagiert er sich aktiv in der Caledon Regeneration Partnership, einer Initiative der Gemeinde, die sich das Ziel gesetzt hat, der denkmalgeschützten Region Caledon neues Leben einzuhauchen. Das vom zweiten Grafen einst angelegte schmucke Städtchen rechtfertigt ohne Zweifel diese bewundernswerten Anstrengungen, und die derzeitige Lady Caledon trägt mit ihrem feinen Gespür für die außerordentlichen Leistungen der Baumeister Thomas Cooley und John Nash das Ihre zur Hervorhebung der Schönheit des Landsitzes bei.

UNTEN Die Ost- und die Nordfassade von Caledon. Rechts im Bild ist Nashs Kolonnade zu sehen, links die überdachte Wageneinfahrt, die Thomas Duff aus Newry 1833 errichtete.

22

BARONSCOURT

COUNTY TYRONE

DIE BESCHREIBUNG eines Schlosses oder Adelssitzes setzt im allgemeinen bei seinen Anfängen an und bewegt sich anschließend durch die Geschichte bis in die Gegenwart, die mitunter wenig Erwähnenswertes zu bieten hat. Im Falle von Baronscourt kommt man jedoch nicht umhin, diesen Pfad zu verlassen – so bemerkenswert ist der Elan, mit dem der gegenwärtige Herzog und die Herzogin von Abercorn das Anwesen zu neuem Leben erweckt haben. Unterstützung und Ermutigung fanden sie bei dem kürzlich verstorbenen David Hicks. Mit großer Stilsicherheit, Feingefühl und Einfallsreichtum haben die drei in gewissem Sinne ein neues Konzept für das Leben auf einem Landsitz entwickelt.

Als James und Sacha Abercorn in den 1970er Jahren mit ihrer jungen Familie Baronscourt übernahmen, hatten sie die Absicht, das herrliche Haus nicht nur zu verwalten und zu erhalten, sondern vor allem gern darin zu *leben*. Ihre gewagteste Idee bestand in der Einrichtung eines behaglichen und praktischen Familienzimmers im Ostflügel. Zu diesem Zweck teilte David Hicks den von William Vitruvius Morrison in den 1830er Jahren entworfenen, riesigen, klassizistischen Speisesaal in drei gesonderte Bereiche. Die weißen Wände, die gelben Scagliola-Pilaster und -Halbsäulen wie auch die reich verzierte Stuckdecke blieben dabei unangetastet. Die drei Bereiche teilten sich auf in eine Küche, eine bequeme Sitzecke mit Schränken, Regalen und Blumen und einen mittleren Raum, in dem die Familie in zwangloser Atmosphäre ihre Mahlzeiten einnehmen kann. Jeder der Bereiche hat seinen eigenen architektonischen Charakter. Die hohen, grün gestrichenen Holzschränke bezeichnete Hicks als »Wolkenkratzer der modernen Insel«.

Wem diese Modernisierung zu radikal ist, der mag sich damit trösten, daß Hicks' Umbau jederzeit rückgängig gemacht werden kann: Der Raum in seiner ursprünglichen Form ist durch die Neuerungen gänzlich unversehrt geblieben. »Gutes Design verträgt sich immer mit gutem Design«, war einer von David Hicks' Grundsätzen – und diese Maxime fand sich in Baronscourt bestätigt, wo es angesichts der komplexen Baugeschichte des Hauses und seines eklektischen Inventars leicht zu einem Widerstreit verschiedener Stile hätte kommen können. Der Architekturhistoriker Gervase Jackson-Stops gelangte in *Country Life* zu dem Schluß, daß die Kühnheit von Hicks' Umgestaltung ausgezeichnet zu dem in sich geschlossenen klassizistischen Interieur von William Vitruvius und Richard Morrison paßt.

Wirft man einen Blick auf die Karriere von David Hicks (der 1998 starb), so ist man geneigt, seine Arbeit in Baronscourt für seine größte Leistung zu halten. Bezeichnenderweise war sein Vorbild Sir John Soane, der wohl originellste Architekt seit Sir John Vanbrugh und ein Meister der linearen Ornamentik. Soanes Geist ist in dem herzoglichen Familiensitz der Abercorns allgegenwärtig.

Auch wenn leider nichts erhalten ist von dem Interieur, das Soane für den auf Baronscourt residierenden ersten Marquis von Abercorn entwarf und das kurz nach seiner Fertigstellung 1796 durch ein Feuer zerstört wurde, so war er es doch, der das von George Steuart entworfene Haus neu gestaltet hatte. Steuarts Auftraggeber war der achte Graf von Abercorn gewesen, ein unverheirateter Onkel des ersten Marquis, der »nichts anderes trank als Wasser... und auch an weiblicher Gesellschaft keinen Geschmack finden konnte«. Innerhalb von 24 Stunden nach seiner Ankunft in Baronscourt im Mai 1791 präsentierte Soane einen Plan für die Umwandlung der 1779–82 von Steuart errichteten Junggesellen-Villa in einen Familiensitz für »Don Magnifico«, wie der erste Marquis genannt wurde. »Die Änderungen, die Mr. Sloan [*sic*] vorschlägt, bieten keinerlei Überraschungen«, notierte der Bevollmächtigte des Marquis. »Er dreht das Haus einfach um: Die Rückseite wird zum Eingang, und die Vorderfront wird zur Rückseite.« Im Gebäudeinnern schuf Soane eine knapp 27 Meter lange Galerie mit Säulenreihen, und dort, wo sich die Haupttreppe befunden hatte, entstand ein Billardzimmer, in das durch eine Glaskuppel Tageslicht einfiel. All dies, und auch die übrige prächtige Ausstattung, sollte nach nur fünf Jahren den Flammen zum Opfer fallen.

Dennoch wirkte Soanes Einfluß fort, als die Morrisons das Haus zwischen 1836 und 1840 im Auftrag des zweiten Marquis (und späteren ersten Herzogs) von Abercorn von Grund auf umgestalteten. Insbesondere Sir Richard Morrison besaß eine Vorliebe für raffinierte räumliche Effekte im Stile Soanes, wie man gut an den Bibliotheken in Baronscourt erkennen kann. Die Decke in der herrlichen Weißen Bibliothek mit ihrem Kugelkappengewölbe weist eindeutige Anleihen bei Soanes Entwürfen für die Bank von England auf, und die Idee der Rotunde hat ihren Ursprung in Soanes Billardzimmer mit Oberlicht. Auch die Galerie ist ein Rückgriff auf seinen früheren Entwurf, und die Schlafzimmer im Obergeschoß des Ostflügels weisen ebenfalls deutlich den Soaneschen Stil auf.

Bei der Restaurierung von Baronscourt ging David Hicks auf diese Soanesche Stimmung einfühlsam ein und berücksichtigte ebenfalls die kraftvolle Architektur der Morrisons. Denn was immer Baronscourt Soane zu verdanken hat, ist die prächtige, ungemein plastische Stukkatur, die dem Haus seinen besonderen Glanz verleiht, eindeutig das Verdienst der Morrisons, oder vielmehr William Vitruvius Morrisons, der ein wahrer Kenner der klassischen Baukunst war.

Die Flucht von Prunkzimmern in Baronscourt ist zweifellos ein Musterbeispiel für die dorisch-ionisch-korinthische Entwicklung. Nach Meinung des Experten Gervase Jackson-Stops ist die Stukkatur in Baronscourt von allerhöchster Qualität – »weitaus üppiger und kunstvoller als alles, was man aus dieser Periode aus England kennt«. Leider ist nicht bekannt, wer die Arbeiten ausführte; es ist jedoch gut möglich, daß der in den Büchern erwähnte »J. Smith« auch gemeinsam mit Henry Popje für William Vitruvius in Killruddery *(siehe dort)* arbeitete.

Hicks' dramatische Farbgestaltung ergänzt die klassizistische Architektur und die verschiedenen Kunstwerke sehr gut. So kontrastiert der tiefrote Anstrich des Treppenhauses wirkungsvoll mit den weißen Säulen, die an den Tempel der Winde des »Atheners« Stuart auf Mount Stewart erinnern. Für die Dunkelrot-, Violett- und Gelbtöne der Bibliothek machte Hicks Anleihen bei dem von William Vitruvius Morrison entworfenen Oberlicht aus farbigem Glas im angrenzenden Treppenhaus. Auf diese Weise, so Jackson-Stops, schuf er einen Raum »von großer Wärme und Behaglichkeit – den idealen Platz für einen Winterabend«.

In der Rotunde, einer kreisrunden Tribüne mit einer Pantheon-Kuppel, hat Hicks mit einem großen runden, in der Mitte plazierten Tisch und einem nach seinen Entwürfen auf den Philippinen gefertigten Teppich mit breitem Anthemionrand die klassizistische Erhabenheit bewahrt. Durch die neue Möblierung dieses

VORHERGEHENDE SEITEN Baronscourt liegt in einem wunderschönen bewaldeten Tal am Fuße des Berges Bessy Bell. Richtung Norden bietet sich ein Blick über den mittleren See auf die Eingangsfront mit ihrem gewaltigen ionischen Portikus, den William Vitruvius Morrison in den späten 1830er Jahren erbaute.

OBEN und RECHTS Zwei Ansichten der prächtigen klassizistischen Halle der Morrisons. Sie befindet sich an der gleichen Stelle wie die Vorhalle in dem abgebrannten Haus, das der Architekt John Soane entwarf.

OBEN Die herrliche Galerie der Morrisons, die der ursprünglichen Galerie von Soane nachempfunden ist, wurde in den 1970er Jahren von David Hicks für den gegenwärtigen Herzog von Abercorn restauriert und umgestaltet. Die korinthischen Säulen gliedern den knapp 27 Meter langen Raum in mehrere Abschnitte.

LINKS Ein Detail aus der Galerie. Das Gemälde stammt von dem viktorianischen Maler Sir Edwin Landseer, einem Freund der Abercorns, der häufig auf Baronscourt zu Gast war.

ungewöhnlichen Raumes verfügen die Abercorns über einen Speisesaal für offiziellere Anlässe, für die das Familienzimmer ungeeignet wäre.

Wie bereits seine Vorgänger ist auch der gegenwärtige Herzog eine prominente Persönlichkeit des öffentlichen Lebens. Bevor er die Herzogswürde erbte, vertrat er als Abgeordneter die Interessen Fermanaghs und Süd-Tyrones im britischen Unterhaus und leitete in den 1980er Jahren die Kommission zur Förderung der industriellen Entwicklung Nordirlands. Später übernahm er den Vorsitz der Laganside Development Corporation, die Belfast zu neuem Leben erweckte. James Abercorn hat als Vertreter der Krone in der Grafschaft Tyrone in unruhigen Zeiten Nordirlands auf die ihm eigene zurückhaltende Weise einen positiven Einfluß ausgeübt und zur Entspannung der Lage beigetragen. Zu den zahlreichen karitativen und kulturellen Aktivitäten seiner Ehefrau Sacha zählt der »Puschkin-Preis« (die Herzogin ist eine Nachfahrin des großen russischen Schriftstellers): Er wird im Rahmen eines Wettbewerbs vergeben, bei dem sich irische Schulkinder zu beiden Seiten der Grenze im Schreiben von Geschichten versuchen.

James' Vater, der vierte Herzog von Abercorn, war ein passionierter Förster, und der von ihm auf dem Anwesen angepflanzte Wald bestimmt heute die herrlichen Ausblicke, die Baronscourt in seiner geschützten Tallage mit den Seen zu einem Ort malerischer Schönheit machen. Nach dem Zweiten Weltkrieg be-

LINKS Ein Blick in die Weiße Bibliothek, einen jener Räume in Baronscourt, die ganz besonders an Soane erinnern. Tatsächlich dürfte er von Sir Richard Morrison entworfen sein, denn es besteht kaum ein Zweifel, daß keines der Soaneschen Interieurs den Brand von 1796 überstand.

UNTEN Ein Detail des Stuckwerks an der Spiegeleinfassung in der Weißen Bibliothek. Die Stukkatur dieses Zimmers trägt deutlich Morrisons Handschrift.

schlossen er und seine Gattin, die frühere Lady Mary Crichton von Crom Castle, das Haus schlichter zu gestalten: Durch ein weiteres Feuer war diesmal der Ostflügel ausgebrannt, und Sir Albert Richardson wurde damit beauftragt, beide Seitenflügel zu verkürzen und die Eingangsfront von überflüssigem Zierwerk zu befreien. Doch selbst nach dieser Umgestaltung wurde die Vorderfront des Hauses noch immer von William Vitruvius Morrisons massiver, ionischer Wageneinfahrt dominiert. Später, im Jahre 1970, fügte Raymond Erith noch einen Garagenkomplex hinzu, der sich gut in das Gesamtbild eingliedert.

Im Innern des Gebäudes teilte Sir Albert Richardson die lange Galerie der Morrisons in drei Räume (wie es auch im ursprünglichen Haus von George Steuart gewesen war, bevor Soane auf den Plan trat). In weiser Voraussicht ließ Richardson den Umbau so ausführen, daß er sich ohne weiteres rückgängig machen ließ. Diese Möglichkeit nutzte David Hicks: Er ließ die Trennwände entfernen und die große Galerie für eine neue Generation in ihrer ganzen Herrlichkeit wieder erstehen.

Die Galerie von Baronscourt begeistert die Besucher durch ihre schiere Endlosigkeit, die nur von den eingefügten korinthischen Säulen durchbrochen wird. (In ihrer Länge übertrifft die Galerie von Baronscourt sogar noch die des palladia-

OBEN Ein Ausschnitt der Stukkatur im Fries der Rotunde. Nach Meinung von Gervase Jackson-Stops sind Morrisons Stuckarbeiten in Baronscourt von allerhöchster Qualität, »üppiger und kunstvoller als alles, was man aus dieser Periode aus England kennt«.

RECHTS Die Rotunde, eine kreisrunde Tribüne mit einer Pantheon-Kuppel und ionischen Säulen aus grünem Stuckmarmor. David Hicks wandelte sie in den 1970er Jahren für den Herzog und die Herzogin von Abercorn in einen repräsentativen Speisesaal um. Den Teppich ließ er nach eigenem Entwurf auf den Philippinen anfertigen.

nischen Palastes von Castletown, in der Grafschaft Kildare, *siehe dort*). Diesem herrlichen Interieur der Morrisons, das zu den bemerkenswertesten in ganz Irland gehört, hat Hicks erneut die ihm gebührende Geltung verschafft. Das Besondere an dem Raum ist seine helle, luftige Atmosphäre, die er elf hohen Fenstern verdankt und die Hicks noch dadurch unterstrich, daß er für die Wände, Decken und Vorhänge verschiedene Beige- und Weißtöne wählte. Die Vielfalt des Inventars läßt die Bezeichnung »Galerie« gerechtfertigt erscheinen und verleitet Gervase Jackson-Stops zu dem Urteil: »Das harmonische Miteinander unterschiedlicher Nationalitäten und Stile scheint in dieser Umgebung problemlos zu gelingen.«

Die heraldischen Errungenschaften, die auf den Scagliola-Platten der hübschen Pfeilerkommoden ausgestellt sind, erinnern an die glanzvolle Geschichte des Hauses Hamilton. Denn im Gegensatz zu den meisten anderen Übersiedlern aus dem schottischen Tiefland, die Anfang des 17. Jahrhunderts nach Ulster kamen, war der erste Graf von Abercorn bereits »eine sehr hochstehende Persönlichkeit«, wie es ein Ahnenforscher ausdrückte: Er war der Enkel des zweiten Grafen von Arran, der während der Minderjährigkeit der schottischen Königin Maria Stuart als Regent fungierte. Lord Abercorn, der auf sieben schottische Adelstitel verweisen konnte,

LINKS Das Treppenhaus, das die Morrisons bei ihrer Umgestaltung von Baronscourt in den späten 1830er Jahren neu dekorierten. In den 1970er Jahren erhielten die Wände durch David Hicks einen dunkelroten Anstrich, der in eindrucksvollem Kontrast zu den weißen Säulen und der Kassettendecke steht.

RECHTS Für seine kühne Umgestaltung der Bibliothek verwendete David Hicks die Rot-, Violett- und Gelbtöne des Oberlichts aus Buntglas, das William Vitruvius Morrison für das angrenzende Treppenhaus entworfen hatte. Der geometrisch gemusterte Teppich wurde nach einem Entwurf von Hicks angefertigt.

UNTEN Im Arbeitszimmer des Herzogs von Abercorn hängt über dem Kamin (den eine Einfassung des Dubliners Peter Bossi ziert) ein Porträt aus dem Jahre 1573: Es zeigt Lord Claud Hamilton, den Vater des ersten Grafen von Abercorn. Lord Claud führte 1568 in der Schlacht bei Langside die Vorhut der Truppen der schottischen Königin Maria Stuart an und wurde hierfür später geächtet. Unter König Jakob VI. erhielt er jedoch seinen Status und seine Besitztümer zurück.

wurden große Parzellen in der Baronie von Strabane in der Grafschaft Tyrone übereignet, und er errichtete ein L-förmiges Schloß, dessen Überreste rund 800 Meter von dem heutigen Landsitz Baronscourt entfernt im Wald zu sehen sind.

Der zweite Graf – der zum Oberhaupt des Hauses Hamilton wurde, als der zweite Herzog von Hamilton ohne Erben starb – war wie seine Mutter, Marian Boyd, katholischen Glaubens. Der vierte Graf, ein überzeugter Jakobit, begleitete König Jakob II. nach der Schlacht am Boyne ins französische Exil, was dazu führte, daß die Hamiltons den Anspruch auf ihre Ländereien eine Zeitlang verwirkten.

Der Anker, der den Rasen vor dem Haus des Gutsverwalters von Baronscourt ziert, soll von der Fregatte stammen, mit der König Jakob und der vierte Graf auf das Festland flüchteten. Dieses Haus war ursprünglich als Familiensitz geplant; Alistair Rowan bezeichnete es in seinem Band *North-West Ulster* aus der Reihe *The Buildings of Ireland* als »reizenden Versuch in rustikalem Palladianismus... [und] eines der interessantesten kleinen klassizistischen Häuser in Ulster, wie auch eines der architektonisch anspruchsvollsten und frühesten«.

Offenbar wurde 1741 mit dem Bau des Hauses begonnen, und zwar unter der Ägide des äußerst gebildeten siebten Grafen von Abercorn, einem Mitglied der Royal Society (der ältesten britischen Akademie der Wissenschaften) und Mitverfasser einer *Treatise on Harmony* (Abhandlung über Harmonie), dessen streng protestantischer Vater das Ansehen und das Vermögen der Familie durch die Heirat einer reichen Erbin wiederhergestellt hatte. Vollendet wurde das Haus von seinem Sohn, dem unverheirateten achten Grafen, der den Besitz 1744 übernahm.

Die Ansicht des Hauses von Südwesten her läßt den Erker auf der Westseite erkennen. Er wurde 1838 von William Vitruvius Morrison errichtet und ersetzte einen Vorbau geringerer Tiefe, den Morrisons Vater, Sir Richard, entworfen hatte.

Der Architekt des Hauses war James Martin, ein ortsansässiger Baumeister, der auch an der Kathedrale von Clogher arbeitete. Es scheint, als fuße sein Entwurf auf der von Sir Edward Lovett Pearce errichteten Villa Bellamont Forest in Cootehill, Grafschaft Cavan. Wie Bellamont Forest hat das Haus vermutlich noch ein weiteres Geschoß gehabt, das später jedoch entfernt wurde.

Dieses Dachgeschoß verschwand vermutlich in den 1780er Jahren, als das Haus nach der Fertigstellung von George Steuarts neuem Baronscourt am Fuße des Berges in einen bescheideneren Bau umgewandelt wurde. Damals war der achte Graf bereits fast siebzig Jahre alt und überlegte:

> ...in meinem Alter muß man für derartige Unternehmungen wohl Rechtfertigungen vorbringen. Meine lautet, daß auf diese Weise sehr viele Menschen Arbeit finden, die sonst unbeschäftigt wären.

Eine solche Gesinnung macht den alten Herrn recht sympathisch, der seine Bildungsreise durch Europa einem Zeitgenossen zufolge »mit einer Haltung [absorbierte], senkrecht wie ein Lot, so daß er die Rückenlehne der Kutsche nicht ein einziges Mal berührte«.

Sein Neffe und Nachfolger auf Baronscourt, »Don Magnifico«, der erste Marquis von Abercorn, hatte ebenfalls seine Eigenheiten. Sein Hang zur Großtuerei war legendär: Zur Jagd soll er sich mit dem blauen Band eines Ritters des Hosenbandordens geschmückt haben, und seine Hausmädchen waren angeblich angehal-

RECHTS Ein Blick aus südöstlicher Richtung von dem steil ansteigenden Weg zu den Stallungen. Hier erhält man eine Vorstellung davon, wie das ursprüngliche, siebenachsige Haus von George Steuart ausgesehen haben mag, das 1779–82 entstand – allerdings fehlen ein Dachgeschoß und ein Portikus, die entfernt wurden, als John Soane das Haus in den 1790er Jahren »drehte«. Die Krocketspieler im Vordergrund sind Wochenendgäste.

UNTEN Ein Blick auf das Anwesen, das durch die Anpflanzung von Bäumen unter dem vierten Herzog von Abercorn sehr gewonnen hat. Er starb 1979.

ten, beim Herrichten seines Bettes Glacéhandschuhe zu tragen. Wenn man dem klatschsüchtigen G.E. Russell glauben darf, bat der Don seine zweite Frau, falls sie jemals mit einem Geliebten durchbrennen wolle, doch »die Familienkutsche zu nehmen, weil es auf keinen Fall heißen [solle], Lady Abercorn [habe] das Haus ihres Gatten in einer Mietdroschke verlassen«.

Don Magnifico hatte allerdings auch seine guten Seiten, nicht zuletzt war er ein früher Förderer John Soanes, der seine Hauptresidenz, Bentley Priory, in Stanmore in der Nähe von London erweiterte und auch Steuarts Haus auf Baronscourt umbaute. Der Förderer der Morrisons (die später Baronscourt umgestalteten), der zweite Marquis, war ebenfalls ein Kunstkenner und leidenschaftlicher Sammler. Im öffentlichen Leben zeichnete er sich dadurch aus, daß er für zwei Amtsperioden der königliche Statthalter (Lord Lieutenant) in Irland war.

Gegen Ende der ersten Periode, 1868, wurde er zum Herzog von Abercorn ernannt. Disraeli behauptete, daß »Old Splendid« (der großartige Alte) durch diesen Aufstieg sogar physisch an Größe gewonnen habe. Nach seiner zweiten Amtszeit auf Dublin Castle beauftragte der Herzog den Landschaftsgärtner Ninian Niven mit der Anlage der Terrassen auf der Südseite von Baronscourt. Seine Gattin Louisa, die Tochter des sechsten Herzogs von Bedford, interessierte sich vor allem für den formalen Garten. (Übrigens weist die Galerie der Morrisons gewisse Parallelen zu Henry Hollands Bibliothek in Woburn, dem Familiensitz der Bedfords, auf – siehe *Schlösser und Adelssitze in England und Wales.*)

Als die Herzogin 1905 starb, hatte sie bereits über 160 Nachkommen, von denen 101 auf einer berühmten Fotografie aus dem Jahre 1894 zu sehen sind. Das Foto bietet einen Schlüssel zu den Verflechtungen der Fürstenhäuser der Britischen Inseln, denn alle Töchter Louisas hatten einen Herzog, Marquis oder Grafen geheiratet. Doch selbst wenn das Haus Hamilton in alle Himmelsrichtungen verzweigt scheint, so läßt sich erfreulicherweise vermelden, daß sein Stammsitz, Baronscourt, sich heute in einem besseren Zustand befindet als je zuvor. Der gegenwärtige Herzog von Abercorn und seine Gattin haben die Erhaltung des Anwesens mit ungeheurem Elan und auf meisterhafte Weise bewältigt.

23

Castle Coole

COUNTY FERMANAGH

ZUR ZEIT der politischen Angliederung Irlands an Großbritannien herrschte Rivalität zwischen den Abercorns von Baronscourt und den beiden ersten Grafen von Belmore auf Castle Coole, die die Unionsakte ablehnten. Als Betrachter ist man geneigt, bei der Entstehung herrschaftlicher Häuser ihre politische Rolle zu vernachlässigen, und sieht sie gern ausschließlich als Tempel der Künste. Jüngste Nachforschungen in den Dokumenten der Familie Lowry-Corry, der Grafen von Belmore, haben jedoch ergeben, daß die politischen Ambitionen des ersten Grafen und die Zurschaustellung von Macht ganz entscheidend zur Entstehung von Castle Coole beitrugen, dem prunkvollsten Herrensitz des ausgehenden 18. Jahrhunderts in ganz Irland und gefeierten Meisterwerk des Architekten James Wyatt.

In seinem Vorwort zum Katalog der in Belmore gefundenen Dokumente, die sich im nordirischen Nationalarchiv befinden, schreibt Dr. Anthony Malcomson:

> Die Errichtung von Castle Coole war ein wesentliches Element der Pläne des Grafen von Belmore, sich selbst und seine Familie in politischer und gesellschaftlicher Hinsicht zu fördern... der Standort war günstig und eignete sich als Zentrum eines nordwestlichen Machtblocks im irischen Parlament... Jenes Parlament, dessen Autonomie durch die sogenannte Verfassung von 1782 gestärkt worden war, erweckte den Anschein, als sei es für die Ewigkeit geschaffen... Daher spiegelt Castle Coole das Vertrauen wider, das Belmore in seine eigene politische Zukunft hatte, wie auch in die Zukunft der politischen Institutionen seiner Zeit. Es sollte das Heim einer großen, irischen, politischen Familie werden: nicht nur ein Wohnsitz, sondern ein Schaustück, das Belmores Rang innerhalb der irischen Gesellschaft und seinen Einfluß im irischen Unterhaus verkündete.

Unglücklicherweise war Lord Belmores Vertrauen in die politische Zukunft nicht gerechtfertigt. Obwohl sein Gesamterbe sich auf annähernd 70 000 Morgen belief, die ihm Pachteinnahmen von mindestens 12 000 Pfund im Jahr einbrachten, und er nach 13 Jahren als Abgeordneter für die Grafschaft Tyrone in rascher Folge zum Baron, Viscount und 1797 zum Grafen erhoben worden war, setzte

schließlich die gefürchtete Unionsakte seinen Möglichkeiten zur politischen Einflußnahme ein jähes Ende. Alles, was ihm von seinen kühnen Plänen geblieben war, war Castle Coole – doch selbst hieraus sollte eher die Nachwelt als er selbst Befriedigung schöpfen, denn seine diversen Besitztümer hatte er bereits 1795 seinem Sohn Somerset bei dessen Volljährigkeit übertragen.

Diese Tatsache, die die Legende widerlegt, der erste Graf habe sich mit dem Bau des Hauses in den Bankrott getrieben, ist eine der aufschlußreichen Entdeckungen Peter Marsons, der früher Castle Coole für den National Trust verwaltete und derzeit eine Familienchronik der Lowry-Corrys verfaßt. Die ersten Früchte seiner bemerkenswerten Forschungsarbeit wurden im Begleitheft zur großen Familienausstellung in Castle Coole im Jahre 1997 veröffentlicht.

Die Dokumente der Lowry-Corrys enthüllen ebenfalls, daß der erste Graf beim Entwurf und Bau von Castle Coole eine aktivere Rolle spielte, als bislang angenommen wurde. Er hatte demnach beschlossen, den neuen Familiensitz auf dem mütterlicherseits ererbten Landgut in der Grafschaft Fermanagh und nicht auf den väterlicherseits übernommenen Besitztümern in der Grafschaft Tyrone anzulegen, weil er die Schönheit der landschaftlichen Lage mit ihren Seen, Wäldern und Ausblicken auf die Berge zu schätzen wußte. (Der Überlieferung zufolge hatte er den Standort hoch über dem See gewählt, weil er an Rheumatismus litt.)

VORHERGEHENDE SEITEN Ein Blick durch den Großen in den Kleinen Salon. Im Juli 1794 setzte Domenico Bartoli zwölf grau und schwarz gesprenkelte Scagliola-Pilaster an die Wände des ovalen Großen Salons; die korinthischen Kapitelle wurden im darauffolgenden Frühling von Joseph Rose aus London geliefert. Zwischen 1815 und 1824 fertigte der Dubliner Polsterer John Preston das Mobiliar des Raumes.

OBEN und GANZ RECHTS Die Vorderansicht von Castle Coole besticht durch ihre Perfektion: James Wyatt schuf dieses Meisterwerk in den 1790er Jahren für den ersten Grafen von Belmore.

RECHTS Ein Löwenkopf ziert die Eingangstür.

Die Vorgängerbauten des Hauses hatten alle direkt am See gestanden. John Corry, ein Kaufmann schottischer Abstammung aus Belfast, erwarb 1656 das Anwesen und stieg in den folgenden zehn Jahren bis ins Amt des High Sheriffs (Friedensrichters) der Grafschaft Fermanagh auf. Er erbaute ein Haus am Ufer des Lough Coole an der Stelle eines Gebäudes aus der Cromwellschen Besiedlungszeit, das vor dem Kauf niedergebrannt wurde. Auch das neue Gebäude sollte später, während der Kriege Wilhelms III. von Oranien, in Flammen aufgehen. Als nächstes ließ Johns Sohn, der Parlamentsabgeordnete für die Grafschaft Fermanagh und Oberst James Corry, ein Haus im Queen-Anne-Stil errichten, nach Entwürfen von John Curld oder Curle, der auch in Beaulieu *(siehe dort)* tätig war. Auch dieses Bauwerk fiel Ende des 18. Jahrhunderts den Flammen zum Opfer – just zu der Zeit, als das neue Castle Coole seiner Vollendung entgegensah. Noch heute kann man am Verlauf einer Eichenallee den früheren Standort des Hauses erkennen, und auch die formalen Gartenanlagen sind noch in Umrissen vorhanden.

Leslie Corry, der Enkel des Obersten und Parlamentsabgeordnete von Killybegs, blieb unverheiratet, und mit ihm erlosch im Jahre 1741 die männliche Linie der Corrys. Castle Coole ging dann nacheinander an seine drei Schwestern: Mrs. Martha Leslie und Mrs. Mary Armar starben beide kinderlos, so daß der Landsitz schließlich 1774 Sarah Lowry-Corry zufiel, der Mutter Armars, des späteren ersten Grafen von Belmore. Zehn Jahre zuvor hatte sie bereits einen anderen Teil der Familiengüter geerbt, und ihr Gatte Galbraith Lowry war nach alter Grundbesitzer-Tradition verpflichtet gewesen, seinem Namen den Zusatz Corry anzufügen.

LINKS Ein Blick durch die Halle ins Treppenhaus. Domenico Bartoli entwarf die roten, dorischen Scagliola-Säulen; auch der Fries ist im dorischen Stil gehalten. Die Türen sind aus kubanischem Mahagoniholz gefertigt, und die Stühle kreierte Wyatt eigens für diese Halle.

RECHTS Das Treppenhaus mit der beidseitig aufstrebenden Steintreppe, die am oberen Ende in einen Säulengang mündet. Der Portland-Stein für die Stufen wurde aus Dorset eingeschifft und die letzten Meilen über Land per Ochsenkarren transportiert.

UNTEN Das zwei Stockwerke hohe Vestibül der Schlafräume mit besonders schönen Stuckarbeiten von Joseph Rose. Dieses Meisterwerk Wyattscher Kunst bezeichnete John Cornforth in *Country Life* als »das aufregendste architektonische Element des Hauses«.

Dabei war »Gilly« Lowry durchaus selbst eine bedeutende Persönlichkeit. Er war Parlamentsabgeordneter der Grafschaft Tyrone und zeitweise sogar High Sheriff (Friedensrichter) zweier Grafschaften: Tyrone und Monaghan. Er war ebenfalls Mitglied des Linen Board (Leinen-Ausschusses), der den wichtigsten Industriezweig der Region betreute. Wie Peter Marson darlegte, vermittelte er seinem Sohn Armar ein solides Grundverständnis der Verantwortung für die großen Landgüter, die er 1779 erben sollte.

Im Folgejahr war der Lord-Lieutenant (Königliche Statthalter) von Irland, der zweite Graf von Buckinghamshire, zweifellos sehr beeindruckt von Armar Lowry-Corry als zukünftigem Schwiegersohn:

> [Er ist] Parlamentsabgeordneter für die Grafschaft Tyrone... die beste Partie in diesem Königreich... besitzt immenses Vermögen und steht überall in hohem Ansehen; er wird geachtet für seine Großzügigkeit, ohne dabei verschwendungssüchtig zu sein, und ist ehrbar im korrektesten Sinne. Er macht eine recht gute Figur. Er ist 32 [*sic*: Er war fast 40], und abgesehen von all diesen wichtigen Aspekten ist seine Nase der meinen ähnlich.

Armar stand wieder als Heiratskandidat zur Verfügung, da seine erste Gemahlin, Lady Margaret Butler, die Tochter des ersten Grafen von Carrick, im Jahre 1776 verstorben war.

OBEN Der Säulengang oberhalb des Vestibüls der Schlafräume. Die paarweise gesetzten Säulen im Adamschen Stil sind keiner bestimmten klassischen Ordnung zuzuweisen.

RECHTS Die Bibliothek mit Bücherschränken von Peacock & Berry und den 1811 von John Preston & Sohn als »große ägyptische Liegesofas... aus feinem jamaikanischen Mahagoni« bezeichneten Polstermöbeln. Ganz rechts ist eine Ecke von Richard Westmacotts Kamin mit seiner bemerkenswerten Marmordraperie zu sehen. Der Lorbeerkranz an der Gardinenstange erinnert an Napoleons Niederlage in Ägypten.

Leider war seiner Ehe mit Lady Henrietta Hobart, der Tochter Lord Buckinghamshires, kein Glück beschieden. Sie war über zwanzig Jahre jünger als ihr Gatte und recht lebenslustig. So bemerkte ihr Vater einmal, daß sie ganz »überwältigt von den nackten Haxen eines verflixten Hochländers« war, und Armars Schwager, der erste Graf von Enniskillen, der auf Florence Court *(siehe dort)* lebte, beobachtete bereits zu Beginn dieser unglücklichen Ehe, daß »Lady Belmore eine sichtliche Abscheu... gegenüber Lord Belmore hegte«.

Möglicherweise versuchte Lord Belmore, sich mit seinen ehrgeizigen Baumaßnahmen auf Castle Coole über das fehlende Eheglück hinwegzutrösten. 1789 wurde er jedenfalls in den Stand eines Viscount erhoben und gab bei dem Dubliner Architekten Richard Johnston einen Entwurf für ein neues Haus in Auftrag. Der Plan weist erstaunliche Ähnlichkeiten mit dem schließlich ausgeführten – jedoch Wyatt zugeschriebenen – Bauwerk auf: ein neunachsiges, zweigeschossiges Haus, flankiert von arkadengeschmückten, in Pavillons mündenden Seitenflügeln, wobei ein gewaltiger ionischer Portikus den Mittelbau dominiert.

Eingangs schien Lord Belmore mit Johnstons Entwürfen durchaus glücklich gewesen zu sein, doch als die Fundamente bereits ausgehoben waren, wechselte er plötzlich zu dem in Mode gekommenen Architekten James Wyatt über. Wyatts

erste Zeichnungen für Castle Coole sind auf Juli 1790 datiert – einen Monat zuvor hatte man bereits mit der Anlage des Gewölbetunnels begonnen, der über eine Länge von rund 50 Metern vom östlichen Ende des Wohnhauses zu den Stallungen und Wirtschaftsgebäuden führen sollte.

Durch diesen späteren Küchengang wurden nun die Steine zu den Fundamenten transportiert. Lord Belmore war sein eigener Bauunternehmer und organisierte den Transport der Portland-Steine auf seiner Brigg von Dorset nach Ballyshannon. Von dort aus wurden die Steine über Land zum Lough Erne und per Schiff nach Enniskillen gebracht; die letzten Meilen bis Castle Coole bewältigte man mit Ochsenkarren. Angeblich beliefen sich die endgültigen Kosten auf das Doppelte der ursprünglichen Schätzung.

Der Hausherr übertrug zwar die Kontrolle der Arbeiten einem schottischen Bauunternehmer namens Alexander Stewart, bemühte sich jedoch, den Überblick über die Finanzen zu behalten. Die Familiendokumente belegen hitzige Auseinandersetzungen sowohl mit Stewart, als auch mit dem (häufig von Wyatt und Robert Adam beschäftigten) Londoner Stukkateur Joseph Rose, der an Lord Belmores Kritik besonderen Anstoß nahm. Auch Wyatt blieben weit geringere Freiheiten beim Bau und der Dekoration von Castle Coole, als bisweilen unterstellt wurde.

Dennoch scheinen die Arbeiten recht zügig vorangeschritten zu sein. 1791 erhielt der westliche Flügel, 1792 das Hauptgebäude sein Dach. Im gleichen Jahr

OBEN Die Ostwand des Frühstückszimmers in Castle Coole dominieren Ciprianis *Castor und Pollux*, die himmlischen Zwillinge. Der derzeitige Graf von Belmore erwarb dieses bedeutende Gemälde, das sich vorher in Houghton Hall in Norfolk befunden hatte und 1783 von der Familie Cholmondeley in Auftrag gegeben worden war. Er stellte es dem National Trust leihweise als Ausstellungsstück für Castle Coole zur Verfügung.

RECHTS Ein Blick über den See auf die Gartenfassade von Castle Coole mit ihrem zentralen Runderker.

leitete Lord Belmore ein Scheidungsverfahren gegen seine Gattin ein, die die Ehe gebrochen hatte – nicht etwa mit einem »verflixten Hochländer«, sondern mit einem Bewohner des schottischen Tieflandes, dem Grafen von Ancram und späteren sechsten Marquis von Lothian, den sie daraufhin heiratete. Der Portikus wurde schließlich im Jahre 1794 errichtet, gerade rechtzeitig zu Lord Belmores Hochzeit mit seiner dritten Gemahlin, Mary Anne Caldwell.

Das Ergebnis des Umbaus war ein Triumph. Viele Architekturbegeisterte sehen darin die perfekte Kombination von hellenistischen und palladianischen Elementen, von Masse und Mäßigung. Der Ort strahlt eine Erhabenheit aus, die Terry Flanagan in seinen vom derzeitigen Grafen von Belmore in Auftrag gegebenen Gemälden stimmungsvoll eingefangen hat. Bei allen Einschränkungen, die Johnstons ursprünglicher Entwurf oder die politischen Ambitionen des ersten Grafen ihm auferlegt haben mögen, gelang es James Wyatt, etwas wirklich Überragendes zu schaffen. Alistair Rowan bemerkt in dem Band *North-West Ulster* der Reihe *The Buildings of Ireland*: »Castle Coole besitzt eine ungemein überzeugende Stimmigkeit. Keine von Wyatts Linien ist überflüssig: Sie sind alle sorgfältig berechnet, und einige durchbrechen dabei ganz gezielt den Entwurf.«

Im Gebäudeinnern begegnet man Handwerkskunst allerhöchster Qualität: Stuckarbeiten von Joseph Rose, Marmorkaminen von Richard Westmacott, Türen aus kubanischem Mahagoni. Von der dorischen Halle aus gelangt man in den repräsentativen Großen Salon mit Scagliola-Pilastern von Domenico Bartoli. Der ovale Salon liegt im Zentrum der Gartenfront, mit Blick auf den See, und bildet mit dem Kleinen Salon und dem Speisesaal eine herrliche Flucht von Räumen.

Am oberen Ende der doppelten Steintreppe steht man unvermittelt vor einem Meisterstück Wyattscher Kunst: dem zwei Stockwerke hohen Vestibül der Schlafräume. John Cornforth bezeichnete es in *Country Life* als »das aufregendste architektonische Element des Hauses«. Dieses Interieur mit seinem Säulengang und weiteren Stuckarbeiten von Rose entwickelt eine höchst dramatische Note.

Als der erste Graf von Belmore im Jahre 1795 Castle Coole an seinen Sohn Somerset übergab, waren Dekoration und Innenausstattung durchaus noch nicht

OBEN und UNTEN LINKS Zwei Blicke in das Untergeschoß von Castle Coole, die einen Eindruck vom Leben des Dienstpersonals in einem Herrenhaus vermitteln.

UNTEN Der über vier Meter breite, dreieinhalb Meter hohe und 50 Meter lange Küchengang oder Dienstbotentunnel, der das östliche Ende des Landsitzes mit den Stallungen und den Wirtschaftsgebäuden verbindet.

vollendet. Obwohl Wyatt in gewissem Umfang spezielles Mobiliar entworfen hatte, teilte Somerset (der den Grafentitel 1802 erbte) eher den extravaganten, prunkvollen Geschmack seines Zeitgenossen, des Prinzregenten. 1807 begann der Graf, den Dubliner Polsterern John und Nathaniel Preston im großen Stil Aufträge zu erteilen. Im Laufe der folgenden 18 Jahre bezahlte er dieser Firma 26 367 Pfund, wie Gervase Jackson-Stops (der den National Trust in architektonischen Fragen berät) 1986 in *Country Life* enthüllte, nachdem kurz zuvor in einer Truhe in Castle Coole Rechnungen von Preston & Sohn entdeckt worden waren.

Zu den von dieser Firma ausgestatteten Räumen gehörte auch das Prunkschlafzimmer, das vermutlich in Erwartung des Prinzregenten dekoriert worden war, der als König Georg IV. 1821 nach Irland reiste. Doch der genußsüchtige Monarch kam nicht weiter als bis zur Grafschaft Meath, wo die Schloßherrin von Slane Castle offenbar eine große Faszination auf ihn ausübte.

Abgesehen von dem Engagement, das er bei der Ausstattung des Hauses im üppigen Regency-Stil demonstrierte, bereiste der zweite Graf als leidenschaftlicher Segler auf seiner 232-Tonnen-Brigg *Osprey* das Mittelmeer. Wie schon sein Vater, sah sich auch Somerset in seinen politischen Ambitionen enttäuscht. Er hatte auf einen Adelstitel des Vereinigten Königreichs gehofft, der ihm einen eigenen Sitz im Oberhaus von Westminster beschert hätte, mußte sich tatsächlich aber mit einem Gastspiel als Repräsentant des irischen Adels im House of Lords begnügen und später mit dem Amt des Gouverneurs von Jamaika Vorlieb nehmen. Sein Enkel, der vierte Graf und Autor der *History of Two Ulster Manors*, zog seinerseits in die Ferne, das australische New South Wales zu regieren.

Auch die Mutter des derzeitigen Grafen, eine geborene Gloria Harker, stammte aus Australien, und es war zur Zeit seiner Eltern, nämlich im Jahre 1951, als das Herrenhaus und Teile des Landbesitzes von Castle Coole mit Geldern des Ulster Land Fund aufgekauft wurden und so in die Hände des National Trust gelangten. In den 1980er Jahren führte der Trust für nahezu 5 Millionen Pfund eine großartige Restauration durch, wobei auch die Verkleidung des gesamten Gebäudes entfernt wurde. Die neuen Steine stammten aus einem Steinbruch in Dorset, der direkt neben demjenigen lag, aus dem fast 200 Jahre zuvor die ursprünglichen Portland-Steine herangeschafft worden waren. Auch das Innere des Hauses wurde einer Renovierung unterzogen, wobei man die kräftigen Farben des Regency-Dekors wählte, das der zweite Graf und die Prestons bevorzugt hatten – für so manchen Geschmack ist allerdings einer der Farbtöne ein wenig zu kräftig ausgefallen.

Ein Blick in den Stallhof von Castle Coole, den Sir Richard Morrison in den 1820er Jahren entwarf.

Der gegenwärtige Graf von Belmore und seine Gemahlin, die frühere Lady Mary Meade, zweite von sechs Töchtern des sechsten Grafen von Clanwilliam, wohnen mit ihrer jungen Familie weiterhin auf dem Landsitz und haben den Westflügel für ihren privaten Gebrauch reserviert. Die Ausstattung des Schlosses stellt Lord Belmore dem Trust als Leihgabe zur Verfügung, damit auch Besucher in den Genuß ihrer Schönheit kommen können. Als Kunstkenner hat Belmore der ebenfalls leihweise hier ausgestellten Gemäldesammlung einige neue, interessante Stücke zugeführt, unter anderem im Frühstückszimmer einen sehr schönen, früher in Houghton Hall in Norfolk (siehe *Schlösser und Adelssitze in England und Wales*) zu bewundernden Cipriani sowie eine Reihe irischer Landschaften von Künstlern wie Hone d. J., Campbell und George Barret (die auch in der Rohan-Sammlung in Charleville, Grafschaft Wicklow, vertreten sind).

Im Jahre 1988 erfolgte nach Abschluß der Restaurierungsarbeiten die Wiedereröffnung von Castle Coole durch die Königinmutter, und die seither dort veranstalteten Konzerte erfreuen sich großer Beliebtheit. An weiteren Attraktionen hat das Haus den Großen Hof zu bieten, den Dienstbotentunnel, das kürzlich instandgesetzte Kühlhaus, die Molkerei, die von keinem Geringeren als Sir Richard Morrison entworfenen Stallungen und die Wäscherei. In einem Ausstellungsraum ist die stolze Kutsche der Belmores zu bewundern – das prächtige Fahrzeug einer Familie, die das vom ersten Grafen angestrebte Ziel der mächtigen, politischen Dynastie zwar nicht ganz erreichen konnte, uns dafür aber einen der schönsten Landsitze der Britischen Inseln schenkte.

24

Lyons

COUNTY KILDARE

LYONS WURDE von Dr. Tony Ryan nicht einfach restauriert, er hat den Landsitz vielmehr neu erschaffen. Als er den Landsitz 1996 erwarb, befand sich das bedeutende spätgeorgianische Gebäude in einem bedauernswerten Zustand. Fast genau 200 Jahre zuvor hatte der Architekt Oliver Grace im Auftrag des ersten Lord Cloncurry, dem Sohn eines erfolgreichen Wollhändlers, mit dem Bau eines Herrenhauses begonnen; später war das Gebäude von Richard Morrison für den kunstbegeisterten und patriotischen zweiten Lord Cloncurry umgestaltet worden. In jüngerer Zeit diente es der Landwirtschaftlichen Fakultät des University College von Dublin als Außenstelle, und in den einst eleganten Interieurs waren Büros und Laboratorien untergebracht.

Innerhalb unglaublich kurzer Zeit war dann jedoch eine bemerkenswerte Verwandlung zu beobachten. Man sagte zu recht, in Lyons habe »Dr. Tony Ryan das umfangreichste und ehrgeizigste Instandsetzungsprojekt durchgeführt, das jemals in der Geschichte des irischen Staates auf privater Basis in Angriff genommen wurde«. Sein sachkundiges und engagiertes Team aus Architekten, Kunsthandwerkern, Bauunternehmern und Handwerkern bewältigte insgesamt etwa 670 theoretische Arbeitsjahre innerhalb von 33 Monaten. Die treibende Kraft, die dieses phänomenale Unterfangen ermöglichte, lag deutlich in der Begeisterung aller Beteiligten für das Abenteuer, ein so großartiges Haus wieder zum Leben zu erwecken, und in Dr. Ryans großer Leidenschaft für diesen Ort. »Selbst in seinem ruinenhaften Zustand schien Lyons noch einen ungebrochenen Geist und ein ungeheures Potential zu besitzen«, erinnert sich Dr. Ryan.

Durch die große Aufmerksamkeit, die dabei auch dem kleinsten Detail geschenkt wurde, entstand ein Meisterwerk. Die Arbeiten von Grace, Morrison, dem italienischen Landschaftsmaler Gaspare Gabrielli und dem Bildhauer Luigi Antonio Acquisti sind mit größter Werktreue wiederhergestellt worden. Neben einer umfassenden Restaurierung, zu der auch eine Erneuerung des Daches und originalgetreue Nachbildungen von Schiebefenstern, Fußböden, Kaminen und Stukkatur gehörte, wurde die Gartenfassade einer einfühlsamen Neugestaltung unterzogen und mit den typischen Details der Eingangsfront abgestimmt. Die neu mit Bossenwerk verzierte Gartenfront besitzt heute eine Reihe stattlicher Rundbogenfenster, eingefaßt in warm getönten Granit, der aus Ballyknocken in der Grafschaft Wicklow stammt. Einer der Gebäudeflügel beherbergt heute einen herrlichen Swimmingpool, der andere eine bezaubernde Orangerie für zwanglose Dinners. Von dort hat man einen wunderschönen Blick auf die formalen Gärten mit ihrer Eibenallee, der Säule mit einer in Ostia ausgegrabenen Venusstatue, hinunter zum 11 Hektar großen See mit seiner dramatischen, fast 20 Meter hohen Fontäne und dem sich dahinter erhebenden malerischen »Hill of Lyons«.

Der Überlieferung nach leitet sich der Name des Hügels von Liamhain ab, einer der vier Töchter von Dubhthach Dubthaire, dem vorgeschichtlichen König von Desi Bregia. In seinem rasenden Zorn darüber, daß sie das heidnische *geis* (verfügtes Verbot) einer Heirat brachen, erschlug er alle vier. Liamhain soll auf *Cnoch Liamhna*, dem Hill of Lyons, begraben sein.

Später gelangte Lyons in den Besitz der Familie Aylmer. Laut *Burke's Irish Family Records* war ein Richard Aylmers von Lyons im frühen 15. Jahrhundert »Keeper of the Peace« der Grafschaften Dublin und Kildare, und etwa hundert Jahre danach wurde sein Nachfahr gleichen Namens High Sheriff (Friedensrichter) und Chief Serjeant (Höchster Ordnungshüter) der Grafschaft Kildare. Die alte Burganlage von Lyons scheint während des Aufstands von 1641 zerstört worden zu sein, und mit Ausnahme einer Erwähnung auf alten Karten gibt es auch keine Hinweise auf die Art des Bauwerks, das anschließend ihren Platz einnahm. Nordwestlich von diesem Gebäude errichtete man das heutige Herrenhaus, bei dessen Fertigstellung das alte Gemäuer abgerissen wurde.

Ende des 18. Jahrhunderts trieben Spielschulden und andere finanzielle Verpflichtungen des dreimal verheirateten Michael Aylmer die Familie schließlich in den Ruin. Zu seinen Gläubigern gehörte auch Nicholas Lawless, der Sohn eines wohlhabenden Dubliner Textilkaufmanns bescheidener Herkunft. Nach einer Reihe recht komplizierter Transaktionen erwarb dieser im Jahre 1796 die Besitzrechte des Anwesens zum Gesamtbetrag von 37 450 Pfund.

Nach einer Konsolidierung der väterlichen Geschäfte, die sowohl das Bankgewerbe als auch den Wollhandel umfaßten, hatte Nicholas Lawless mit seiner Gattin Margaret, der Erbin des Dubliner Brauers Valentine Browne, eine Zeitlang in der Normandie gelebt, weil in Irland der Erwerb von Grundbesitz durch Katholiken unter Strafe stand. In den 1770er Jahren änderte er jedoch seine Gesinnung (vermutlich erbost über den Standesdünkel der Franzosen) und beschloß, nach Irland zurückzukehren und zum protestantischen Glauben überzutreten. 1776 zog er als Abgeordneter für Lifford ins Parlament ein und wurde zum Baronet ernannt; dreizehn Jahre später verlieh man ihm den Titel eines Baron Cloncurry.

VORHERGEHENDE SEITEN Blick auf den Landsitz vom Hill of Lyons. Im Vordergrund sind Irlands größter künstlich angelegter See und die formalen Gärten zu sehen, die der neue Besitzer, Dr. Tony Ryan, vor kurzem restaurieren ließ.

UNTEN Der Torbogen am Eingang des Landgutes Lyons, mit Ziergiebel, Pilastern, Voluten und bossenverzierten Gittertoren, auf denen angemessenerweise Löwen thronen. Er stand früher am Eingang zu Browne's Hill in der Grafschaft Carlow, wurde jedoch durch die Irisch-Georgianische Gesellschaft hierher versetzt, als sich Lyons noch im Besitz des University College von Dublin befand und eine Außenstelle der Landwirtschaftlichen Fakultät beherbergte.

Ein Blick auf die Eingangsfront mit den beiden ungewöhnlichen Runderkern und den Kolonnaden. In den zentrierten Portikus sind drei Säulen aus altägyptischem rotem Granit aus dem Goldenen Haus Neros und eine vierte Säule aus den Bädern des Titus eingearbeitet. Sie gehörten zu den Schätzen, die der kunstbegeisterte zweite Lord Cloncurry in Italien erwarb.

Zwei weitere Exemplare der auf Lyons allgegenwärtigen Löwen. Der Name des Besitzes geht jedoch auf Liamhain zurück, einer der vier Töchter des vorgeschichtlichen irischen Königs von Desi Bregia, die von ihrem Vater erschlagen wurden, weil sie das Eheverbot brachen.

Doch auch in Dublin war Standesdünkel zu jener Zeit kein unbekanntes Phänomen. Kurz nach seiner Erhebung in den Adelsstand fand Lord Cloncurry in seiner Theaterloge vor einer Vorstellung des *Don Quichotte* (mit einer besonderen Szene, in der Sancho Pansa »hochgeworfen« wurde) die folgenden, einer Miss de Burgh zugeschriebenen Verse:

> Cloncurry, Cloncurry, seid ja nicht in Eile,
> Zu seh'n wie sie den Burschen hochschleudern mit Decken;
> Er saust weit hinauf, doch wir wissen genau,
> *Euer* Flug war weitaus höher und Eure Decken nicht zu verstecken.

Cloncurrys kometenhafter Aufstieg durch die Ränge der Adligen war so manchem ein Dorn im Auge. Auch der Geistliche John Scott widmete dem Abgeordneten von Lifford in dem Werk *Review of the Irish House of Commons* (1789) einen seiner beißenden Kommentare:

> Sein Auftreten hat mehr von der Steifheit eines französischen Tanzmeisters als von der Ungezwungenheit eines wohlerzogenen Gentleman; besonders unangenehm ist seine Stimme mit ihrem scharfen, querulierenden Ton, der in den Ohren schmerzt, ihr fehlt jegliche Stärke oder Sanftheit, Wohlklang oder Umfang... Sein höchstes Ziel – abgesehen von der Anhäufung von Geld – ist eine Peerage, und um diese glanzvolle Auszeichnung zu erlangen, widmet er sich seit einigen Jahren mit größtem Eifer den Diensten jeglicher Verwaltung.

Zehn Jahre später, als Cloncurry trotz aller Bemühungen noch immer nicht mehr als die Titel eines Baronets und eines Barons aufzuweisen hatte, murrte er gegenüber dem Vizekönig von Irland, dem dritten Herzog von Portland: »Wenn ich irgendwelche Ehrungen erhalten habe, so habe ich mittlerweile ihren vollen Preis gezahlt.« Zumindest konnte der erste Lord Cloncurry, der noch im gleichen Jahr (1799) starb, sich rühmen, zwei Jahre zuvor den Bau eines neuen Palastes auf Lyons begonnen zu haben.

Die Entwürfe für das prächtige Herrenhaus stammten von Oliver Grace, der sich mit seiner Arbeit an der Kathedrale von Cashel einen Namen gemacht hatte. Das auffälligste Element seines Granitbauwerks auf Lyons sind die zwei Runderker der Fassade – eine seltene, vielleicht sogar einmalige Verzierung an einem Landsitz jener Epoche. Geschwungene Kolonnaden verbanden das dreigeschossige Haupthaus mit den zweistöckigen Seitenflügeln zu einer anmutigen Komposition.

Geringeren Anlaß zur Freude dürften dem ersten Lord Cloncurry die politischen Aktivitäten seines Sohnes Valentine gegeben haben, der sich in der Society of United Irishmen engagierte. Diese 1791 während seines Studiums am Trinity College in Dublin gegründete »Gesellschaft der Vereinten Iren« opponierte gegen die geplante Unionsakte mit Großbritannien sowie auch »alle anderen Maßnahmen der Regierung«. Valentine trug mit Vorliebe Kleidung aus patriotisch grünem, in Irland hergestellten Tuch und verfaßte Pamphlete, in denen er die britische Oberhoheit anprangerte. Während der Rebellion von 1798 wurde er verhaftet, in den Tower von London geworfen und nach etwa sechs Wochen wieder freigelassen. 1799 wurde er erneut festgenommen, und diesmal verbrachte er unter dem Verdacht des Hochverrats fast zwei Jahre im Tower.

Im Jahr der endgültigen Verabschiedung der Unionsakte kehrte er als freier Mann – und mittlerweile zweiter Lord Cloncurry – ins heimatliche Irland zurück. Umgehend begab er sich daran, sein »Haus auf Lyons zu vergrößern«. Mit diesen Umbauten beauftragte er Richard Morrison, einen vielversprechenden jungen Architekten aus Cork, der ebenfalls an der Kathedrale von Cashel tätig geworden war und stark unter dem Einfluß des genialen (mit dem Dubliner Zollhaus berühmt gewordenen) James Gandon stand. Morrison ersetzte die geschwungenen Kolonnaden seines Vorgängers Grace durch geradlinige Säulengänge (später sollte

LINKS und OBEN Zwei Ansichten der Halle mit ihrem Fries aus Stierköpfen und Tripoden nach Motiven des Tempels der Fortuna Virilis in Rom, über den Türen Stuckreliefs mit Darstellungen klassischer Szenen. Der Aufsatz von Gaspare Gabrielli über dem zu Marmorglanz polierten Portlandstein-Kamin wurde erst kürzlich restauriert.

er die gleiche Veränderung für den Herzog von Leinster im nahegelegenen Carton durchführen). Außerdem verkleidete er das Erdgeschoß sowohl des Haupthauses als auch der Seitenflügel mit Bossenwerk.

Unterdessen bereiste Valentine Cloncurry das europäische Festland auf der Suche nach Antiquitäten und Kunstschätzen für den im Entstehen begriffenen Palast. Zu seinen bemerkenswertesten Käufen gehörten die drei aus dem Goldenen Hause Neros stammenden Säulen aus altägyptischem roten Granit, die zuvor den Palazzo Farnese in Rom geschmückt hatten und nun von Morrison in den neuen Portikus eingearbeitet wurden. Die vierte Säule des Portikus stammte aus den Bädern des Titus.

Ein weniger glückliches Ergebnis seiner Reisen war Valentine Cloncurrys Vermählung mit Georgiana Morgan, denn nach ihrer Rückkehr aus Rom im Jahre 1805 erlag Lady Cloncurry den Verführungskünsten eines alten Schulfreundes ihres Gatten, dem Baronet Sir John Piers, einem notorischen Glücksspieler und Duellanten. Laut James Woods' *Annals of Westmeath* war der Ehebruch das Ergebnis »einer teuflischen Wette« und führte 1807 zu einem skandalumwitterten Gerichtsverfahren, in dem Lord Cloncurry das »Monstrum« Piers wegen einer »kriminellen Unterhaltung« auf 100 000 Pfund Schadensersatz verklagte. Der Fall inspirierte John Betjeman, der in der Bibliothek von Pakenham Hall, dem heutigen Tullynally *(siehe dort)* darüber las, zu seinem Heldengedicht *Sir John Piers*, das folgenden Vers enthält:

> Der Adelsstand lacht und jedermann ist frei von Sorgen,
> Nur die Braut des Barons Cloncurry denkt nicht gern an morgen.

LINKS Eine irische Harfe am kunstvoll gearbeiteten, vergoldeten Rahmen des Spiegels über dem Kamin im Salon.

RECHTS Das schönste gemalte Interieur in ganz Irland: der Salon mit Fresken (1806) von Gaspare Gabrielli, der sich von den Landschaften Claude Lorraines inspirieren ließ. Die Szenen stellen die verschiedenen Tageszeiten dar. Während Gabrielli diesen Raum gestaltete, wurde er Zeuge der Verführung Lady Cloncurrys durch den unwürdigen Sir John Piers – ein Skandal, der Sir John Betjeman zu einem Heldengedicht anregte. Den Kamin aus dem 18. Jahrhundert von Peter Bossi ließ Dr. Tony Ryan kürzlich einbauen; seine Restaurierung des Landsitzes ist eine wahre Glanzleistung.

Hätte Lord Cloncurry von dem Baronet die angestrebte Wiedergutmachung erhalten, wäre zumindest er selbst vielleicht »frei von Sorgen« gewesen, tatsächlich sprach man ihm jedoch nur 20 000 Pfund zu – knapp zehn Prozent der Summe, die er auf den stolzen Bau seines »schönen Hauses« verwandt hatte. Neben dem »Bau des Hauses, der Trockenlegung, Bepflanzung und Bebauung meines Grundstücks«, wozu nicht zuletzt das Anlegen des größten künstlichen Sees in Irland gehörte, kann die Wahl des italienischen Landschaftsmalers Gaspare Gabrielli als dessen beste Entscheidung gelten.

Der Künstler, der Lady Cloncurrys Zofe heiratete und sich unversehens als Zeuge in den obigen Gerichtsprozeß hineingezogen sah, schmückte die wichtigsten Räume mit bezaubernden Fresken, die als die schönsten gemalten Interieurs Irlands gelten. Als Motiv wählte er unter anderem für den Musiksaal drei berühmte irische Wasserfälle (Poulaphouca, Powerscourt und den Salmon Leap oder »Lachssprung« in Leixlip), für den Speisesaal mit Runderker eine Ansicht der Bucht von Dublin und für den Salon eine Reihe von Landschaften, zu denen ihn Claude Lorraine inspirierte.

Aus der erhaltenen Korrespondenz ist ersichtlich, daß der zweite Lord Cloncurry seinem Architekten Richard Morrison alles andere als freie Hand ließ. »Stoppt alle eigenen Vorhaben Morrisons«, ordnete er damals an, »und wenn er sich nicht an meine Anweisungen hält, dann arbeitet nicht mehr für ihn.« Morrison war offensichtlich damit ausgelastet, die Architektur und Innenausstattung des Hauses den Forderungen seines Auftraggebers anzupassen. Die Halle erhielt einen Fries aus Stierköpfen und Tripoden in Anlehnung an den Tempel der Fortuna Virilis in Rom, Türrahmen mit kannelierten Stürzen und über den Türen klassische Reliefs, außerdem freistehende antike Marmorsäulen der korinthischen Ordnung sowie Skulpturen aus Lord Cloncurrys umfangreicher Sammlung.

Mit den Jahren entwickelte sich der junge Rebell zu einem respektablen Liberalen, und als solcher wurde er 1831 zu einem Baron des Vereinigten Königreichs ernannt. In Carpenters *Peerage for the People* (1849) wird ihm »ein hoher Rang unter den adligen Patrioten« bescheinigt, »politisch wie privat war er immer ein *Liberaler*«. Daniel O'Connell, »Der Befreier«, notierte im Jahre 1824: »Irland hat keinen besseren oder dem Interesse des Landes hingebungsvoller dienenden Freund als Lord Cloncurry. Der Friedensrichter des einfachen Mannes, im Privatleben ein Vorbild an Tugendhaftigkeit, im öffentlichen Leben der Bewunderung und Achtung des Volkes würdig.«

Mit Emily, seiner zweiten Gemahlin (der Witwe Joseph Leesons, der den dritten Grafen von Milltown und Russborough, *siehe dort,* beerbt hatte), führte Valentine Cloncurry eine überaus harmonische Ehe. In seinen *Recollections* von 1849

LINKS Der Musiksaal ist das heutige Familienzimmer. Gabrielli schuf die herrliche Decke und die Medaillons, die von Mary McGrath und ihrem Team vom Courtauld Institute in London sorgfältig restauriert wurden.

schrieb er, mit ihr habe er »dreißig Jahre des ununterbrochenen Glücks und der Zuneigung« geteilt. Ihr Sohn, der dritte Lord Cloncurry, hatte leider weniger Glück mit dem Schicksal und nahm sich 1869 auf Lyons mit einem Sturz aus dem Fenster das Leben. Die Tochter dieses dritten Lords, Emily Lawless, wurde eine bekannte patriotische Dichterin und war Anfang des 20. Jahrhunderts eine der führenden Persönlichkeiten der »Irish Revival«-Bewegung.

Emilys Nichte Kathleen Lawless erbte Lyons im Jahre 1929 von dem fünften und letzten Lord Cloncurry und hinterließ ihrerseits 1958 den Besitz ihrem Cousin Mark Winn aus Yorkshire. Einige Jahre später veräußerte Winn den Landsitz an das University College von Dublin, das sich als Eigentümer vor allem mit der Errichtung des prächtigen Bogens an der Einfahrt zum Anwesen in Erinnerung bringt; ursprünglich stand er auf Browne's Hill in der Grafschaft Carlow.

Im Jahre 1990 wurde Lyons an Dr. Michael Smurfit verkauft, und heute ist Dr. Tony Ryan hier zu Hause und betreibt ein florierendes Gestüt. Wohin man auch blickt, fällt der Perfektionismus der von ihm durchgeführten originalgetreuen Instandsetzungsarbeiten ins Auge. Mary McGrath und ihr Team von Restaurateuren des Courtauld Institute polierten den Kamin aus Portland-Stein in der Halle auf den marmorartigen Glanz des frühen 19. Jahrhunderts und befreiten Gabriellis kunstvollen Kaminaufsatz von einer Papierverkleidung. Auch mit der Auffrischung von Gabriellis Meisterwerken im Salon und im Musiksaal – dem heutigen Familienzimmer – haben sie hervorragende Arbeit geleistet. Der Speisesaal erhielt eine neue Decke und vergoldete Bücherschränke im georgianischen Stil. Dr. Ryans Lieblingsraum aber ist die Orangerie mit Acquistis herrlichen Skulpturentableaus, die den Ikarus-Mythos darstellen, einem spanischen Wandteppich des 17. Jahrhunderts und dem Fußboden aus portugiesischem Mochastein. Der Tisch im Stil eines Refektoriums ist aus einem einzigen Stück westafrikanischen Iroko-Holzes geschnitten. Der Ausblick auf die Gärten ist atemberaubend.

Doch Dr. Ryan, der auch dem Vorstand der irischen Nationalgalerie angehört, beansprucht diese Herrlichkeit nicht für sich allein. »Es bereitet mir Freude«, erklärt er, »der Allgemeinheit Teile des Hauses zugänglich zu machen und damit dem irischen Volk einen Teil des nationalen Kulturerbes zurückzugeben.« Wer Lyons einmal einen Besuch abstattet, wird sicherlich die Freude teilen, die Dr. Ryan empfindet, seit er diesen herrlichen Landsitz zu seinem Heim machte.

OBEN Dieses Skulpturentableau von Acquisti in der Orangerie stellt eine Szene aus dem Ikarus-Mythos dar.

RECHTS Die Gartenfassade des Herrenhauses wurde von Dr. Tony Ryan einfühlsam mit Bossen aus Wicklow-Granit in einem warmen Farbton verziert. Die Säule in den formalen Gartenanlagen trägt eine im italienischen Ostia ausgegrabene Statue der Venus.

25

CHARLEVILLE

COUNTY WICKLOW

CHARLEVILLE, eine palladianische Villa mit markantem Regency-Interieur und einem herrlichen Garten liegt inmitten der traumhaften Hügellandschaft der Grafschaft Wicklow. Die Schönheit dieses Landsitzes war sicherlich nie beeindruckender als heute, da er das liebevoll gepflegte Domizil von Ken und Brenda Rohan ist, die das Haus und die Gartenanlagen mit stilsicherem Geschmack und großem Einfühlungsvermögen restauriert haben.

Das Herrenhaus, mit dessen Bau man Ende der 1790er Jahre begann und das man bald darauf (vermutlich in Erwartung eines Besuchs König Georgs IV. auf dem Weg zum benachbarten Powerscourt) Verschönerungsmaßnahmen unterzog, ist in den letzten beiden Jahrzehnten neu dekoriert und mit außergewöhnlich schönen Möbeln und Werken irischer Kunst ausgestattet worden. An der einfallsreichen Umgestaltung des Anwesens waren auch angesehene irische Gartenexperten beteiligt. Innerhalb der weitläufigen Gärten, deren Mauern der geschwungenen Linie der Grenzmauern folgen, gibt es eine ganze Reihe runder Rabatten. Mit ihren einzelnen, von Buchen- und Eibenhecken gebildeten »Räumen«, dem erstaunlichen »Buchen-Tunnel« und dem Gewächshaus mit seinen dorischen Säulen – die allesamt hingebungsvoll gepflegt werden – gehören die Anlagen von Charleville zweifellos zu den Meisterwerken irischer Gartenarchitektur.

Ken Rohan, ein prominenter irischer Industrieller, erwarb Charleville im Jahre 1981. Zuvor hatte der Landsitz beinahe 40 Jahre lang Donald Davies gehört, einem Pionier der irischen Modeindustrie, der das Haus nach einer Phase des Dornröschenschlafs zu neuem Leben erweckte und in den Stallungen mit ihren dekorativen Einfassungen aus behauenem Stein eine der Schneiderwerkstätten zur Fertigung seiner »Hemdkleider« unterbrachte. Mr. Davies' einzige Tochter Lucy heiratete den Grafen von Snowdon, Fotograf und Sohn von Anne, Gräfin von Rosse, die auf Birr Castle (*siehe dort*) lebt. In Birr befand sich übrigens das Mobiliar der berühmten »Arlington Suite«, bevor Mr. Rohan es für den Salon von Charleville erwarb. Die Möbel hatte Thomas Chippendale ursprünglich im 18. Jahrhundert im Auftrag von Sir Lawrence Dundas, einem angesehenen Großkaufmann und ersten Baronet, für dessen Londoner Domizil in der Arlington Street angefertigt.

Die Stallungen von Charleville sind offenbar älter als das heutige Haus und gehörten möglicherweise zu dem dreigeschossigen Bau, der hier früher stand und

1792 durch ein Feuer zerstört wurde. Die Familie Monck, die bis ins 20. Jahrhundert Eigentümer des Landsitzes war, gelangte 1705 durch die Vermählung des Rechtsanwalts Charles Monck mit Agneta, der Erbin Major Walter Hitchcocks von Charleville, in den Besitz von Charleville.

Charles wiederum erbte mütterlicherseits den Besitz Grange Gorman, der heute ein Vorort von Dublin ist. Die Moncks stammten aus Devon im Südwesten Englands und waren Anfang des 17. Jahrhunderts nach Irland gekommen, als Charles' gleichnamiger Großvater Generalinspektor der Zollbehörde in Dublin wurde. Charles' Vater, Henry Monck, heiratete Sarah, die Erbin Sir Thomas Stanleys von Grange Gorman. Unter König Jakob II. wurden ihm die Bürgerrechte aberkannt und sein Besitz genommen; nach seiner Rehabilitierung durch König Wilhelm III. erhielt er jedoch seine Ländereien in der Grafschaft Westmeath zurück.

Das 18. Jahrhundert erlebte den weiteren gesellschaftlichen Aufstieg der Familie Monck. Der ältere Sohn Charles' und Agnetas, ein weiterer Henry, trat die Nachfolge auf Charleville an und ehelichte die Tochter des ersten Herzogs von Portland, Lady Isabella Bentinck. Ihre einzige Tochter, Elizabeth, vermählte sich mit dem ersten Grafen von Waterford und wurde Herrin von Curraghmore *(siehe dort)*, während Charleville 1787 an ihren Cousin Charles Monck fiel.

Jener Charles schlug eine Laufbahn als Politiker ein und war sieben Jahre lang Parlamentsabgeordneter für Newborough, oder Gorey, in der Grafschaft Wexford, bevor er – wie viele andere – mit mehreren Titeln geehrt wurde, da sich die Regierung die Zustimmung zur Unionsakte sichern wollte. Im Jahre 1797 nahm er zunächst eine Baronie an und dann, im schicksalhaften Jahr 1801, den Titel eines Viscount. Dieser Opportunismus Moncks dürfte ihm nicht gerade die Sympathie seines Nachbarn, des vierten Viscount Powerscourt, eingetragen haben, denn der gehörte zu jenen Adligen, die in der Abstimmung gegen die Union votiert hatten.

Um seinem neuen Status gerecht zu werden, nahm Lord Monck den Bau eines angemessenen Landsitzes auf Charleville in Angriff. Wie die Nachforschungen des Ritters von Glin ergaben, war sein Architekt Whitmore Davis. Dessen Entwürfe waren offenbar von Lucan House in der Grafschaft Dublin inspiriert, einer palladianischen Villa, die in den 1770er Jahren von Agmondisham Vesey – unter Mitwirkung von Sir William Chambers – errichtet worden war.

So wie Lucan besitzt auch Charleville als wesentliches Merkmal einen Giebel, der über einem dreiachsigen Dachgeschoß aufragt und von vier eingerückten ionischen Säulen getragen wird, die auf dem mit Bossenwerk verzierten Erdgeschoß

VORHERGEHENDE SEITEN Palladianische Vollkommenheit zeigt der in den 1790er Jahren von Whitmore Davis für Charles Monck, den späteren ersten Viscount Monck, errichtete Familiensitz Charleville.

RECHTS Das Treppenhaus wird von dem narrativen Gemälde dominiert, das König Georg IV. 1821 bei seiner Abreise aus Irland zeigt. Der Monarch hatte es versäumt, Charleville, das offenbar eigens zu seinen Ehren umgestaltet worden war, einen Besuch abzustatten. Die Baluster des Treppengeländers sind aus Messing.

OBEN In der Halle hängt ein Porträt des 16. Grafen von Kildare, der wegen seiner Kleinwüchsigkeit auch »der Elfen-Graf« genannt wurde. Das Bild hing früher in Carton in der Grafschaft Kildare, einem Landsitz, den gewisse architektonische Ähnlichkeiten mit Charleville verbinden.

LINKS Ein Blick in die Halle mit ihren kannelierten ionischen Säulen und dem Intarsienboden aus dem 19. Jahrhundert.

ruhen. Während jedoch in Lucan das Eingangsportal von einem Bogen gekrönt wird, sitzt in Charleville an dieser Stelle ein Giebel. Und während die Fassade von Lucan nur sieben Achsen hat, besitzt Charleville sogar neun. Auch die Eingangshalle von Charleville mit ihren kannelierten ionischen Säulen erinnert an die Halle von Lucan; allerdings führt sie in Charleville geradewegs bis zu dem imposanten Treppenhaus. Die dortige, freitragende Treppe aus Portland-Stein besitzt eine Balustrade mit Messing-Balustern und braucht nach Meinung von Desmond Guinness einen Vergleich mit der herrlichen Treppe von Castletown in der Grafschaft Kildare nicht zu scheuen.

Vergleiche mit einem weiteren prächtigen Landsitz, Carton in der Grafschaft Kildare, drängen sich auf, wenn man die bodentiefen Wyattschen Fenster an den Seiten von Charleville sieht: Sie haben große Ähnlichkeit mit jenen, die 1817 von Richard Morrison in Carton eingefügt wurden. Dies wirft die Frage auf, in welchem Umfang Charleville Anfang des 19. Jahrhunderts, also kaum eine Generation nach seiner Erbauung, verändert wurde. Elisabeth Batt notiert in ihrem 1979 erschienenen Werk *The Moncks and Charleville House*, daß die erste Baustufe 1799 abgeschlossen war. Demnach müßten die baulichen Veränderungen zu Zeiten des zweiten Viscount Monck (der 1802 die Nachfolge seines Vaters antrat und zwanzig Jahre später zum Grafen von Rathdowne wurde) vorgenommen worden sein.

OBEN und UNTEN Zwei Ansichten des Salons. Die von Thomas Chippendale gefertigten Möbel der »Arlington Suite« erwarb Ken Rohan in Birr Castle. Sie waren ursprünglich für das Haus Sir Lawrence Dundas' bestimmt, der sein Londoner Domizil in der Arlington Street hatte.

Der Salon mit seiner Tonnengewölbedecke, in dessen Stuckwerk Musikinstrumente, Gartengeräte und Korngarben dargestellt sind.

Ein Jahr vor der Ernennung zum Grafen, 1821, hatte König Georg IV. Irland einen Besuch abgestattet, der ihn auch auf den Charleville benachbarten Landsitz Powerscourt führte. Aus diesem Anlaß soll der nahegelegene Wasserfall, der der höchste der Britischen Inseln ist, aufgestaut worden sein, um dem König von einer eigens errichteten Brücke ein noch dramatischeres Naturschauspiel zu bieten. Doch seine Majestät ließ sich zu viel Zeit beim Essen und gelangte nie zu der Brücke – was vielleicht auch besser so war, denn sie wurde mitgerissen, als die aufgestauten Wassermassen in die Tiefe stürzten.

In Charleville ist man der festen Überzeugung, daß die Moncks ihr Haus im Stil der neuesten Mode renovierten, für den Fall, daß der König auch ein Haus weiter hereinschauen sollte. Andere Familien, etwa die Belmores von Castle Coole *(siehe dort)*, sollen es ihnen gleichgetan haben und durch die Launen des äußerst unzuverlässigen Monarchen ebenfalls enttäuscht worden sein. Von Desmond Guinness stammt der interessante Hinweis, daß die anläßlich des königlichen Besuchs in Powerscourt angebrachte Stukkatur – wie etwa jene im Treppenhaus (die es seit einem verheerenden Feuer im Jahre 1974 leider nicht mehr gibt) – mit den Stuckarbeiten in Charleville Ähnlichkeit hat.

Auf jeden Fall weist die vollendete Innenausstattung von Charleville deutliche Züge des Regency-Stils auf. Die Decken mit ihrer verschwenderischen klassizistischen Stukkatur deuten wieder einmal auf Sir Richard Morrison hin. Der Salon, für dessen Wände die Rohans einen wunderschönen Gelbton wählten, besitzt eine Tonnengewölbedecke mit kühnem Stuckwerk, in dem Musikinstrumente, Gartengeräte und Korngarben dargestellt sind. Im Speisesaal wird die Deckenmitte von einer Stuckrosette mit Kleeblättern und anderem Blattwerk geschmückt, die noch aus der Zeit vor 1820 zu stammen scheint, wohingegen der Akanthusfries offen-

LINKS Ein Blick in den Speisesaal von Charleville zeigt die mit Kleeblättern und anderem Blattwerk verzierte Deckenstuckrosette und den Akanthusfries. Das Gemälde über der Anrichte ist eine frühe Ansicht der Stadt Stradbally in der Grafschaft Leix.

RECHTS Detail einer Ecke des Speisesaals.

sichtlich später hinzugefügt wurde, vermutlich zur Belebung der Randleiste. Der schöne Parkettboden mit den Intarsien in der Eingangshalle datiert wahrscheinlich von einem späteren Zeitpunkt im 19. Jahrhundert.

Obgleich sich die Gräfin (eine Tochter des ersten Grafen von Clancarty) redlich mühte – sie gebar zwei Söhne, die noch im Kindesalter starben, und nicht weniger als elf Töchter – konnte der Graf von Rathdowne keinen männlichen Erben vorweisen, und so erlosch der Titel bereits wieder mit seinem Tod im Jahre 1848. Der Titel des Viscount Monck blieb noch etwa sechs Monate im Besitz des Bruders, bevor ihn der Neffe Charles erbte, der gleichzeitig der Schwiegersohn des ersten Grafen war, da er eine seiner elf Töchter, Lady Elizabeth, geheiratet hatte.

Der neue, vierte Viscount Monck war ein liberaler Politiker und Parlamentsabgeordneter für Portsmouth, der im englischen Unterhaus saß, bevor er 1861 nach Kanada ging und dort zum ersten Obersten Befehlshaber und Gouverneur ernannt wurde. Fünf Jahre später wurde ihm eine Baronie des Vereinigten Königreichs verliehen und 1867 der hohe Rang eines »General-Gouverneur von Britisch-Amerika«, der bald darauf etwas taktvoller in »General-Gouverneur des Herrschaftsgebietes Kanada« umbenannt wurde. Als der vierte Viscount einmal den großen Staatsmann W. E. Gladstone in Charleville bewirtete, pflanzte jener zur Erinnerung an seinen Besuch in der Nähe des Hauses einen Baum. 1886 entzweiten sich die beiden Politiker jedoch in bezug auf die Frage der Wiedereinführung der parlamentarischen Selbstregierung (Homerule) – Lord Monck blieb den unionistischen Ansichten seiner Familie treu.

Das letzte Mitglied der Monck-Familie, das auf Charleville lebte, war Edith, die Witwe des fünften Viscount, eines Ägypten-Veteranen. Ihr älterer Sohn war im Ersten Weltkrieg in Frankreich gefallen. Nach Ediths Tod im Jahre 1929 sah die Zukunft des Familiensitzes nicht eben vielversprechend aus.

Glücklicherweise wurde jedoch Donald Davies auf das leerstehende Anwesen aufmerksam und erkannte dessen architektonisches Potential, das die heutigen Besitzer, Ken und Brenda Rohan, meisterlich zur Geltung gebracht haben. Zu der bemerkenswerten Sammlung irischer Kunstwerke, die die Räume des Hauses schmücken, gehören auch eine Reihe stimmungsvoller Landschaftsbilder von George Barret sowie ein gewaltiges narratives Gemälde, das die Abreise König Georgs IV. von Irland im Jahre 1821 thematisiert und schon allein aufgrund seiner Maße das Treppenhaus beherrscht. Der Monarch hat sich wahrhaft um einen Genuß gebracht, als er einen Besuch von Charleville während seiner Irlandreise versäumte.

26

Ballywalter Park

County Down

IM ANSCHLUSS an die politische Angliederung Irlands an Großbritannien (1801) war zwar zunächst eine lebhafte Bautätigkeit in Irland zu beobachten, doch die große Hungersnot der 1840er Jahre bereitete der Errichtung großer Herrenhäuser auf dem Lande ein jähes Ende. Es gab allerdings einige Ausnahmen, und unter den heute noch in privater Hand erhaltenen Landsitzen ist Ballywalter gewiß der bemerkenswerteste. Er strahlt nach wie vor die gelassene Zuversicht der frühviktorianischen Ära aus, und in diesem prächtigen *palazzo* der Familie Mulholland werden wir unsere Rundreise mit einem großen Finale beenden.

Ballywalter wurde mit dem wohlverdienten Profit der aufblühenden Belfaster Leinenindustrie erbaut, und dementsprechend haftet dem Landsitz eine gewisse großstädtische Kultiviertheit an. Laut Alistair Rowan, der bereits in *Country Life* und in der von der Ulster Architectural Heritage Society herausgegebenen Reihe über Landsitze seine Beobachtungen über Ballywalter veröffentlichte, besitzt das Bauwerk »das weltstädtische Flair sowie alle architektonischen Insignien eines Londoner Clubs, der rein zufällig an die nordirische Küste versetzt wurde«. In der Tat entwickelt man in der grandiosen Halle mit ihren dorischen und korinthischen Säulen das Gefühl, in die Glanzzeit jener beiden großen, an der Pall Mall gelegenen Londoner Clubs – Travellers' Club und Reform Club – zurückversetzt zu sein. Beide Häuser entwarf Sir Charles Barry, und seine Arbeiten im *palazzo*-Stil haben offensichtlich den Belfaster Architekten Charles Lanyon beeinflußt.

Als der vierte Lord Dunleath Ballywalter 1956 erbte, erachtete der Zeitgeist derartig kühne Äußerungen viktorianischen Geschmacks als eine anachronistische Ungeheuerlichkeit. Bereits sein Vater, der dritte Lord Dunleath, hatte erwogen, den riesigen Palast aufzugeben oder zumindest beträchtlich zu verkleinern. Sir Albert Richardson war sogar schon beauftragt, Pläne für eine Entfernung des obersten Stockwerks und einen Abriß des Wintergartens zu erarbeiten. Der junge vierte Lord Dunleath spielte mit ähnlichen Gedanken, als unvermittelt ein *deus ex machina* die Bühne betrat: John Betjeman erschien zum Tee.

»Als er sich das Haus ansah«, erinnerte sich Henry Dunleath nicht lange vor seinem viel zu frühen Tod im Jahre 1993, »geriet er förmlich in Ekstase.« Betjeman legte dem jungen Adligen dar, daß der Wintergarten – ein elegantes, kuppelbesetztes Gebilde, dessen Fassade korinthische Säulen schmückten – ein wesentliches Element in Lanyons Konzept zur Aufwertung der Rückseite des Hauses darstellte und deshalb um jeden Preis zu erhalten war. Er fügte damals (im Jahre 1961) hinzu, wenn das gesamte Gebäude weitere 25 Jahre in seinem ursprünglichen Zustand erhalten werden könne, werde es sich zu einem wahren Mekka für Architekturhistoriker und Kunstliebhaber entwickeln.

Der Dichter behielt selbstverständlich recht. Glücklicherweise nahm Henry Dunleath seinen »kostspieligen Rat« an, obwohl er sich anfangs nicht ganz sicher war, ob Betjeman sich nicht einen Scherz erlaubte. Gemeinsam mit seiner Gemahlin Dorinda nahm er die wichtigsten Reparaturen in Angriff. Sie bekämpften den Hausschwamm, und nach einem verheerenden Brand im Jahre 1974 setzten sie anstelle der um 1900 eingebauten großen Fensterscheiben wieder die frühere Sprossenverglasung ein. Später renovierten sie die verschiedenen Prunkräume.

Nur einen Tag vor dem Ausbruch des Feuers hatte Henry Dunleaths Cousin Brian Mulholland seine zukünftige Gattin Mary Whistler zu ihrem ersten Besuch nach Ballywalter gebracht, und heute erwägen Brian und Mary Mulholland, die derzeitigen Lord und Lady Dunleath, die unterschiedlichen Möglichkeiten, das Anwesen auch im 21. Jahrhundert zu erhalten und sinnvoll zu nutzen. Die Dunleaths sind sich der großen Verantwortung bewußt, die mit dem Besitz eines unter Denkmalschutz stehenden Hauses einhergeht: An den zahlreichen Tagen der offenen Tür können Gäste sich an den Gartenanlagen und den Prunkräumen erfreuen und Wohltätigkeitsveranstaltungen, wie z. B. Musikabende, besuchen.

Mit ihrem ausgeprägten Gemeinsinn setzen sie eine alte Familientradition der Mulhollands fort. In jenem schicksalhaften Jahr, 1845, als eine schlechte Kartoffelernte eine schwere Hungersnot auslöste, wurde der große Philanthrop und Magnat Andrew Mulholland zum Bürgermeister von Belfast gewählt. Er widmete sich uneingeschränkt der Aufgabe, »alles [zu unterstützen], was zur Verbesserung der Lebensbedingungen der Arbeiter nützlich sein kann«, und forderte

> die Einrichtung öffentlicher Spazierwege oder Parks in einigen Vororten; öffentliche Bäder in Verbindung mit Waschhäusern; ebenso Brunnen, aus denen eine ständige, kostenlose Versorgung mit sauberem Wasser gewährleistet werden kann; eine Bibliothek mit Leseraum (und lediglich symbolischer Nutzungsgebühr), und auch Kaffeehäuser.

Als in Belfast die Ulster Hall erbaut wurde, schenkte er den Bewohnern der Stadt »zur Schulung ihres Geistes und ihres Geschmacks« eine große Orgel. Sie steht heute noch dort, bekannt als »Mulholland Grand Organ«.

Das von dem wohltätigen Bürgermeister geleitete Familienunternehmen war von seinem Vater, Thomas Mulholland, begründet worden, dessen angebliches Analphabetentum (er unterschrieb mit einem Kreuz) seiner Geschäftstüchtigkeit keinen Abbruch tat. Er verschaffte seinen Söhnen einen festen Platz in der Belfaster Baumwollindustrie – bis 1828 ein Brand die Fabrik der Brüder mit einem Schlag vernichtete. Was auf den ersten Blick wie eine Katastrophe schien, entpuppte sich jedoch letztlich als Segen, denn die Gebrüder Mulholland hätten keinen günstigeren Zeitpunkt finden können, um von Baumwolle auf Leinen umzusatteln. Der irische Baumwollhandel war bereits der Konkurrenz im englischen Lancashire erlegen. Auf ihren Grundstücken in der York Street richteten die Mulhollands eine der ersten industriellen Flachsspinnereien ein und betrieben bald eine der weltgrößten Manufakturen dieser Art.

Andrew Mulholland arbeitete zunächst mit seinem Bruder St. Clair als Partner, kaufte dann jedoch dessen Anteile auf und konsolidierte den phänomenalen Erfolg der Firma. Hugh MacCall, ein anderer Fabrikbesitzer dieser Branche, schrieb: »Belfast wird nie vergessen, wie viel es dem Hause Mulholland verdankt.«

Es schien nur natürlich, daß Andrew Mulholland davon träumte, seinen Erfolg mit einem angemessenen Landsitz zu feiern. Im Frühling 1846, nach Ablauf seines Jahres als hochgelobter Bürgermeister von Belfast, kaufte er für 23 500 Pfund das Landgut Springvale in der Nähe des Küstendorfes Ballywalter.

VORHERGEHENDE SEITEN Eine Ansicht der von Galerien umgebenen Halle in Ballywalter, die Sir Charles Lanyon für den Belfaster Magnaten Andrew Mulholland kreierte: Nischen, Statuen und korinthische Säulen lassen das Gebäude wie einen *palazzo* erscheinen.

UNTEN Ein Blick durch die Säulenreihe der Wageneinfahrt an der Eingangsfront auf die mit einem Ziergiebel und korinthischen Säulen geschmückte Fensternische eines Seitenflügels.

OBEN Die Gartenfassade von Ballywalter zeigt linker Hand den Wintergarten. Sir John Betjeman setzte sich in den 1960er Jahren erfolgreich für dessen Erhaltung ein.

UNTEN Die Vorderansicht des Hauses.

Springvale war zuvor der Familiensitz der Matthews gewesen, die es ihrerseits im Jahre 1729 von den Montgomerys von Grey Abbey erworben hatten. Walter Harris erwähnt in *Ancient and Present State of County Down* (1744) ein früheres Haus am Standort des heutigen Ballywalter Park, ehemals Ballymagown genannt. George Matthews, ein bekannter Kuriositätensammler, hatte es wieder aufgebaut und ihm den Namen Springvale gegeben. Sein Enkel, ein weiterer George Matthews, führte offenbar Anfang des 19. Jahrhunderts größere Umbauten an dem Haus durch – jenes Bauwerk sollte Lanyon später für Andrew Mulholland neu gestalten.

Auch wenn heute außer den Richtung Norden gelegenen, stimmungsvollen Stallungen auf den ersten Blick nichts an das alte Springvale erinnert, belegt eine genauere Untersuchung des Untergeschosses, daß die ursprüngliche Anlage in den Mittelblock von Lanyons neu gestaltetem Gebäude integriert wurde. Lanyon, ein Freund des Auftraggebers und wie dieser ein Mitglied des Stadtrats, verwandelte im Grunde den Hauptteil des alten zweigeschossigen Hauses in die riesige, etwa 18 Meter lange und bis zum Dach hinauf offene Halle des neuen, dreigeschossigen Gebäudes. Der Eingang wurde von der Südseite zur Ostfassade hin verlegt, wo Lanyon eine Wageneinfahrt anfügte mit dorischen Zwillingssäulen, Schlußpfeilern und einer Gitterbalustrade an der Überdachung. Zur Schaffung eines ausgewogenen Gesamtbildes setzte er an den Mittelblock jeweils eingeschossige Seitenflügel, deren Eingangsfront aufwendig gestaltete Fensternischen mit einer Rahmung aus Ziergiebeln und korinthischen Säulen erhielt.

Später, im Jahre 1863, erweiterte Lanyon die Gartenfront um einen weiteren Flügel mit einem Billardraum und den berühmten Wintergarten. John Betjemans Prophezeiung, daß die Schönheit des Landsitzes unter den Architekturhistorikern

LINKS Die gemütliche viktorianische Bibliothek. Die Bücherschränke mit Ziergiebel ließ der erste Lord Dunleath einbauen; er übernahm Ballywalter im Jahre 1866 und wurde 1892 in den Adelsstand erhoben.

UNTEN *The Infant Samuel* von Patrick McDowell in dem als Salon eingerichteten Teil der großartigen Halle von Ballywalter.

ihre Würdigung finden werde, bewahrheitete sich schneller, als selbst der Dichter es für möglich gehalten hätte. Es sollten nämlich vom Zeitpunkt dieser Äußerung an kaum sechs Jahre vergehen, bis Alistair Rowan in *Country Life* voller Anerkennung über Andrew Mulhollands architektonische Ambitionen in Ballywalter berichtete: »Die massive Erhabenheit der Fassaden, der Reichtum und die Schwere des Marmors und Mahagoniholzes, die solide Behaglichkeit des Ortes – das sind die Qualitäten, die er in der Geschäftswelt zu schätzen gelernt hatte.«

Es ist diese »solide Behaglichkeit«, die den Besucher in den großzügigen Räumlichkeiten so verblüfft. Die Dimensionen von Lanyons Interieurs verleiten dazu, sich stolz und hoch aufgerichtet zu bewegen, und man fühlt sich geradezu geschmeichelt, daß man eingeladen ist, sich im Glanz eines derart prunkvollen Hauses wohlzufühlen. Ganz ähnlich wirkten einst die von Barry entworfenen Clubhäuser auf das Selbstbewußtsein der Londoner Clubmitglieder und Politiker. Und selbst diejenigen, die die herrliche Halle im Schmuck ihrer Statuen und Urnen ein wenig zu prächtig finden, werden an der kühlen Eleganz des Ballsaals mit seiner Rundapsis, den korinthischen Säulen und der gewölbten Kassettendecke ihre Freude haben.

Ganz besonders behaglich und bequem ist die Bibliothek. Die mit Ziergiebeln geschmückten Bücherschränke ließ Andrew Mulhollands Sohn John einbauen, der nach dem Tod seines Vaters 1866 den Landsitz erbte, drei Jahre nach Vollendung des Wintergartens. Der warme Farbton des Mahagoniholzes und der Ledereinbände, die Gewölbedecke und die herrlich tiefen Sofas machen diesen Raum zu einem Zufluchtsort viktorianischer Zufriedenheit.

John Mulhollands Flachsspinnerei in der York Street expandierte weiter, denn der amerikanische Bürgerkrieg brachte den Nachschub an Rohbaumwolle praktisch zum Erliegen, was von Vorteil für die Leinenbranche war. Mulholland wurde zum Abgeordneten von Downpatrick gewählt und zog ins Unterhaus von Westminster ein, 1892 folgte die Ernennung zum Baron Dunleath. Die Zeitung *Truth* beschrieb ihn in seinem Nachruf als »einen Tory alter Ulster-Schule... einen glänzenden Redner in Wirtschaftsfragen... und einen überaus beliebten Pachtherrn«.

Der von korinthischen Säulenreihen unterteilte Ballsaal mit Rundapsis und gewölbter Kassettendecke. Ballywalter besitzt eine bemerkenswerte Sammlung von Tasteninstrumenten.

Drei Jahre später bezeichnete *Truth* in einem weiteren Nachruf den ersten Lord Dunleath als »begeisterten Segler«, was eine gelinde Untertreibung war. Seine über 23 Meter lange Yacht *Egeria* wurde als »schnellster Schoner auf See« gefeiert und gewann über sechzig große Regatten, darunter allein fünfmal den Queen's Cup.

Zur edwardianischen Glanzzeit des Landsitzes genossen die Mulhollands auf Ballywalter das Leben im Grünen. Der zweite Lord Dunleath, Johns Sohn, legte östlich des Hauses einen privaten Golfplatz mit neun Löchern an (der nicht erhalten ist). Im Westen führte er einen kleine Teiche bildenden Bachlauf durch das Gelände, und seine Gemahlin Norah Ward von Castle Ward, die ihre Enkelkinder »Gogo« nannten, richtete ein tropisches Vogelhaus ein. Der Park war bereits zu Andrew Mulhollands Zeiten gestaltet worden: Allein im Jahre 1846 hatte er 41 000 Bäume und Sträucher pflanzen lassen. Kricket, ein Spiel, das in der edwardianischen Ära sein goldenes Zeitalter erlebte, war auch bei den Mulhollands ausgesprochen beliebt, und der zweite Lord Dunleath ließ um 1902 von dem Belfaster Architekten W.J. Fennell einen Wirtschaftstrakt mit elf Schlafzimmern errichten, um dort ein komplettes Kricket-Team unterbringen zu können. Dieser Gebäudeteil, bekannt als der »Junggesellenflügel«, wurde zum Ende der 1950er, Anfang der 1960er Jahre teilweise abgerissen.

Bei widrigen Wetterbedingungen konnten sich die Mulhollands jederzeit zu einem Billardspiel ins Haus zurückziehen – oder sogar zu einem Badminton-Match: Unter dem Teppich der Bibliothek sind noch immer die Linien des Spielfelds zu erkennen. »Gogo« Dunleath war überdies eine begeisterte Fotografin mit eigener Dunkelkammer im Haus. Die fröhliche Atmosphäre auf Ballywalter zur Zeit ihrer Herrschaft, die sich bis in die 1930er Jahre erstreckte, wird lebendig, wenn man in den noch erhaltenen Fotoalben zu blättern beginnt, insbesondere aber in jenem ungewöhnlichen Gästebuch, das mit witzigen Randbemerkungen verzeichnet, welches Gewicht jeder Besucher bei Ankunft und Abreise auf die Waage brachte. Noch unter uns weilende Genießer jener unbeschwerten Zeit zwischen den beiden Weltkriegen erinnern sich an die geistreichen Gesellschaften in Ballywalter Park. Ein glanzvoller Höhepunkt war der Besuch des Herzogspaars von

York (des späteren Königs Georg VI. und Königin Elisabeths, der heutigen Königinmutter) in den 1920er Jahren.

Mit noch größerer Härte als der Erste Weltkrieg, in dem Norahs ältester Sohn Edward auf Ypern fiel, setzte der Zweite Weltkrieg dem alten Stil des Landhauslebens ein Ende. Der dritte Lord Dunleath reduzierte die Angestelltenzahl auf ein Mindestmaß und schloß ganze Teile des Gebäudes. Sein Sohn, der vierte Lord Dunleath, ging noch einen Schritt weiter, so daß es in den 1980er Jahren in Ballywalter überhaupt kein Dienstpersonal mehr gab, das noch im Hause wohnte.

Der gegenwärtige Besitzer, Brian Dunleath, und seine Gemahlin Mary bescheren Ballywalter eine Verjüngungskur. (Brians Großvater Harry, der dritte Sohn des zweiten Lord Dunleath, war Sprecher des nordirischen Parlaments und wurde 1945 zum Baronet ernannt.) »Wir sind der festen Überzeugung«, erklären die Dunleaths, »daß Ballywalter, wenn es überleben und auch im nächsten Jahrhundert noch eine sinnvolle Rolle spielen soll, dies nur als *ganzes Haus* tun kann und nicht als eine Gruppe einzelner Ausstellungsräume. Darum kämpfen wir um längst fällige Modernisierungen und Renovierungen, die auch eine komplette Neugestaltung der äußeren Umgebung miteinbeziehen, und suchen gleichzeitig nach Wegen, wie wir diesem bezaubernden Anachronismus in der modernen Welt einen sinnvollen Platz schaffen können.« Das Ehepaar Dunleath ist somit der Inbegriff der vernünftigen und praktisch denkenden neuen Generation von Besitzern, die engagiert nach neuen Ansätzen sucht, um auch in Zukunft die herrlichen Schlösser und Adelssitze als Teil des kulturellen Erbes Irlands zu erhalten.

RECHTS Eines Palastes würdig: das prächtige Treppenhaus in der zentralen, von Galerien umgebenen Halle.

LINKS Bestimmte Bereiche der oberen Stockwerke von Ballywalter dienen zur Zeit noch als Abstellkammer.

Danksagung

DIE IDEE zu diesem Buch wurde unter den denkbar glücklichsten Umständen geboren, und zwar auf der Hochzeit des Fotografen im Herbst 1997. In einer sich zufällig ergebenden Unterhaltung inspirierten uns die beiden hibernischen Helden, Desmond Guinness, der Gründer und ehemalige Präsident der Irish Georgian Society, und der Ritter von Glin, sein Nachfolger und anerkannter Experte auf dem Gebiet der irischen Ornamentik, zu diesem Band.

Wir liebten beide bereits seit unserer Kindheit die Reisen durch Irland, und selbstverständlich hofften wir auch, unsere Reihe über Schlösser und Adelssitze der Britischen Inseln mit einem Band über Irland abrunden zu können, fürchteten aber gleichzeitig, das Thema könnte bereits von anderen Autoren erschöpfend bearbeitet worden sein. Doch Desmond Guinness, der selbst zwei Bände über irische Herrenhäuser und Schlösser publiziert hatte, und der Ritter von Glin ermutigten uns in der für sie typischen, großmütigen Art, den Versuch zu wagen. Sie machten uns klar, daß sich im Hinblick auf die Herrenhäuser Irlands gerade in den letzten Jahren ein grundlegender Gesinnungswandel vollzogen hatte, daß bezeichnenderweise nicht nur alteingesessene Besitzer, sondern vor allem *neue* Eigentümer aufsehenerregende Instandsetzungsmaßnahmen in Angriff nahmen, und daß es einige neue und interessante Dinge zu berichten gab. All dies sollte sich bewahrheiten.

Daher gebührt unser allererster und größter Dank den »Zwei Desmonds«. Dem Ritter von Glin schulden wir ebenfalls großen Dank für die begleitende wissenschaftliche Beratung zu diesem Projekt. Bei ihm und seiner Gemahlin Olda (Olda FitzGerald, deren Buch über irische Gärten kürzlich erschien) durften wir häufig zu Gast sein. William und Daphne Montgomery standen uns im Norden der Insel ebenso großzügig mit klugem Rat und herzlicher Gastfreundschaft zur Seite.

Zu ganz besonderem Dank verpflichtet sind wir auch Mark Bence-Jones, dem großen Wegbereiter auf diesem Gebiet, der zugleich der irische Mentor und ein guter alter Freund (und entfernter Verwandter) des Verfassers ist, mit dem er in den 1970er Jahren an verschiedenen Büchern gearbeitet hatte, einschließlich *Burke's Irish Family Records* und *Burke's Guide to Country Houses, Volume I: Ireland* — dem maßgeblichen Bence-Jones-Handbuch, das er später zu dem Werk *A Guide to Irish Country Houses* überarbeitete.

Der wissenschaftliche und schriftstellerische Standard der Arbeiten zur irischen Architektur ist außergewöhnlich hoch, und die Lobby, die die Interessen des irischen kulturellen Erbes vertritt (Irish Heritage), gilt zu Recht als die wortgewandteste ganz Europas. Wir hatten das Privileg, den Spuren manch eines großen Vorreiters folgen zu dürfen. In alphabetischer Reihenfolge möchten wir hier nennen: Sir Charles Brett, Christine Casey, John Cornforth, Maurice Craig, Mark Girouard, den verstorbenen Gervase Jackson-Stops, Edward McParland, Kevin Nowlan, Peter Rankin und Alistair Rowan.

Ohne die Kooperation der Hausbesitzer hätte dieses Buch kaum entstehen können. Daher möchten wir hier unseren aufrichtigen und herzlichen Dank aussprechen für die wunderbar großzügige Aufnahme, Aufmerksamkeit, Freundlichkeit, Mühe, Gastfreundschaft und konstruktive Kritik, die uns die Besitzer der Herrenhäuser entgegenbrachten. Dies gilt in gleichem Maße für Verwalter, Spezialisten, Freunde und Verwandte überall in Irland.

Unser besonderer Dank gilt folgenden Personen, die allesamt maßgeblich zum Gelingen dieses Buches beigetragen haben: dem Herzog und der Herzogin von Abercorn, Lola Armstrong, Frances Bailey, Viscount Bangor, Hugh Barrett, Evelyn Beattie, Lady Beit, John Bellingham, dem Grafen und der Gräfin von Belmore, den Treuhändern der Birr Scientific and Heritage Foundation, Betty Brittain, Mary Brown, Lady Mairi Bury, dem Grafen und der Gräfin von Caledon, Frank Carr, Claire Carter, Triona Caslin, Jim Chestnutt, Cholmeley Cholmeley-Harrison, Henry Clark, Woody Clarke, Alec Cobbe, John Coote, Joanna Cramsie, Monica Daly, David Davies, Gabriel de Freitas, dem Herzog und der Herzogin von Devonshire, Michael Dillon, Luke Dodd, Bob Duff, der Marquise von Dufferin und Ava, Lord und Lady Dunleath, Viscount Dunluce, Austin Dunphy, Nancy Gräfin von Enniskillen, dem Grafen und der Gräfin von Erne, dem Fingal County Council und den Treuhändern der Cobbe Family Collections, Ann FitzSimons, Mike Gaston, Spud und der verstorbenen Rosamund Gibbon, Sir Josslyn Gore-Booth, Baronet, George und Susan Gossip, der verstorbenen Mariga Guinness, Penny Guinness, dem Marquis und der Marquise von Hartington, Nicholas Haslam, Gary Hewitt, dem verstorbenen David Hicks, Bevis Hillier, Harry Hutchman, Breda Ievers, Norman Ievers, Patrick James, Declan Jones, John Joyce, Ann Kelly, Charles Kidd, Tim Knox, William Leaf, Julian und Victoria Lloyd, Todd Longstaffe-Gowan, Robert und Angela Lowry, Candida Lycett Green, Michael Lynch, Charles Lysaght, Rosie McBriar, Harry und Joan McDowell, Robert und Cherith McKinstry, Mary McNeela, Matt McNulty, Ian McQuiston und der gesamten Belegschaft des National Trust der Region Nordirland, John und Lucy Madden, George und Wendy Magan, Elizabeth Malcolm, Connor Mallaghan, Peter Marlow, Peter Marson, dem Grafen und der Gräfin von Meath, dem verstorbenen Grafen von Meath und Elizabeth Gräfin von Meath, Hugh und Valerie Montgomery, John und Marsali Montgomery-Massingberd, Teresa Moore, Maria Morgan, Martin und Carmel Naughton, Sir John und Lady Nugent, Thomas und Valerie Pakenham, William Packer, Michael Penruddock, Anthony und Lady Violet Powell, John Powell, Nicholas Prins, SallyAnne Robertson, John Martin Robinson, Ken und Brenda Rohan, dem Grafen und der Gräfin von Rosse, Lord Rossmore, Deirdre Rowsome, Dr. Tony Ryan, Egerton und Brigitte Shelswell-White, dem Marquis und der Marquise von Sligo, Gavin Stamp, Sir Tatton Sykes, Baronet, Robert Tainsh, Hugo Vickers, Sidney Waddington, dem Marquis und der Marquise von Waterford, Geoffrey Wheatcroft, Richard Wood sowie Jack und Betty Wrisdale.

Zu guter Letzt schulden wir Mary Scott, Philip Cooper und insbesondere Laura Church vom Verlag unsere volle Anerkennung dafür, daß sie unseren Traum von Erin haben Wirklichkeit werden lassen; ebenso, für das Layout, Karen Stafford, mit der wir nunmehr zum dritten Mal die Freude hatten, zusammenarbeiten zu dürfen; und dem sorgfältigen Lektor Matthew Taylor. Die unermüdliche Cynthia Lewis blieb ein weiteres Mal Siegerin im bewundernswerten Kampf gegen Zeitnot und Hieroglyphen. Die beiden Kinder des Verfassers, Harriet und Luke Massingberd, wurden schonungslos als Fahrer und Forschungsassistenten in Anspruch genommen und leisteten einen großen Beitrag zur Freude an diesem Projekt. Und unsere Ehefrauen, Ripples und Isabella, ertrugen in bewundernswerter Art die langen Zeiten unserer Abwesenheit, jenseits der Irischen See.

HMM
CSS

St. Patrick's Day 1998 — St. Patrick's Day 1999

Amory, Mark (Hrsg.), *The Letters of Evelyn Waugh*, London 1980

Annual Register

Anson, Lady Clodagh, *Victorian Days*, London 1957

Atkinson, A., *The Irish Tourist*, Dublin 1815

Bateman, John, *The Great Landowners of Britain and Ireland*, London 1883 (4. Aufl.)

Batt, Elisabeth, *The Moncks and Charleville House*, Dublin 1979

Bence-Jones, Mark, *The Remarkable Irish*, New York 1966

— *Burke's Guide to Country Houses, Volume 1: Ireland*, London 1978

— *Twilight of the Ascendancy*, London 1987

— *A Guide to Irish Country Houses*, London 1988 (überarb. Aufl.)

— *Life in an Irish Country House*, London 1996

— »Building Dreams of a Viceroy« [Clandeboye, County Down], *Country Life*, 1. und 8. Oktober 1970

Bence-Jones, Mark und Hugh Montgomery-Massingberd, *The British Aristocracy*, London 1979

Bennett, Geoffrey, *Charlie B*, London 1968

Beresford, Admiral Lord Charles, *Memoirs*, London 1914 (2 Bde.)

Berleth, Richard, *The Twilight Lords*, New York und London 1979

Bernelle, Agnes (Hrsg.), *Decantations: A Tribute to Maurice Craig*, Dublin 1992

Betjeman, John, *Collected Poems*, London 1958

Brett, C. E. B., *Buildings of Belfast, 1700–1914*, London 1967

Buckland, Patrick, *Irish Unionism*, Dublin und New York 1972

— *Ulster Unionism*, Dublin 1992

Burke, Sir Bernard, *Burke's Peerage, Baronetage & Knightage*, London 1826–1970 (105 Auflagen)

— *Burke's Landed Gentry*, London 1833–1972 (18 Auflagen)

— *Vicissitudes of Families*, London 1883 (2 Bde.)

— *Burke's Landed Gentry of Ireland*, London 1899–1958 (4 Auflagen)

— *Burke's Dormant and Extinct Peerages*, London 1969 (Nachdr.)

Campbell, Colen, *Vitruvius Britannicus*, London 1715–25 (3 Bde.)

Casey, Christine, und Alistair Rowan, *North Leinster*, in: *The Buildings of Ireland* (Reihe), London 1993

Civil Survey of Ireland, 1654–1656, Dublin 1942

Cloncurry, 2. Lord, *Recollections*, Dublin 1849

G. E. C[okayne], *The Complete Peerage*, London 1910–59 (13 Bde.); Gloucester 1982 (Mikroprint, 6 Bde.)

— *The Complete Baronetage*, Gloucester 1983 (Nachdr., mit Einleitung von Hugh Montgomery-Massingberd)

Colvin, H. M., *A Biographical Dictionary of British Architects, 1600–1840*, London 1978

Cornforth, John, »Bantry House, Co. Cork«, *Country Life*, 27. Juli und 3. August 1989

— »Castle Coole, Co. Fermanagh«, *Country Life*, 17. Dezember 1992

— »Glin Castle, Co. Limerick«, *Country Life*, 11. Juni 1998

— »Russborough, Co. Wicklow«, *Country Life*, 5., 12. und 19. Dezember 1963

Country Life: siehe Bence-Jones, Cornforth, FitzGerald, Girouard, Glin, Jackson-Stops, Jourdain, McParland, Rowan

Cox, Sir Richard, *History of Ireland*, Dublin 1689–90

Craig, Maurice, *Classic Irish Houses of the Middle Size*, London und New York 1976

— *The Architecture of Ireland*, London und Dublin 1982

Craig, Maurice, und Ritter von Glin, *Ireland Observed*, Cork 1970

Croft, Sir Herbert, *The Abbey of Kilkhampton*, London 1780

Crookshank, Anne, und Ritter von Glin, *Painters of Ireland*, London 1978

— *The Watercolours of Ireland*, London 1994

Crookshank, Anne, u. a., *Irish Houses and Landscapes*, Dublin 1963

Cruickshank, Dan, *A Guide to the Georgian Buildings of Britain and Ireland*, London 1985

Davie, Michael (Hrsg.), *The Diaries of Evelyn Waugh*, London 1976

de Breffny, Brian, *Castles of Ireland*, London 1977

— *Heritage of Ireland*, London 1980

— *Ireland: A Cultural Encyclopaedia*, London 1983

de Breffny, Brian, und Rosemary Folliott, *The Houses of Ireland*, London 1975

de Moubray, Amicia, »Glin Castle, Co. Limerick«, *The World of Interiors*, Februar 1983

deVere White, Terence, *The Anglo-Irish*, London 1972

Dictionary of National Biography

Eiffe, June, »Lyons, Co. Kildare«, *Irish Georgian Society Bulletin*, 1984

Enniskillen, Gräfin von, *Florence Court, My Irish Home*, Monaghan 1972

FitzGerald, Brian, »Russborough, Co. Wicklow«, *Country Life*, 23. und 30. Januar 1937

Fletcher, Sir Banister, *A History of Architecture*, London 1954 (16. Aufl.)

Foster, R. F., *Modern Ireland, 1600–1972*, London 1988

Gaughan, J. Anthony, *The Knights of Glin*, Dublin 1978

George, M., und Patrick Bowe, *The Gardens of Ireland*, London 1986

Girouard, Mark, »Beaulieu, Co. Louth«, *Country Life*, 15. und 22. Januar 1959

— »Birr Castle, Co. Offaly«, *Country Life*, 25. Februar, 4. und 11. März 1965

— »Castle Ward, Co. Down«, *Country Life*, 23. und 30. November 1961

— »Curraghmore, Co. Waterford«, *Country Life*, 7., 14. und 21. Februar 1963

— »Glin Castle, Co. Limerick«, *Country Life*, 27. Februar und 5. März 1964

— »Lismore Castle, Co. Waterford«, *Country Life*, 6. und 13. August 1964

— »Mount Ievers Court, Co. Clare«, *Country Life*, 8. November 1962

— »Modernising an Irish Country House« und »Comforts for a Victorian Household« [Tullynally Castle, Co. Westmeath], *Country Life*, 23. und 30. Dezember 1971

Glin, Ritter von, *Irish Furniture*, London 1978

— »A Baroque Palladian in Ireland« [The Architecture of Davis Duckart], *Country Life*, 28. September und 5. Oktober 1967

Glin, Ritter von, u. a., *Vanishing Country Houses of Ireland*, Dublin 1988

Greeves, Lydia, und Michael Trinick, *The National Trust Guide*, London 1989 (4. Aufl.)

Greville, Charles, *Journeys of the Reign of Queen Victoria, 1837–52*, London 1885 (3 Bde.)

Guinness, Desmond, *The Irish House*, Dublin 1975

Guinness, Desmond, und William Ryan, *Irish Houses and Castles*, London 1971

Guinness, Desmond, und J. J. Sadler, *The Palladian Style in England, Ireland and America*, 1976

Hansard, *History of Waterford*

Hare, Augustus, *Life and Letters of Maria Edgeworth*, London 1894

Harris, John, *Sir William Chambers*, London 1970

Hastings, Selina, *Evelyn Waugh*, London 1994
Haverty, Anne, *Constance Markievicz*, London 1988
Herbert, Dorothea, *Retrospections*, London 1929–30
Hillier, Bevis, *Young Betjeman*, London 1988
Hussey, Christopher, »Caledon, Co. Tyrone«, *Country Life*, 27. Februar und 6. März 1937
— »Castle Coole, Co. Fermanagh«, Country Life, 19. und 26. Dezember 1936
— »Mount Stewart, Co. Down«, *Country Life*, 5. und 12. Oktober 1935
Hyde, H. Montgomery, *The Londonderrys*, London 1978

Irish Architectural Archive: The Architecture of Richard Morrison and William Vitruvius Morrison, Dublin 1989
Irish Georgian Society Bulletin, ab 1958

Jackson-Stops, Gervase, »Barons Court, Co. Tyrone«, *Country Life*, 12., 19. und 26. Juli 1979
— »Crom Castle, Co. Fermanagh«, *Country Life*, 26. Mai und 2. Juni 1988
— »A Temple Made Tasteful« [Castle Coole, Co. Fermanagh], *Country Life*, 10. April 1986
Jourdain, Margaret, »Regency Furniture at Caledon«, *Country Life*, 26. September 1936

Lecky, William, *A History of Ireland in the Eighteenth Century*, London 1892–96
Lees-Milne, James, *The Bachelor Duke*, London 1991
— *Diaries*, London 1975–98 (7 Bde.)
Llanover, Lady (Hrsg.), *Autobiography and Correspondence of Mrs Delany*, London 1861 (3 Bde.)
Loeber, Rolf, *A Biographical Dictionary of Architects in Ireland 1600–1720*, London 1981
Lycett Green, Candida (Hrsg.), *John Betjeman: Letters*, London 1994–95 (2 Bde.)
— *John Betjeman: Coming Home*, London 1997

MacLiammóir, Michéal, *All for Hecuba*, London 1946
MacLysaght, Edward, *Irish Life in the Seventeenth Century*, Cork 1950 (2. Aufl.)
McParland, Edward, *James Gandon*, London 1985
— »Sir Richard Morrison's Country Houses«, *Country Life*, 24. und 31. Mai 1973
— »Lissadell, Co. Sligo«, *Country Life*, 6. Oktober 1977
— »A Bibliography of Irish Architectural History«, *Irish Historical Studies*, November 1988
Magan, William, *Umma More*, Tisbury 1980
Malins, Edward, und Patrick Bowe, *Irish Gardens and Demesnes from 1820*, London 1980
Malins, Edward, und Ritter von Glin, *Lost Demesnes: Irish Landscape Gardening 1660–1845*, London 1976
Marreco, Anne, *The Rebel Countess*, London 1967
Marson, Peter, *Castle Coole* (»Family Exhibition«, Broschüre), Enniskillen 1997
Masters, Brian, *The Dukes*, London 1980 (2. Aufl.)
Montgomery-Massingberd, Hugh, *Great British Families*, London 1988
— »Heritage«-Artikel in *The Field*, 1976–87 und *The Daily Telegraph*, 1987–96
— »The Knight of Glin and the Irish Georgian Society«, *Town & Country*, Oktober 1993
Montgomery-Massingberd, Hugh (Hrsg.), *Burke's Irish Family Records*, London und New York 1976
— *Burke's Introduction to Irish Ancestry*, London 1976
— *Burke's Guide to Country Houses: Volume I: Ireland*, von Mark Bence-Jones, London 1978
— *The Daily Telegraph Book of Obituaries*, London 1995–99 (5 Bde.)

National Trust Guidebooks: Castle Coole; Castle Ward; Florence Court; Mount Stewart
Neale, J. P., *View of the Seats of Noblemen and Gentlemen in England, Wales, Scotland and Ireland*, London 1818–23 (6 Bde.); London 1824–29 (5 Bde.)
Nevill, Ralph, *Sporting Days and Sporting Ways*
Nicolson, Harold, *Helen's Tower*, London 1937
Nicolson, Nigel, *Alex: The Life of Field Marshal Earl Alex of Tunis*, London 1973

O'Brien, Jacqueline, und Desmond Guinness, *Great Irish Houses and Castles*, London 1992
O'Faolain, Sean, *Countess Markievicz or The Average Revolutionary*, Dublin 1934
O'Leary, Declan (Hrsg.), *The Future of the Country House*, Dublin 1993

Pakenham, Thomas, *The Year of Liberty*, London 1969
— *Meetings with Remarkable Trees*, London 1996
Pilkington, Matthew, *The Gentleman's and Connoisseur's Dictionary of Painters*, Dublin 1770
Powell, Anthony, *Messengers of Day*, London 1978
Powell, Violet, *The Departure Platform*, London 1998

Rankin, Peter (Hrsg.), Reihe »Ulster Houses« (Ulster Architectural Heritage Society): *Ballywalter Park*, Belfast 1985
Clandeboye, Belfast 1985
Rowan, Alistair, *North-West Ulster*, in: *The Buildings of Ireland* (Reihe), London 1979
— »Ballywalter Park, Co. Down«, *Country Life*, 2. und 9. März 1967
Russell, G. E., *Collections and Recollections*, London 1898

St. Helier, Lady, *Memories of Fifty Years*, London 1909
Sayer, Michael, and Hugh Massingberd, *The Disintegration of a Heritage: Country Houses and their Collections 1979–1992*, Wilby 1993
Scott, Reverend John, *Review of the Irish House of Commons*, Dublin 1789
Sheehy, J., and J. J. McCarthy, *The Gothic Revival in Ireland* (Ulster Architectural Heritage Society)
Smith, Charles, *Ancient and Present State of the County and City of Waterford*, 1746
Somerville Large, Peter, *The Irish Country House*, London 1995
Swan, Abraham, *Collection of Designs*, 1757
Sykes, Christopher Simon, *Black Sheep*, London 1982
— »Glin Castle, Co. Limerick«, *House & Garden*, Januar 1995

Tillyard, Stella, *Aristocrats*, London 1994
Topographical and Chronological Survey of the County of Down, 1740

Ulster Architectural Heritage Society, Lists and Surveys, ab 1969

Walpole, Horace, *Letters*, Oxford 1903–08 und 1918–25, London ab 1937
— *Memories of the Reign of King George III*, London 1894 (4 Bde.)
Wheatcroft, Geoffrey, *The Randlords*, London 1984
Wood, James, *Annals of County Westmeath*

Young, Arthur, *A Tour in Ireland*, London 1780

Register

Kursive Zahlen verweisen auf Illustrationen, fett gedruckte auf Kapitel zu den Häusern